Peter Landwehr
Die Rückkehr nach Dragazin

Peter Landwehr

# Die Rückkehr nach Dragazin

*Rediroma-Verlag*

Bibliografische Information der Deutschen Nationalbibliothek:
Die Deutsche Nationalbibliothek verzeichnet diese Publikation in der Deutschen Nationalbibliografie; detaillierte bibliografische Daten sind im Internet über http://portal.dnb.de abrufbar.

ISBN 978-3-98527-386-7



Umschlagillustration:
Virrage Images (shutterstock.com)
AB Photographie (shutterstock.com)



www.rediroma-verlag.de
12,95 Euro (D)

WIDMUNG

Dieses Buch ist meinen Kindern gewidmet. Sie motivieren mich immer dazu, weiterzuschreiben und nehmen auch hier und da einen Platz in meinen Büchern ein.
Immer wieder muss ich schmunzeln, wenn ich darüber nachdenke, wie erstaunt sie sind, wenn sie sich in meinen Büchern wiederfinden. Daher geht mein Dank an Euch.

Danke an Daniel, Paul, Jessica und Jannik.
Ein besonderer Dank geht noch an Anna. Sie hat mir bei der Findung des ein oder anderen Namen geholfen.
Danke auch an Jessica und Lea für das Lektorieren.

Inhalt

# Ein neuer Tag beginnt

„Flowneklaf? Nemmokegna Tsi re hcildne." Von diesem Schrei wurde er geweckt. Langsam schlug er seine Augen auf. Sein Kopf war tief in dem dicken Kissen eingesunken und es roch nach frischen Blumen. Sein Schädel brummte und er hatte so gar keine Lust ihn anzuheben. Die Sonne fiel durch das Fenster über dem Bett und wärmte sein Gesicht. Vorsichtig drehte er den Kopf zur Seite und er blickte auf die wunderschöne Frau, die schlafend neben ihm lag. Für einen Moment fragte er sich: „Wo bin ich, was mache ich hier und wer zum Henker bin ich?" Ihm wurde schwindelig und die Kopfschmerzen wurden noch schlimmer.

„Guten Morgen mein Schatz." Er zuckte zusammen und verstand nun, dass die Frau, die neben ihm lag, ihn meinte. „Du siehst ja ganz schön angeschlagen aus." Mit diesen Worten kam sie ihm langsam näher und küsste ihn sanft auf die Lippen. „Was hast du da eben gerufen? Soll ich dir eine Kopfschmerztablette holen?"

Irgendwas schien er in seinem Leben richtig gemacht zu haben, da eine solche Frau ihn offensichtlich „Schatz" nannte. Langsam blickte er an sich herunter. Er war verwirrt.

Eigentlich kam ihm alles irgendwie vertraut vor. Der Raum, in dem er lag. Das Bett und auch die Bettwäsche. Ja, auch diese wunderschöne Frau, die ihn so liebevoll, aber auch besorgt aus diesen fantastisch strahlend blauen Augen anblickte.

War das eben nur ein merkwürdiger Traum, aus dem er

jetzt erwachte oder war das alles wirklich passiert? Es war so intensiv und es hatte sich so echt angefühlt. War es real oder schien es tatsächlich nur ein Traum gewesen zu sein?

„Mama, Papa. Kommt ihr? Das Frühstück ist fertig", hörte er die Stimme seiner Tochter und in diesem Moment kam die Erinnerung in ihm hoch. Gestern hatte er Geburtstag gefeiert. Seine Freunde und Familie waren gekommen und es ist doch recht lang geworden. Vielleicht hatte er auch zu viel getrunken. Mit der Rückkehr seiner Erinnerung begann sich langsam ein Nebel über seinen merkwürdig intensiven Traum zu legen.

„Nein, mein Engel. Ich trinke gleich mal einen Kaffee und dann wird es schon gehen. Ich habe da so was ganz Merkwürdiges geträumt. Das war so… ECHT", sagte er und weiter: „Lass uns frühstücken gehen, die Kleine wartet sicher schon. Außerdem muss schließlich auch der Hund vor die Tür."

„Nun gut, Torin. Dann mal hoch mit den alten Knochen und ab zum Frühstück." Mit einem Lächeln küsste sie ihn und dieses warme Gefühl, zu lieben und geliebt zu werden, stieg in ihm auf.

Was hatte er doch für ein Glück gehabt. Nachdem er als Vollwaise in einem kleinen Dorf in der Nähe von Kassel aufgewachsen war, hatte ihn der Zufall hier nach Grevenbroich verschlagen. Seine leiblichen Eltern hat er nie kennengelernt. Es gab auch keine Informationen über sie. Er wurde in eine Babyklappe in Kassel, gewickelt in einem Leinentuch, auf dem „Torin" stand, abgelegt. Dann hatten ihn seine Pflegeeltern adoptiert und er hatte eine glückliche Kindheit. Irgendwann ist er wegen der Liebe hierhergezogen und er hat sich in diese Stadt verliebt. Auch wenn viele darüber schimpften, dass es hier so dreckig sei und diese riesigen Löcher und dampfenden Kraftwerke das Bild prägten, gab es hier viele traumhafte und schöne Orte.

An einem von ihnen hatte er auch bei einem Spaziergang mit seinem damaligen Hund Bobby seine jetzige Frau Daphne kennengelernt. Ihr Hund hatte sich in der Nähe der alten Burg von Wevelinghoven in einem Zaun aus Stacheldraht verfangen und war, völlig panisch, in Begriff sich noch schwerer zu verletzen. Torin konnte den Hund beruhigen und ihn mit seinem Schweitzer Messer, das er gerne bei sich trug, befreien. Seitdem gingen die zwei immer häufiger zusammen mit ihren Hunden spazieren. Er genoss es, in ihre Augen zu schauen und sich darin zu verlieren. Seit dem ersten Blickkontakt hatte er sich in sie verliebt und für ihn stand damals schon fest: Das ist die Frau, mit der ich alt werden will. Das war nun schon so lange her und sie hat ihm seitdem den Himmel auf Erden bereitet.

Er stieg aus dem Bett und huschte schnell in seine Hose und sein T-Shirt. Die Sachen hing er immer am Vorabend über den stummen Diener, der neben dem Bett stand. Seine Frau tat es ihm gleich. Im Vorbeigehen schlug sie noch die Betten auf und öffnete das Fenster noch ein Stück weiter, damit der Raum gut durchlüftet werden konnte. Dann gingen sie nach unten ins Esszimmer.

Empfangen wurden sie neben ihrer Tochter auch von Herrn Baltasar, einem schon etwas in die Jahre gekommenen Mischlingsrüden, der tatsächlich aussah wie ein Wolf. Viele der Menschen, auf die sie trafen, fragten meist recht besorgt, ob er tatsächlich nur ein Hund und nicht doch ein Wolf wäre. Durch die Tatsache, dass er sich aber wie ein normaler Hund verhielt, ließen sich die meisten Leute beruhigen. Schließlich kann man einen Wolf nicht zähmen. Es war Daphnes und Torins gemeinsamer Hund, eine sehr treue Seele. Damals war er ihnen unter spektakulären Umständen zugelaufen. Er machte einen sehr gemütlichen Eindruck, doch das täuschte. Manchmal konnte man ahnen, dass er gar nicht so tapsig war, wie er immer tat. Warum auch immer war er völlig auf Frauen und explizit auf Daphne und Anna fixiert. Doch heute war etwas anders. Er rannte an Daphne vorbei als wäre sie gar nicht da, direkt auf Torin zu und begrüßte ihn als wäre der Wochen fort gewesen.

„Was ist denn mit dir los, Herr Baltasar?", fragte Torin mehr in die Runde als an den Hund gewandt. Dabei blickte ihn seine Frau Daphne misstrauisch an. „Hast du vielleicht Leberwurst oder so was an den Fingern?", fragte sie ihn und lächelte ihn an. „Er kann ja gar nicht von dir lassen."

„Ich verstehe es auch nicht. Vielleicht wird er jetzt senil oder ist mit dem Kopf irgendwo zu kräftig angestoßen?", sagte Torin. „Schau an, schau an!", mit diesen Worten setzte er sich an den auffällig üppig gedeckten Frühstückstisch. Herr Baltasar legte sich zu seinen Füßen. Seine kleine Tochter, die längst schon nicht mehr die Kleine war, hatte sich selbst übertroffen. Der Tisch sah aus wie in einem Hotel. Es gab frische Brötchen, Croissants, Rührei, diversen Aufschnitt, Marmeladen, Honig und natürlich Butter. Auf seinem Platz stand eine herrlich duftende, frische Tasse Kaffee.

„Mit Herrn Baltasar war ich auch schon draußen.", sagte sie grinsend. „Ich dachte schon, ihr steht gar nicht mehr auf. Es war aber auch echt spät gestern. Oder muss ich sagen, echt früh, heute Morgen?"

„Tatsächlich erinnere ich mich nur noch ganz schwach. Ich meine mich zu erinnern, dass mein Freund Markus als letzter gegangen ist.“, erklärte Torin. „Ich hatte einen solch merkwürdigen Traum heute Nacht. Leider verblasst er auch schon wieder. Mir war beim Aufstehen gar nicht klar, wer ich bin und wo ich bin.“ Er kratzte sich am Kopf, beugte sich nach vorne und nahm sich eines der Croissants. Dann tauchte er sein Messer tief in die Butter und schmierte eine ordentliche Portion davon am Croissant ab. Er liebte es, das Croissant mit so viel Butter zu essen und so genoss er es mit einem kräftigen Schluck des leckeren Kaffees.

„Das Ende war glaube ich schrecklich. Aber zwischenzeitlich war es aufregend und super geheimnisvoll. Ich war deutlich jünger und bin mit einem Wolf gewandert. Witzigerweise konnte der reden und da war noch eine Frau“, bei diesen Worten blickte er seiner Frau in die Augen. „Sie hatte genau deine Augen. Ich könnte schwören, dass du das warst aber …“, er duckte sich leicht und sprach dann lächelnd weiter: „… sie war auch etwas jünger.“ Er hatte den Satz noch nicht ganz bis zum Ende ausgesprochen, da boxte ihm Daphne sanft in seine Rippen.

„Vorsicht junger Mann, ganz dünnes Eis“, erwiderte sie gekünstelt empört mit einem kleinen Lächeln auf den Lippen. Doch sie hörte ihm gespannt zu. Denn sie hatte in der Nacht auch geträumt und irgendwie schien es ihr, als wären sie sich in ihrem Traum begegnet und sie hätten dasselbe erlebt.

„Das ist ja komisch. Ich hatte denselben Traum und ich gebe dir Recht. Du warst etwas jünger und ich meine, du hättest auch keinen so dicken Bauch gehabt.“ Dabei glitt

Daphnes Hand liebevoll über Torins Bauch.

„Ich war sehr klein, blau und konnte fliegen und der Wolf war so nett“, sagte Anna kurz bevor sie in ihr Brötchen biss.

Torin blieb der Biss fast im Halse stecken. Hatten sie tatsächlich alle denselben Traum gehabt. Da tauchte Herr Baltasars Kopf unter dem Tisch zwischen seinen Beinen auf und Torin könnte schwören, dass der Hund ihm zuzwinkerte.

„Du auch?“, sagte er zu Anna und blickte dabei Herrn Baltasar an. Es schien, als würde der Hund nicken. Das war schon sehr gruselig. Liebevoll streichelte er Herrn Baltasar über den Kopf. „Das kommt davon, wenn man zu viel trinkt. Aber es war doch so real. Kann das tatsächlich sein? Hatten wir alle denselben Traum?“, dachte er. So langsam merkte er, dass das mit dem langen Feiern und dem vielen Wein dabei nicht mehr ganz so clever war. Die Party forderte ihren Tribut. Sein Schädel brummte und ständig über den Traum nachdenken zu müssen, machte es ihm nicht leichter. Das Brummen in seinem Schädel wurde immer lauter.

„Vielleicht nehme ich doch was gegen meine Kopfschmerzen“, sagte er, mehr zu sich selbst als zu den anderen. Doch, ehe er sich versah, legte Daphne ihm eine Tablette auf sein Frühstücksbrett und schenkte ihm ein Glas Wasser ein.

„Hier mein Schatz“, mit diesen Worten küsste sie ihn auf die Stirn: „Ich habe da schon mal was vorbereitet.“ Dass sie aber auch immer Recht behalten musste. Torin musste innerlich grinsen. Er nahm die Tablette in den Mund und schluckte sie mit einem großen Schluck Wasser herunter. Dann sagte er lächelnd: „Danke, mein Engel.“

# Kontakt im Bend

Nun war sein Geburtstag schon wieder eine Woche her und die Normalität hatte Einzug gehalten. Nur ein Schatten von einer Erinnerung war noch in Torins Kopf übrig. Sie hatten sich noch den halben Tag zu dritt über den merkwürdigen gemeinsamen Traum unterhalten und viele Übereinstimmungen gefunden, aber irgendwie verblasste die Erinnerung daran bei allen gleich schnell. Das Einzige was übriggeblieben ist, ist die geänderte Gemütslage von Herrn Baltasar. Bei jedem Spaziergang, egal wo sie auch langgingen, hatte Torin den Eindruck, dass der Hund gleich auf ihn zukommt und dann sagt:

„Komm Freund, wir müssen den Weg finden.", aber wie sollte es anders sein, Hunde können nun mal nicht sprechen.

Gedankenverloren ging Torin in der Abenddämmerung durch den feuchten Herbstwald. Es war den ganzen Tag grau geblieben und man hatte den Anschein, dass die Sonne heute so gar nicht hervorkommen wolle. Wie in Trance ging er Schritt für Schritt den Weg entlang der Erft und ließ seine Gedanken schweifen. Auch die Erft schien heute besonders schlammig und undurchsichtig zu sein. Diesen Weg war er bestimmt schon einige hundertmal gegangen und je nach Jahreszeit oder Tageszeit gab es hier immer wieder etwas Neues zu entdecken. Er liebte die Natur in all ihrer Schönheit, aber auch ihrer Grausamkeit. Wie anmaßend es doch von uns Menschen war zu denken, wir könnten das hier alles beherrschen oder besitzen. Ständig regte er sich über seine Mitmenschen auf. Er konnte nicht begreifen, dass so viele Menschen hier in den Wald kamen, um zu feiern. Dabei schleppten sie allerhand zu Essen und Trinken hier her. Aber irgendwie fehlte es ihnen offensichtlich an der Intelligenz, um ihren Unrat im Anschluss wieder mit nach Hause zu nehmen. „Hier fehlt ja auch ein Mülleimer…“ und „…die werden ja auch viel zu selten gelehrt.“ stand es immer in den Social Media. „Ich frage mich immer, wieso einige Menschen meinen, dass die ganze Welt nur für ihr persönliches Wohlbefinden gemacht zu sein scheint und dass es als selbstverständlich gilt, die persönliche Freiheit immer weiter auszuleben. Egal was mit den Mitmenschen, den Tieren oder gar der Natur wird.“

So in Gedanken bog er an der Gabelung kurz vor dem „Waldtempel“ nach rechts um die Ecke. Er wollte noch an den Fichten vorbei gehen, um zu schauen, wie es dort voran ging. Mit einem Ohr hörte er das leise Hecheln des Hundes. Mal kam es näher und mal hörte er es von weiter weg. Begleitet von den galoppierenden Schritten, die die großen Tatzen von Herrn Baltasar auf dem feuchten Boden hinterließen. Hier und da war der Weg mit durch den aufgeweichten Boden mittlerweile braunem Laub bedeckt. Es gab aber auch Stellen, an denen standen große Pfützen, die mit dem Regenwasser der letzten Tage gefüllt waren. Zu den Geräuschen des Hundes kam noch der Wind hinzu, der sich in den zum Teil noch blättrigen Baumkronen fing und diese durchschüttelte. Das dadurch entstehende Klappern klang dann so als würden sich Degenfechter ständig miteinander duellieren. Hin und wieder konnte er auch den einen oder anderen Vogel hören. Sie beschwerten sich offensichtlich über Gott und die Welt oder halt über dieses trostlose Wetter.

Plötzlich schreckte Torin aus seinen Gedanken hoch. Er spürte die feuchte Nase von Herrn Baltasar an seiner Hand und es war merkwürdigerweise still. Kein Wind war mehr zu hören, kein Vogelgezwitscher, nichts. Er blickte an seinem Arm herab bis runter zu seiner Hand. Herr Baltasar stand vor ihm und hatte etwas, ja es war etwas Blaues, in seinem Maul, das aussah wie ....

„Wo hast du das her?", fragte Torin den Hund.

„Na von da hinten, da wo das helle Licht ist", sagte Herr Baltasar ein wenig unverständlich, da sein Maul ja nicht leer war. Torin stockte der Atem. Hatte der Hund ihm gerade geantwortet? „Lass es sofort los!", befahl er und Herr Baltasar legte die kleine blaue Gestalt in Torins Hände. „Ich war ganz vorsichtig damit. Es lebt, aber es ist sehr schwach."

Torin zweifelte an seinem Verstand. Er sprach gerade mit seinem Hund. Außerdem hielt er gerade ein kleines, blaues Wesen in seiner Hand, das es gar nicht geben durfte. Hinter Herrn Baltasar leuchtete aus dem Gebüsch ein grelles Licht. Langsam ging Torin darauf zu und dann sah er das Tor und er blickte in eine andere Welt. Vor ihm lag direkt das Plateau, das er aus seinem Traum kannte. Selbst der üble Gestank von Blut und Feuer lag jetzt in der Luft.

Es blieb keine Zeit lange zu überlegen. Mit einem mutigen Schritt ging Torin durch das Tor in das grelle Licht. Er versuchte sich zu orientieren. Es war wie am Ende seines Traums. Nur war er jetzt als „eigene" Person dabei. Völlig regungslos lag das riesige Geschöpf, der Schalatachter, da. Gleich daneben lagen die Körper von zwei Männern, einer Frau und einem großen Wolf. Es waren Flowneklaf, Alan, Deilnelees und Kiesbart. Torin hielt Pefee immer noch in seinen Händen. Er hörte ein Knurren, das von dem Wolf ausging. Herr Baltasar sprang mit einem großen Satz neben den Wolf und sagte:

„Wir sind gekommen, um euch zu helfen. Wolf."

„Ich weiß, ich weiß", erwiderte Kiesbart krächzend und weiter: „Ich kann es nicht verstehen. Ich war tot. Es war fürchterlich. Wieso lebe ich? Mir tut alles so weh." Torin versuchte zu überblicken, wer von ihnen wie verletzt war, aber augenscheinlich waren alle Körperteile da, wo sie hingehörten. Das grelle Licht wurde langsam schwächer und es lag nun nur noch ein leichtes Glimmen über den Körpern. Herr Baltasar schnüffelte an den drei Menschen oder was auch immer sie waren. Dabei konnte er aber nichts Lebensbedrohliches riechen. Lediglich unendlichen Schmerz und große Müdigkeit roch er. Dann kam er zu dem Wolf und als er an ihm roch, da geschah etwas Erstaunliches. Für einen kurzen Moment wurden die zwei Tiere von einer Art Blase aus Licht, die von Kiesbart auszugehen schien, umhüllt und die zwei waren wie in einem eigenen Kosmos. In diesem Moment übertrug sich ein Teil der Magie von Kiesbart auf Herrn Baltasar. „Bruder.", stöhnte Kiesbart. „Pass bitte auf Pefee auf." Und dann wurde Kiesbart, der Wolf, von seinem Schmerzen übermannt. Er wurde ohnmächtig. Die Lichtblase löste sich auf.

Ein furchtbares Grummeln ertönte und die Erde begann zu beben. Unter dem Schalatachter tat sich der Boden auf und er verschwand in ihr. Dann schloss sich der Boden wieder und von dem Schalatachter war nichts mehr zu sehen, nur der blutüberströmte Dolch lag noch da.

„Neeeinn", ertönte es leise, eher wimmernd, aus Flowneklafs Mund. „Das durfte nicht geschehen. Es war fast vollbracht. Durch den Bund seines und unseres Blutes, ausgelöst durch den Dolch, haben wir die Magie erweckt. Seine Lebensenergie ist auf uns übergegangen. Deshalb leben wir. Doch der Zauber war noch nicht beendet und nun ist er wieder in seinem Reich. Er wird sich erholen, da er noch nicht tot war. Das bedeutet, dass diese Schlacht erneut geschlagen werden muss. Die Prophezeiung konnte nicht erfüllt werden.“ Tränen rannen über sein Gesicht. Jetzt trafen ihn all seine Gefühle mit voller Wucht. Er hat bis zum Ende in dem Wissen gekämpft, dass er all seine Freunde verloren hatte und nicht zuletzt auch seine große Liebe. In diesem Moment spürte er, wie die Fingerspitzen von Deilnelees an seine Finger stießen und er ließ seinen Gefühlen freien Lauf. Kurz schaffte er es sich zu sammeln und er sagte zu Alan: „Alan. Bitte gehe mit dem Fremden und dem anderen Wolf zurück in deine Welt, dort bist du sicher vor dem Schalatachter und all der Magie hier. Dort kann er nicht existieren und dir nichts anhaben. Du kannst dich da in Ruhe erholen. Wir drei kommen hier wieder auf die Beine und dann werden wir einen Weg finden, damit du zu uns zurückkehren kannst. Sieh, dort hinten liegt der Dolch. Nimm auch ihn mit in deine Welt. Auch er ist dort in Sicherheit und so kann er dir helfen, den Weg zu uns zurückzufinden. Doch bedenke, die Zeit in deiner Welt vergeht langsamer als die Zeit hier bei uns.“ Dann wurde Flowneklaf wieder von seinen Gefühlen übermannt und er begann erneut zu weinen.

Torin versuchte dem Mann, den er für sich als Alan identifiziert hatte, aufzuhelfen. „Herr Baltasar, geh und hole den Dolch!“ Und zu Alan gewandt sagte er: „Kommen Sie bitte mit uns, Alan. Wir möchten Ihnen helfen. Sie können für eine Weile bei uns unterkommen, bis Sie wieder auf den Beinen sind. Vielleicht können wir bei Ihrer Suche behilflich sein." Während er diese Worte sprach, steckte Torin die kleine Pefee vorsichtig in seine Brusttasche. Herr Baltasar lief rasch zum Dolch und nahm ihn in sein Maul. So gingen die vier Gestalten zurück zum Tor. Alan, gestützt auf Torin. Pefee in dessen Brusttasche und Herr Baltasar mit dem Dolch im Maul.

„Und ihr kommt hier wirklich allein zurecht?", fragte Alan, aber er kannte die Antwort bereits. Wenn irgendwer, irgendwo zurechtkam, dann wohl die Drei. Allerdings schien es ihm diesmal, als wären sie dem Tod näher als dem Leben.

In dem Moment, in dem sie den Schritt zurück in Torins und Alans Welt machten, konnten sie am Horizont der anderen Welt sehen, wie sich dieser blau verfärbte.

„Was um Himmels Willen ist das?", fragte Torin. Alan erwiderte mit krächzender Stimme: „Das ist die Familie von Pefee. Es sind sehr viele. Sie werden den Dreien helfen. Jetzt brauchen wir uns bestimmt keine Sorgen mehr zu machen." Und tatsächlich näherte sich eine ganze Wolke von Thipfs dem Plateau. Dann schloss sich das Tor hinter ihnen wie von selbst und Alan, Torin, mit Pefee in der Brusttasche, und Herr Baltasar standen wieder im Bend, vor dem Gebüsch in der Nähe des Waldtempels und blickten verwundert hinein.

„Das ging mir jetzt alles viel zu schnell. Ich bringe Sie erstmal zu uns nach Hause. Dann können Sie sich ausruhen und wir können uns überlegen, wie es weiter gehen soll", sagte Torin an Alan gewandt. „Komm schon, Herr

Baltasar, wir müssen los“, rief er dem Hund zu. Alan gab nur ein zustimmendes Brummen von sich. Er hatte keine Verletzungen mehr. Keine offenen Wunden. Das konnte er schon nicht verstehen. Allerdings fühlte sich sein ganzer Körper so an als wäre er eine einzige Prellung und er war unsagbar müde.

Gehorsam kam Herr Baltasar an seine Seite und wedelte mit seinem Schwanz. Torin nahm den Dolch aus seinem Maul und steckte ihn in seinen Mantel. Dann stützte er Alan und so gingen sie langsam zu seinem Hause zurück. Glücklicherweise war das nicht weit von der Erft entfernt. Auf dem Weg dorthin nahm er sein Handy aus der Tasche und wählte die Nummer seiner Frau, damit sie sich schon mal auf den Besuch vorbereiten konnte.

„Du wirst nicht glauben, was uns gerade passiert ist. Wir sind gleich Zuhause und dann erzähle ich dir alles. Wir müssen jetzt schauen, was wir wann und wie machen können. Alan kann uns bestimmt bald sagen, was zu tun ist. Es ist völlig verrückt. Unser merkwürdiger Traum, den, den wir die Tage hatten, also alle denselben, weißt du noch? Er ist tatsächlich wahr.“, sprudelte es aus ihm heraus und Daphne hatte Mühe ihm zu folgen, geschweige denn überhaupt einmal zu Wort zu kommen.

„Was hältst du davon? Du kommst erst einmal Heim und dann können wir sehen, was da wirklich los ist und was zu tun ist. Wir schaffen das schon.“, sagte sie und mit diesen Worten war für Torin die Welt erst einmal wieder in Ordnung, denn er wusste, dass er mit seiner Frau zusammen ohnehin einfach alles erreichen konnte. Er konnte sich nichts vorstellen, was sie nicht gemeinsam aus der Welt schaffen könnten.

# *Kräfte sammeln*

Alan lebte sich gut ein. Von Anfang an hatte er der Familie vertraut. Sie hatten ihn die ersten zwei Tage komplett in Ruhe gelassen. Dann war er ein wenig zu Kräften gekommen und er erzählte ihnen alles über Flowneklaf, Kiesbart und Deilnelees. Sie hingen an seinen Lippen und bezweifelten nichts von all dem und er erzählte ihnen die ganze Geschichte. Es gab Momente, in denen er selbst dachte, er habe das alles nur geträumt. Doch beim Anblick der kleinen Thipfs, die entweder zwischen den Ohren von Herrn Baltasar saß oder aber auf Annas Schultern rumturnte, war er sich wieder sicher. Das ist alles wirklich geschehen. Abends saß er gerne vor der doppelfügigen Glastür, die hinaus in den Garten des Hauses führte. Es war Spätherbst, dennoch konnte man erahnen, wie vielfältig dieser kleine Garten war, wenn er in seiner Blüte stand. Offensichtlich hat Daphne einen absolut grünen Daumen. Hier schien alles besonders üppig zu wachsen. Ganz hinten, unter einem großen, knöchrigen Baum, standen sogar ein vierstöckiger Brunnen und daneben eine kleine Holzbank. Dieser Garten, so Alan, könnte direkt aus Flowneklafs Welt stammen.

„Wenn du ihn mit Liebe pflegst, dann muss es gelingen“, sagte Daphne. Das Ergebnis im Garten schien ihr Recht zu geben. Sie kochte Alan jeden Abend einen Tee aus teils getrockneten Blüten und Dingen, die sie selbst im Garten angepflanzt und geerntet hatte. Dieser Tee schmeckte nicht nur außerordentlich gut, er gab Alan auch immer mehr von seiner Energie zurück. Gut, dass Daphne von Beruf, wie man hier sagen würde, Heilpraktikerin war, so konnten sie Alan, nicht nur mit ihrer Medizin, sondern auch mit dem ein oder anderen Wickel, in dem eine geheimnisvolle, natürlich selbst hergestellte Salbe war, schnell wieder auf die Beine bringen. Offene Wunden gab es keine zu versorgen, aber Alan war von unzähligen Prellungen gezeichnet.

Auf keinen Fall wollte er zu einem Arzt oder gar ins Krankenhaus. Wie sollte er dort erklären, wer oder was ihn so zugerichtet hatte? Schnell hatte er sich bei seinem „Freund" zurückgemeldet und ihm gesagt, dass er noch etwas länger auf eine Expedition gehen wolle. Nach vierzehn Tagen war er bereits wieder genesen, sodass er der Meinung war, er könne nun nach einem Weg zurück zu seinen Freunden in der anderen Welt suchen.

„Ich hatte das Gefühl, viel länger in der anderen Welt gewesen zu sein, aber was hatte Flowneklaf noch gesagt? Die Zeit in der anderen Welt vergeht schneller als die Zeit hier bei uns", antwortet Alan und weiter: „Könnt ihr mich vielleicht morgen nach Köln zu meiner Wohnung bringen? Ich habe meinen Freund Gerhard schon angerufen. Ich würde dann ein paar Sachen packen und mich dann mit Pefee auf die Suche nach einem Tor zurück in die andere Welt machen. Wer weiß, wie lange und vor allen Dingen wo wir suchen müssen."

Die Tränen liefen Anna die Wangen herab. Sie verstand sich doch so gut mit Pefee. Sie war so freundlich und liebenswürdig. Nur in dem Puppenhaus wollte sie nicht einziehen. Sie schlief viel lieber bei Herrn Baltasar. Anna wollte sie auch nicht mehr hergeben, aber das zählte wohl nicht. Pefee konnte sich gar nicht vorstellen ohne Herrn Baltasar zu sein. Die letzten Tage war sie ihm nicht mehr von der Seite gewichen. Selbst auf den Spaziergängen ist sie stets bei ihm geblieben, egal welches Wetter auch gewesen war. Manchmal, wenn andere Menschen näherkamen, hat sie sich einfach in einer Falte von Herrn Baltasars Halstuch versteckt.

Aber was soll's? Sie mussten schließlich wieder zurück, um in der anderen Welt dieses Monster zu bekämpfen.

„Anna! Kommst du? Wir bringen jetzt Alan nach Köln. Du musst doch noch Lebewohl sagen“, rief Torin seiner Tochter zu. Diese kam mit völlig verweinten Augen zur Tür. Neben ihr saß Herr Baltasar. Er wedelte mit dem Schwanz und drückte seinen Kopf sanft an Annas Bein. Auch ihm tat der Abschied weh. Er hatte die kleine Pefee so richtig liebgewonnen. Aber ihn fragte ja niemand. Schnell flog die kleine Pefee zu Herrn Baltasar und setzte sich noch einmal kurz zwischen dessen Ohren. Ja, in seiner Gegenwart fühlte sie sich stets wohl.

„Leb‘ wohl, mein Freund. Ich hoffe, wir sehen uns irgendwann wieder“, flüsterte sie ihm ins Ohr. Dann flog sie vor Annas Gesicht und gab ihr einen Kuss auf die Wange. „Puh, schmeckt das salzig“, sagte sie. Dann flog sie zurück zum Auto, in dem bereits Torin, Daphne und Alan Platz genommen hatten. Sie flog durch das offene Fenster, setzte sich hinten auf die Hutablage und blickte zurück zu dem kleinen, weißen Haus. Davor stand die weinende Anna neben diesem großartigen Hund. Torin ließ den Wagen an und dann fuhr er los. Die kleine Pefee versuchte sich an einer Art Schnur, die die Hutablage beim Öffnen der Heckklappe oben halten sollte, festzuhalten und dabei gleichzeitig zu winken. Eine Zeit gelang ihr das auch, doch dann fuhr das Auto um eine Ecke und plötzlich fühlte sich

Pefee immer schwächer. Sie konnte sich nicht mehr festhalten und verlor dann das Bewusstsein.

Als Anna und Herr Baltasar das Auto nicht mehr sehen konnten, drehte sich Anna um, um ins Haus zu gehen. Sie klopfte Herrn Baltasar sanft in die Seite und sagte: „Komm, mein alter Freund, lass uns rein gehen, ich werde dich was kraulen. Das lenkt mich ein wenig ab."

„Das wäre grundsätzlich ein toller Einfall, aber …", sagte Herr Baltasar. Erschrocken starrte Anna Herrn Baltasar an. „Du kannst ja wirklich sprechen, ich dachte die ganze Zeit, das wäre nur so eine Geschichte, die mein Vater so "obendrauf" erzählt hatte. Warum hast du in den letzten Wochen denn nie was gesagt?", wollte Anna wissen.

„…da stimmt was mit Pefee nicht. Ich kann es spüren. Hoffentlich geht das gut. Ich mache mir große Sorgen. Sie hätte nicht von hier weggehen dürfen.", erwiderte der Hund und weiter: „Ich habe nichts gesagt, weil mich ja keiner was gefragt hat. Außer Pefee. Mit der habe ich viel gesprochen. Sieh doch, dahinten. Sie kommen zurück. Ich habe doch gesagt, dass da was nicht stimmt."

Anna drehte sich um und tatsächlich: da kam das Auto ihres Vaters viel zu schnell zurück. Es hielt mit quietschenden Reifen vor den Zweien an. Alan öffnete die hintere Tür und hielt die völlig regungslose und fast weiße Pefee in seinen Handflächen. Herr Baltasar drückte seinen Kopf ins Auto und stupste die kleine Pefee mit seiner feuchten Nase an. Ein Ruck ging durch den bleichen Körper der Thipfs und dann öffnete sie ihre Augen.

„Oh, wo bin ich?", kam es schwach aus der kleinen Thipfs.

„Bei mir, wieder Zuhause. In Sicherheit", antwortete Herr Baltasar. Alle blickten den Hund verwundert an.

„Ihr habt ihn ja schließlich auch nichts gefragt. Warum sollte er dann auch was sagen?“, rief Anna lachend. „Mit mir und Pefee spricht er schon seit Tagen.“, flunkerte sie und zwinkerte dabei mit ihrem rechten Auge Herrn Baltasar zu.

„Und ich dachte, ich hätte es mir nur eingebildet. Du hast also tatsächlich mit mir gesprochen. Stress und so, dachte ich. Versteht ihr?“, sagte Torin und blickte dabei Herrn Baltasar an. „Du hättest ja ruhig mal was sagen können?“

„Du hast mich nicht mehr gefragt und außerdem gab es auch nichts Wichtiges zu sagen“, so Herr Baltasar. „Bleib in meiner Nähe Pefee“, sagte er an die kleine Thipfs gewandt. „Hier bist du in Sicherheit. Ich denke, dass Kiesbart seine Magie mit mir geteilt hat. Alan, du hast doch erzählt, dass er ein Träger sei. Also bin ich das in gewisser Weise jetzt auch. Nur deshalb kann Pefee hier in unserer Welt existieren. Sie sollte immer in meiner Nähe bleiben, solange wir hier sind. Aus demselben Grund könnt ihr auch mit mir reden. Ich habe euch beobachtet. Das tun Hunde nun mal den ganzen Tag. Daphne, du hast es doch auch schon gemerkt. Hier ist jetzt Magie. Dir fallen die alten Dinge wieder ein, die du schon lange nicht mehr getan hast. Und du Torin. Du hast doch auch schon gemerkt, dass du plötzlich Dinge kannst, von denen du bis vor drei Wochen noch gar nichts wusstest. Komm, Pefee, du musst dich ein wenig erholen.“ Mit diesen Worten nahm er Pefee geschickt ins Maul und mit einer raschen Kopfbewegung saß sie auf seinem Rücken. So ging er ins Haus und blieb dort so lange neben Pefee liegen, bis diese ihre gewohnte blaue Färbung zurückhatte.

# Aufbruch ins Ungewisse

Nun waren sie schon fast zwei Monate unterwegs und seine Frau war jetzt bereits einige Tage über der Zeit. Daher konnte sie auch nicht viel tragen und sie kamen nur sehr langsam voran. Er machte sich große Sorgen darüber, wie lange sie und das ungeborene Kind das noch durchhalten würden. Bereits in drei Tagen sollte wieder Vollmond sein.

„Er weiß, dass er noch nicht kommen darf. Es ist noch zu früh“, sagte sie. Er war immer wieder erstaunt von seiner Frau. Woher wusste sie, dass es ein Junge werden wird? Abends, wenn sie einen sicheren Unterschlupf gefunden hatten, da legte er oft seine Hand auf ihren Bauch und er konnte spüren, wie das Kind gegen seine Hand drückte oder trat. Er könnte ein so glücklicher Mann sein. Wäre da nicht dieses drohende Unheil. An eine solche Katastrophe konnte sich keiner seines Stammes erinnern. Schon wieder hatten die großen Führer zum Kampf aufgerufen und beinahe alle seines Stammes waren dem Aufruf gefolgt. Doch er hatte zu seiner Frau gesagt, dass dies nicht die Zeit sei, um für fadenscheinige Gründe in den Kampf zu ziehen und zu sterben. So hatten sie sich eines Nachts aufgemacht, um in der Ferne nach einer neuen Zukunft zu suchen. Zuerst waren sie durch eine sehr triste und steinige Gegend gezogen. Hier einen Unterschlupf zu finden, in dem sie im besten Fall auch noch ein Feuer entzünden konnten, war sehr schwer. Nach einiger Zeit wurden die Gräser höher und die Büsche, die am Wegesrand wuchsen, häuften sich. Hier und da konnten sie auch schon etwas erkennen, das die Bezeichnung Baum im Ansatz verdient hätte. Sie wurden, ehe sie sich versahen, immer mehr und bald schon befanden sie sich in einer waldigen Gegend. Er war erstaunt, wie vielseitig das Land hinter den Grenzen seiner alten Heimat doch war. Immer wenn er seine Frau ansah, wusste er, warum er all das tat. Sie lächelte ihn dann an, als wolle sie sagen:

„Geh nur, mach dir um mich keine Sorgen. Wir schaffen das." Doch ihr Lächeln konnte die Sorgen in ihren Augen nicht gänzlich übertünchen. Die Angst in ihm wuchs. Vor seinen Verfolgern, die eventuell nach ihnen suchten, konnte er fliehen. Er könnte kämpfen, um sich und seine Frau zu verteidigen, aber er wusste nicht was er tun sollte, würde das Kind jetzt kommen. Das hatte ihm niemand gesagt oder gar gezeigt.

Es war kalt in diesen Tagen. Der Winter hatte bereits seine Arme über das Land ausgestreckt. Und so mussten sie nicht nur gegen den Hunger, sondern auch gegen die Kälte kämpfen. Er war gut darin Verzicht zu üben, von daher überließ er den größten Teil der Nahrung seiner Frau. Für sich nahm er nur das Nötigste. Er hatte von einem befreundeten Kräuterheiler aus seinem Dorf eine Knolle bekommen. Auf der kaute er immer wieder herum. Diese Knolle war, so sein Freund, in der Lage den Hunger zum Schweigen zu bringen und er hatte Recht. Allerdings merkte er, dass der lange Entzug von Nahrung und die gewaltigen Märsche so langsam ihren Tribut forderten. Seine Muskulatur tat ihm ständig weh und er merkte, dass er immer schmaler wurde. Es war an der Zeit, dass sie zur Ruhe kamen, dass das Kind zur Welt kommen konnte und dass sie etwas Vernünftiges zum Essen bekamen. Seine

Füße schmerzten und er war sich nicht sicher, ob von der langen Wanderung oder von der Kälte, die unablässig versuchte über seine Füße die Beine hochzuklettern, um dann ganz von ihm Besitz zu nehmen.

„Es wird Zeit, dass wir eine Bleibe finden“, sagte seine Frau zu ihm und dabei deutete sie auf ihren Bauch. „Ich glaube, wir sind jetzt fast am Ziel. Er kann hier zur Welt kommen und das letzte Stück kannst du ihn dann tragen.“ Er blickte sich um. Hier in diesem Wald schien es recht sicher zu sein. Nur wo sollten sie die nächste Nacht verbringen? In den letzten Nächten hatten sie fast überall geschlafen. In Höhlen, in Erdlöchern oder unter Baumstämmen, die er mit ein paar Ästen zu einer Art Zelt umfunktioniert hatte. Sie hatten es sogar gewagt, ein Feuer zu entzünden. So konnten sie die alten Knochen endlich wieder ein bisschen auftauen. Schließlich waren sie nun auch weit genug von ihrer Heimat entfernt. Hier würde sicher niemand mehr nach ihnen suchen. Es roch nach Rauch. Den hatten sie nun schon länger in der Nase und nun traten sie aus dem Wald auf eine Art Lichtung. In dessen Mitte stand ein kleines, unscheinbares Haus aus dessen Kamin Rauch aufstieg. Mutig schritten sie voran, bis sie die Tür erreichten. Er fasste all seinen Mut zusammen und klopfte vorsichtig an der Tür.

„Ja, ja doch. Ich komme schon“, ertönte eine kratzige Stimme aus dem Haus. Dann öffnete sich die Tür mit einem lauten Quietschen. Aus dem Haus blickte eine alte Frau, deren faltiges Gesicht von Wind und Wetter der letzten Jahrzehnte gezeichnet war. Eine große, leicht nach unten gekrümmter Nase ragte daraus hervor und eigentlich hätte man, abgelenkt von der Größe der Nase, nichts anderes mehr in diesem Gesicht wahrgenommen, doch da waren diese Augen, aus ihnen schien unendlich viel Güte und Liebe herauszuströmen.

„Och. Wen haben wir denn da? Gute Güte. Frau, komm schnell herein. Ihr seid bis auf die Knochen durchgefroren." Mit diesen Worten griff die alte Frau an ihm vorbei und zog seine Frau ins Haus. „Du natürlich auch. Willkommen in meinem kleinen Heim. Schaut euch nicht so genau um. Ich war nicht auf Besuch eingerichtet. Habt ihr Hunger? Hier könnt ihr schon mal eure Sachen ablegen", sagte sie. Behutsam half sie der Frau aus dem Mantel. Schob sie in den Sessel, der vor dem Kamin stand und drückte sie sanft hinein.

„Darf ich?", fragte sie und ohne eine Antwort abzuwarten legte sie vorsichtig ihre Hand auf den kugelrunden Bauch. „Huch, wie schön. Ein Junge. Er ist gesund und er will bald auf die Welt kommen. Ihr müsst eure Kräfte sammeln", sagte sie und dann blickte sie ihn an und sagte: „Er hat Großes vor und du musst ihm den Weg bereiten." Dann sprach sie wieder zu Beiden: „Wenn ihr wollt, könnt ihr hierbleiben und das Kind kann hier zur Welt kommen. Ich kenne mich da aus. Es ist genug Platz für uns vier und Nahrung habe ich reichlich. Du,", und dann zeigte sie auf ihn, „du musst dringend essen. Du riechst sehr stark nach der Knolle, auf der du gegen den Hunger herumgekaut hast. Wie lange kaust du schon darauf herum?" Irgendwie konnte man in ihrem Redeschwall gar nichts erwidern. Es kam einem so vor, als wisse sie schon die Antworten, bevor sie die Fragen gestellt hatte. Und während sie redete, tat sie so viel, dass das nächste was sie tat, eine logische Konsequenz auf ihr Reden zu sein schien. Denn während sie sprach, hatte sie schon drei Teller auf den kleinen Tisch gestellt, nahm den großen Topf, der über dem Feuer im Kamin hing und stellte ihn auf den Tisch. Dann sagte sie:

„Hühnersuppe. Da ist auch ordentlich Fleisch drin. Die wird euch viel Kraft geben. Kommt schon. Esst mit mir!"

# Die Wahrheit

Die alte Frau war freundlich und hilfsbereit. Sie kümmerte sich ständig um die Zwei, bereitete ihnen zu Essen und gab ihnen saubere Kleidung. Sogar einen eigenen Raum mit einem großen, bequemen Bett hatten sie für sich. Als er sich dann endlich, gewaschen, satt und zufrieden am Abend zusammen mit seiner Frau ins weiche Bett legte, schlief er mit dem Gefühl völliger Sicherheit ein und wurde erst am Morgen des zweiten Tages wieder wach. Seine Frau ließ ihn schlafen, denn sie wusste, welches Opfer er für sie und ihren Sohn in den letzten Wochen erbracht hatte. Sie zog sich an und ging leise rüber in die Stube. Dort erwartete sie schon die alte Frau mit einem Lächeln im Gesicht.

„Na, hast du gut geschlafen? Ich sehe, dein Mann schläft noch. Das ist gut, er ist sehr erschöpft. Ich muss ohnehin mit dir allein reden. Es geht um deinen ungeborenen Sohn. Hier, nimm dieses Tuch und sticke den Namen deines Sohnes hinein. Das wird ihn dann stets begleiten. Du weißt sicher schon, dass er für Größeres bestimmt ist?“ An der Stelle schwieg sie für einen kurzen Moment und sie sah das Erkennen in den Augen ihres Gegenübers. Dann sagte sie: „Dafür musst du ihn allerdings schon bald loslassen. Er kann nicht hier in unserer Welt bleiben. Denn er wird einst, wenn wir schon nicht mehr hier in unserer Welt sind, einen wichtigen Teil dazu beitragen, diese zu erhalten.“ Mit diesen Worten reichte sie ihr ein weißes Leinentuch: „Du brauchst keine Angst zu haben. Es wird ihm da, wo er aufwächst, gut gehen. Dort ist er in Sicherheit und kein

Wesen aus dieser Welt kann ihn auf der anderen Seite etwas anhaben.“ Völlig erstaunt über das Gehörte blickte sie der alten Frau ins Gesicht und sagte dann leise:

„Ich spürte es von Anfang an. Dass an ihm etwas Besonderes ist. Die ganzen Monde, in denen ich ihn nun unter meinem Herz trage, hat er immer dafür gesorgt, dass ich mich gut fühle. Manchmal, wenn ich in den Nächten wach lag, hatte ich den Eindruck, ich könne seine Stimme hören. Ich weiß nun, dass er mir all das, was du gerade berichtest, bereits erzählt hat. Ich würde ihn aber doch so gerne kennenlernen und aufwachsen sehen.“ Eine Träne lief über ihre Wange und dann spürte sie eine kleine Hand die ganz langsam von innen ihren Bauch streichelte.

„Wie viel Zeit wird uns bleiben?“, fragte sie die alte Frau.

„Nun, dies hier ist ein besonderer Ort. Er birgt eine gewisse Magie und ist daher nicht für jedermann zu finden. Aber eure Verfolger sind auf der Suche nach euch. Sie wissen um den Umstand, dass du ihn trägst, aber sie können ihn nicht sehen, da dein Körper ihn für die anderen unsichtbar macht. Du bist ein Schild, die trifft man nicht mehr allzu häufig in unserer Welt. Sobald er auf der Welt ist, bietet mein Haus für euch drei nur einen geringen Schutz und ich fürchte, ihr habt daher höchstens zwei Monde, bis sie hier eintreffen werden. Sie können deinen Mann sehen. Er ist ein Blitzwandler, seine Kraft ist noch nicht geweckt, doch ich kann sie sehen. Eure Verfolger sehen es auch und das reicht ihnen, um euch zu finden. Deshalb könnt ihr leider nicht länger hierbleiben. Ihr müsst dann gehen, damit der Schutzmantel des Hauses und meine Magie euren Sohn umspannen können. Sie werden dann weiter nach dir und deinem Mann suchen. Gehe mit ihm weiter nach Norden, wahrscheinlich werden sie dann eure Spur verlieren. Ich weiß, wie ich zwischen den Welten wandeln kann. Daher bringe ich euren Sohn dann in sein neues Heim in der anderen Welt. Ich werde all meine Spuren verwischen müssen und werde dann nie wieder zurück in dieses Land kommen. Aus sicherer Entfernung werde ich dafür Sorge tragen, dass euer Sohn sein ihm auferlegtes Schicksal erfüllen kann. Es ist gut, dass er das tut und er wird glücklich sein. Zeigt ihm in den nächsten Tagen eure Liebe. Er wird sie immer in seinem Herzen tragen. Leider werdet ihr ihn nie wiedersehen können. Nehmt Abschied von ihm und seid gewiss: Er wird auch für euch seinen Weg gehen."

Tränen liefen der Frau über ihr Gesicht. Sie wusste, dass all das, was sie gehört hatte richtig war, dennoch fühlte es sich für sie so falsch an. Was für ein Opfer musste sie da nun bringen. Ihre Tränen tropften auf das weiße Leinentuch und sie begann seinen Namen in das Tuch zu sticken. Erst das große T und dann …

In der nächsten Nacht stand der Vollmond über der Hütte. Der Rauch aus dem Kamin stieg gerade in die sternenklare Nacht auf. Sie lag nun seit über fünf Stunden in den Wehen. Die alte Frau hatte ihr einige selbst angefertigte Tränke verabreicht, die den Schmerz lindern aber die Geburt nicht verzögern sollten. Ihr Mann konnte seinen linken Arm kaum noch bewegen. Seine Frau, der er in der ganzen Zeit zur Seite stand, griff immer wieder in den Arm und drückte, völlig unbewusst, bei den Wehen zu. Sie versuchte ihn anzulächeln und sich dafür zu entschuldigen. Doch das gelang ihr bei den Schmerzen nicht so recht. Er lächelte sie immer weiter an und sagte dann zu ihr:

„Es ist nichts im Vergleich zu deinen Schmerzen, die du gerade erträgst. Ich liebe dich." Dann durchdrang der alles erlösende Schrei des Neugeborenen die Nacht.

Es war ein gesunder Junge. Genau zur Vollmondnacht geboren. Der Vater durchschnitt die Nabelschnur und legte seinen Sohn auf die Brust seiner Frau. Tränen rannen über ihr Gesicht. Es war ein Gemisch aus Erschöpfung, Trauer um den bevorstehenden Verlust aber, und das war der größte Anteil, Freude über die Geburt ihres Sohnes. Sie wollte ein paar Tage warten, bis sie ihrem Mann vom bevorstehenden Schicksal berichten würde.

„Sieh doch nur, mein Schatz", sagte ihr Mann. „Ein kleines Wunder und wie hübsch er ist. Ich habe sehr lange über seinen Namen nachgedacht und möchte ihm nun, wie es stets bei uns Sitte ist, seinen Namen geben. Er soll Torin heißen." Seine Frau öffnete ihre Hand, in der sie während der ganzen Geburt das zusammengedrückte Leinentuch gehalten hatte. Sie reichte es ihm, legte es in seine Hand und sagte dann zu ihm:

„Wenn es dein Wille ist, soll es so sein." Er öffnete das Tuch und strich es auseinander. Darauf waren fünf Buchstaben gestickt: T O R I N. Nun konnte er nichts mehr sagen. Woher hatte sie das gewusst. Den Namen hatte er sich doch eben erst ausgedacht oder war er schon die ganze Zeit in seinem Kopf gewesen?

Die alte Frau versorgte Mutter und Kind und ließ die drei dann allein in ihrem Raum. Auch sie ahnte, wie schwer es für die Frau sein musste, ihrem Mann das Kommende zu erklären. Sie räumte ein paar Sachen zusammen und sagte dann beim Hinausgehen:

„Wenn ihr was braucht… ich bin drüben in der Stube.

Oder weckt mich, falls in der Nacht irgendetwas ist." Bei diesen Worten streichelte sie erst der Mutter und dann dem Kind über den Kopf. Dabei blickte sie in Torins Augen und sie hörte seine Stimme in ihrem Kopf: „Hab Dank." Sie lächelte ihn liebevoll an und dann verließ sie den Raum. Augenblicklich begann sie mit den Vorbereitungen um mit Torin, zur gegebenen Zeit, in die andere Welt wechseln zu können. Es gab vieles zu bedenken. Sie konnte schließlich nie wieder hierher zurückkehren. Das könnte die Verfolger auf seine Spur bringen. Deshalb musste sie alle wichtigen Dinge, die auch drüben von Bedeutung waren, mitnehmen. Es durfte aber auch nicht zu viel werden. Sie musste es schließlich auch transportieren. Vor einiger Zeit hatte sie sich bereits ein Notfalllager auf der anderen Seite eingerichtet. Sie hatte in einem kleinen Dorf in der Nähe von Kassel ein kleines Haus erworben. Sie wusste daher, dass die Zeiten in den zwei Welten sehr unterschiedlich verliefen. Als sie beim letzten Mal für eine längere Zeit auf der anderen Seite war, hatte sie hier etliche Jahre verloren. Dabei fühlen sich die Tage gleichlang an. Eigentlich sollte ihr das klar sein. Wenn sich jemand mit der Zeit auskennen sollte, dann schließlich sie. Ihr Haus war nach ihrer Rückkehr in einem schrecklich verwahrlosten Zustand gewesen und sie hatte einige Tage gebraucht, um es wieder in Ordnung zu bringen. Einzig die damals eingezogene Hauskatze war sie nicht mehr losgeworden. Sie hatte sich wohl ihr neues Zuhause ausgesucht und zum Glück durfte die alte Frau hier auch wohnen bleiben. Mit der Zeit hatten sich die beiden richtig angefreundet und es tat ihr schon fast leid, sie hier zurückzulassen.

„Ich komme mit", erklang das Miauen der Katze aus der

Ecke des Raumes.

„Wenn du willst. Wo warst du denn während der letzten Tage? Du hast unsere neuen Mitbewohner noch gar nicht kennen gelernt“, fragte die alte Frau rein rhetorisch, denn sie wusste, von der Katze würde sie keine Aussagen über ihren Aufenthaltsort erhalten. Das fiel unter den Katzencodex und war somit geheim.

# Ankunft in der fremden Welt

Die Tage waren nur so dahingeflogen. Torin hatte sich in dieser Zeit ganz prächtig entwickelt. Seine Eltern kümmerten sich liebevoll um ihn, denn sie wussten, dass sie schon bald getrennt sein würden. Nachdem die Frau mit dem Mann gesprochen hatte, nahm der Mann all seinen Mut zusammen und fragte die alte Frau:

„Warum musst du uns trennen? Wir können ihn doch auch hier versorgen." Darauf erwiderte die Frau mit leiser Stimme:

„Ich trenne euch nicht. Ich rette euch und vor allem Torin. Du weißt, dass sie euch auf den Fersen sind. Sie haben euch schon in eurem Dorf nicht aus den Augen gelassen. Wie lange wart ihr auf der Flucht vor ihnen? In welchem Zustand seid ihr hier angekommen? Meinst du tatsächlich, dass ihr das den Rest eures Lebens machen könnt? Wenn ich Torin in die andere Welt bringe, werden sie ihn dort niemals finden können. Sie werden euch noch kurz folgen. Aber da sie Torin dann nicht mehr sehen können, werden sie auch aufhören, dich und deine Frau zu jagen. Sei gewiss, da wo ich Torin hinbringe, wird es ihm gut gehen. Ich werde seine Entwicklung, solange ich kann, beobachten und im Notfall eingreifen. Ich weiß, euer Verlust ist mit nichts aufzuwiegen, außer mit der Gewissheit zu leben, alles für ihn richtig gemacht zu haben. Bedenkt, ich zahle auch einen hohen Preis. All das hier, was ich hier bin und was ich hier kann, lasse ich zurück. In der anderen Welt nützen mir meine Kräfte nichts. Ich werde einsam sein, da ich es nicht riskieren kann, mein Geheimnis zu verraten. Doch mir bleibt die Gewissheit, den richtigen Weg gegangen zu sein. Glaube mir, ich kenne euren Schmerz. Als junge Frau habe ich hier an diesem Ort mein Kind verloren, es wurde nicht einmal älter als Torin jetzt ist. Seitdem denke ich an jedem Tag an sie. Doch ich weiß, sie ist tot. Ihr hingegen wisst, dass er für einen andern Zweck geboren wurde und eines Tages seine Aufgabe erfüllen wird." Tränen rannen ihr über das Gesicht. Sie verließ das Haus und ließ den Mann allein in der Stube zurück. Er blickte ihr durch das Fenster hinterher und konnte sehen, wie sie ein paar Blumen pflückte. Dann ging sie ein Stück weiter und kniete nieder. Sie legte die Blumen an einen Stein, der aus dem Boden ragte. Jetzt wusste er, dass dort ihre Tochter begraben war. Nun konnte er auch nicht länger gegen seine Tränen ankämpfen.

Die Tage vergingen wie im Flug. Die alte Frau wollte den Dreien so viel Zeit wie nur möglich miteinander verschaffen. Doch die Zeichen, dass die Verfolger immer näherkamen, wurden zu deutlich. Sie hatte viel Zeit damit verbracht, weit weg von hier falsche Spuren zu legen, damit die Verfolger in die Irre geleitet wurden. So hatten sie einige Tage gewonnen. Doch langsam wurde die Lage kritisch und sie beschloss am nächsten Tag aufzubrechen. Das Gepäck für sie und Torin als auch für seine Eltern stand für den Aufbruch bereit. Sie blickte die Drei traurig an und sagte dann:

„Es tut mir leid. Morgen ist es so weit. Wir müssen diesen Ort verlassen. Zuerst werdet ihr gehen, damit auch ihr nicht seht, wohin ich mit Torin aufbreche. So ist gewährleistet, dass, solltet ihr doch noch gefangen werden, ihr den Verfolgern nicht sagen könnt, wohin ich mit Torin gegangen bin. Glaubt mir. Ich weiß, ihr würdet euer Kind niemals verraten, aber ich weiß auch, dass sie Methoden haben, um diese Informationen aus euch herauszuholen. Ihr geht dann zuerst ein paar Tage Richtung Süden. Dabei müsst ihr möglichst viele Spuren hinterlassen. Ich hatte euch gebeten Torins Windeln aufzuheben. Habt ihr das getan?“ Die Zwei nickten. Weiter sagte sie: „Gut. Lasst immer mal wieder eine auf eurem Weg liegen. Nach drei Tagen geht ihr dann in einem großen Bogen in Richtung Norden. Ab diesem Punkt dürft ihr keine Spuren mehr hinterlassen. Ihr müsst genug Abstand zu eurem ersten Weg halten und dürft ihn auf keinen Fall kreuzen.“ Die Zwei hatten alles verstanden. Sie hatten es auch in den letzten Tagen oft genug besprochen. Nun konnten sie nichts erwidern, da ihnen der bevorstehende Abschied auf das Gemüt geschlagen war. Doch dann nahm die Frau all ihren Mut zusammen. Sie wusste, dass es richtig war, aber trotzdem hatte sie noch Zweifel, die sie unbedingt ausräumen wollte. Sie schluckte einmal kurz und fragte dann mit zittriger Stimme:

„Du hast uns doch gesagt, dass dieser Ort Schutz bietet und er eine gewisse Magie besitzt. Ich verstehe es nicht. Warum müssen wir dann von hier fort? Ich dachte hier wären wir sicher.“ Die alte Frau blickte sie lange mit einem sanften Blick an und sagte dann:

„Die Magie dieses Ortes ist die Zeit, die ihm obliegt. Wenn ich hier bin, liegt über diesem Ort eine Art Zeitglocke. Sie ist für viele nicht sichtbar. Diese Glocke trennt uns von dem Rest da draußen. Wenn du den Wald hinter der Glocke beobachtest, wirst du sehen, dass die Zeit dort anders verläuft als hier. Tatsächlich kann ich hier die Zeit beeinflussen. Das ist meine Gabe. Ihr seid nun fast zwei Monde hier aber hinter der Glocke sind gerade mal zwei Tage vergangen. Das geht in beide Richtungen. Je nachdem wie ich es steuere, läuft die Zeit da draußen langsamer oder schneller. Für mich fühlt sich aber jeder Tag gleich an also läuft für mich die Zeit immer gleich schnell. Ich altere normal. Seht mich an. Ich bin gerade mal sechzig Jahre alt. Ausgehend von eurer Zeitrechnung, bin ich aber bereits seit über 600 Jahren hier. Glaubt mir, das ist bei Birka, der Göttin der Bäume, kein Segen. Für diese Gabe zahlte ich einen hohen Preis. Niemand hat mich gefragt, ob ich diese Gabe haben möchte. So ist das mit der Magie in unserer Welt. Man wird mit ihr geboren. Ich kannte den Preis für meine Gabe nicht, bis ich ihn zahlen musste. Einst, als ich mein Kind gebar, war es nur für ein paar Tage bei mir. All meine Magie und mein Wissen über die Zeit und das Heilen konnte sie nicht retten. Ihre Lebenszeit war der Preis für meine Gabe.“ Dann konnte sie ihre Tränen nicht länger zurückhalten.

Die Frau nahm sie in den Arm, um sie zu trösten. Das kleine Händchen von Torin griff nach ihren Haaren und zog vorsichtig daran. Die alte Frau blickte in seine Augen und wieder konnte sie seine Stimme in ihrem Kopf hören.

„Das tut mir leid. Ich danke dir für deine Hilfe und ich vertraue dir.“ Dann gab sie sich einen Ruck, sammelte sich und sagte dann:

„Versucht euren letzten gemeinsamen Abend und die Nacht zu genießen. Morgen werden wir früh aufbrechen.“ Dann drehte sie sich um und verließ das Haus. Sie ging durch den Garten, vorbei am Grab ihrer Tochter, um sich von ihr zu verabschieden. Sie kannte diesen Garten in- und auswendig. Trotzdem versuchte sie alles in sich aufzusaugen. Das war ihre Heimat, ihr Zuhause für eine lange Zeit gewesen. Hier hatte sie so viel erlebt. Das Volk um sie herum hatte sie immer als Hexe bezeichnet denn sie verstanden nichts von ihrer Zeit. Gewiss, sie hatte unter anderem den ein oder anderen König geheilt. Meist waren sie, in der Schlacht schwer verletzt, zu ihr gebracht worden, um dann, nach zwei oder drei Tagen, wieder auf dem Schlachtross sitzend, in ihr Land zurückzureiten. So sah es für alle anderen da draußen aus. Die Könige verstanden oft gar nicht, dass für sie, im Gegensatz zum Rest der Welt, nur ein paar Tage vergangen waren. Denn sie waren ja schließlich mehrere Wochen hier, um zu genesen.

Oft hatte sie, um selbst in Vergessenheit zu geraten, die Zeit Außerhalb schnell vergehen lassen. Dann konnte sie wieder neu beginnen. Denn die meisten, die sie da draußen kannten, waren dann schon nicht mehr da. Nun war es für sie an der Zeit, diesen Ort für immer zu verlassen.

Am nächsten Morgen war sie schon früh wach. Die Drei schliefen noch und sie wollte ihnen noch die letzten Minuten gewähren. So ging sie nach draußen, um auch den Tieren zu sagen, dass es an der Zeit war, zu gehen. Plötzlich hörte sie Schritte hinter sich. Sie drehte sich um und sah den Mann, der auf sie zu kam und sie umarmte.

„Hab‘ Dank, für alles“, sagte er und weiter: „Es fällt sehr schwer zu begreifen, aber wir wissen nun, dass wir das Richtige tun. Wir sind jetzt bereit zu gehen.“ Hinter ihm erschien seine Frau. Sie hatte ihr Kind im Arm. Auch sie umarmte mit dem anderen Arm die alte Frau und zog sie behutsam an sich. Dann übergab sie ihr mit Tränen in den Augen ihren Sohn. Sie drückte ihm noch einen letzten

Kuss auf die Stirn und sagte dann mit zittriger Stimme:

„Lebewohl, mein Sohn.“ Sie blickte der alten Frau tief in die Augen und sah bis tief in ihre Seele hinein. Ja, sie konnten ihr vertrauen. Dann drehte sie sich um und ohne ein weiteres Wort zu verlieren, nahm sie ihr Bündel und ging, dicht gefolgt von ihrem Mann, los. Die alte Frau blickte ihnen noch eine Weile nach. Sie hatte von allein damit begonnen, Torin in ihrem Arm zu wiegen und ein Lied zu summen. So wie sie es damals für ihre Tochter getan hatte. Im Kopf ging sie noch einmal alles durch. Hatte sie an alles gedacht? Sie sah wie die Zwei die Grenze ihres Reiches übertraten und sie konnte sehen, dass die Zeit hinter der Glocke viel langsamer verlief. Denn die beiden bewegten sich fast gar nicht mehr. Es war immer wieder beeindruckend, das zu sehen. Mit einer raschen Handbewegung hob sie den Zeitzauber auf und synchronisierte die Zeiten. Jetzt gingen die beiden wieder normal. Es galt nun schnell zu handeln. Sie band sich Torin in einer Art Tragetuch vor den Bauch, legte ihren Rucksack an und rief den Tieren im Garten warnend zu:

„Lauft weg! Schnell! Hier seid ihr nicht mehr sicher.“ Die Vögel in den Bäumen flogen auf und allerlei Getier flog, rannte, hüpfte oder kroch so schnell sie konnten davon. Dann begann sie mit einer Art Singsang. Es klang sehr melodisch hatte aber etwas Beschwörendes an sich. Sie ging dabei zweimal langsam um ihr Haus herum. Dann ging sie singend durch die geöffnete Tür hinein in die Stube. Dort angekommen öffnete sie eine Falltür im Boden. Langsam stieg sie, immer noch singend, die steinerne Treppe hinab. Die Katze hatte das alles beobachtet und sprang schnell hinter ihr her. Dann rief die alte Frau mit lauter Stimme: „Tempardere!“ Augenblicklich schossen blaue Flammen aus ihren Handflächen. Sie lenkte die Flammen nach oben in die Stube und ließ, einen kurzen Moment später, die Falltür über sich zufallen. Die Flammen, die aus ihren Händen gekommen waren, erloschen und sie hörte das Geräusch über sich in der Stube, dass ihr verriet, wie sich die Flammen ihren Weg suchten und sich ausbreiteten. Das Geräusch wuchs schnell zu einem ohrenbetäubenden Getöse an. Es hatte funktioniert, sie hatte den Zauber entfacht. Schnell ging sie den dunklen Kellergang weiter. Sie kannte den Weg, konnte aber kaum etwas erkennen. Denn sie war hier noch nie bei geschlossener Luke entlang gegangen.

Die Frau und der Mann waren schon eine Weile unterwegs gewesen, als sie den unglaublichen Krach hinter sich hörten. Sie drehten sich erschrocken um und blickten zurück. Da sie bereits ein gutes Stück bergauf gegangen waren, konnten sie den Wald, in dem sie die letzten Monde verbracht hatten, gut überblicken. Was sie dort sahen, raubte ihnen den Atem. Aus der Mitte des Waldes, ungefähr an der Stelle, an der sie das kleine Haus vermuteten, zuckte eine riesige blaue Flamme umher. Es schien, als würde sie von eine Art Glocke daran gehindert werden, sich weiter auszubreiten. Als hätte jemand ein riesiges Glas über die Stelle gestülpt. Das musste die magische Grenze sein, von der die alte Frau erzählt hatte. Die blaue Flamme schien von innen an dieser Glocke zu lecken, um an ihr vorbei oder durch sie hindurch einen Ausweg zu finden. Dabei tanzte sie immer wilder, hin und her, hoch und runter auf ihrer Suche nach Nahrung. Was würde wohl geschehen, wenn sie freigelassen würde? Alles, was sie berührte, wurde von ihr verschlungen. Mit einem Mal gab es einen lauten Knall und es folgte die Antwort auf die Frage. Das imaginäre Hindernis war plötzlich verschwunden. Die Flamme, die nun nicht mehr gefangen zu sein schien, konnte sich jetzt frei entfalten. Sie stieg kerzengerade nach oben in den Himmel und schien diesen, ganz weit oben, berühren zu wollen. Bis hier oben konnten die Zwei die Wärme der Flamme spüren und das, obwohl sie einiges von ihr entfernt waren. Dann veränderte die Flamme ihre bläuliche Färbung und sie ging in eine rote bis gelbe Farbe über, um dann abrupt zu erlöschen. Mit einem Mal war es wieder kühl und vor allem ruhig. Dort, im Zentrum des ganzen Tohuwabohus, wo eben noch das Haus mit dem Garten gewesen war, war nun nichts mehr als verbrannte Asche zu sehen. Alles war schwarz. Hier und da erhob sich eine kleine Rauchsäule. Jetzt war die alte Frau wohl zu dem Ort gegangen, von dem sie immer erzählt hatte und offensichtlich konnte sie auch nie wieder hierher zurückkehren. Schnell gingen die beiden weiter und die Frau ließ hier die erste Windel fallen. Jetzt war es an ihnen, die letzte, falsche Fährte zu legen. Das war der letzte Dienst, den sie für Torin im Stande waren, zu leisten. Bald schon sollten sie ihr neues Leben beginnen, auch wenn sie sich im Moment nicht vorstellen konnten, wie sie das ohne ihren Sohn, ohne Torin, schaffen sollten.

Die alte Frau ging nun schnellen Schrittes, fast laufend, den dunklen Gang entlang. Sie hörte, wie das Getöse immer lauter wurde und sie wusste, dass die Flammen versuchten auch die Falltür zu verspeisen, um sich den Weg nach hier unten frei zu brennen. Sie war sich sicher, welch Ironie, dass es nur eine Frage der Zeit war, bis die Falltür nachgeben würde. Zeit, ja Zeit. Die konnte sie sich jetzt und hier nicht mehr verschaffen. Ihre Gabe hatte sie nun für immer eingebüßt. Es war nicht mehr weit und sie war schon ein gutes Stück vorangekommen. Die rettende Tür konnte sie schon erahnen als es hinter ihr langsam heller und vor allem wärmer wurde. Die Flammen hatten den Weg durch die Falltür fast gefunden. Es war kein gewöhnliches Feuer. Natürlich brauchte es Luft und Holz zum Brennen, aber es war auch magisch und wurde gespeist von der Zeit selbst. Langsam wurde es hier unten immer heller und heißer. Verzweifelt griff sie zur Tür, die sie just in diesem Moment erreichte. Fast gleichzeitig schoss die blaue Flamme durch den Gang und wollte die Frau erhaschen, doch sie war schneller. Sie riss die Tür auf, ging hindurch und versuchte die Tür hinter sich zu schließen. Die Flammen trafen auf die sich schließende Tür. Es gab für sie kein Durchkommen mehr. Zornig schmissen sie sich immer wieder dagegen. Sie prallten an der Tür ab, dennoch wurde diese Augenblicklich heiß. Mit all ihrer Kraft drückte die Frau die Tür ins Schloss zurück. Und dann war es mit einem Mal ruhig.

## Drei Generationen

Jetzt, endlich. Es hatte ganze drei Generationen gebraucht, um diese Palastanlage fast fertigzustellen. Begonnen mit dem Bau hatte sein Großvater. Er wusste bereits früh um die Macht, die mit diesem Orte verbunden war. Damals ahnte kaum jemand, auf wessen vermeintlichen Grab diese Anlage errichtet werden sollte und bis heute war auch niemandem bewusst, wozu sie eigentlich dienen sollte. Ein Seher, der sich Caecus nannte, hatte seinen Großvater seinerzeit auf diesen Ort aufmerksam gemacht. Der nahm das zum Anlass, augenblicklich mit dem Bau diese Anlage zu beginnen. Trotzdem führte er auch seine üblichen Kriege weiter. Er sagte immer, dass das Bauen ihn beinahe mehr Grevwalder koste als die vielen Schlachten rund um sein Reich. In dieser Anlage waren die Wände nicht aus gewöhnlichem Stein gebaut. Es waren spezielle Steine. Sie wurden, jeder einzeln, begleitet durch einen magischen Ritus aus Schwefel und Blut angefertigt. Diese geheime Mixtur machten sie noch stabiler als gewöhnlichen Stein und der Geruch, den der Schwefel für Gewöhnlich absonderte, wurde dadurch gebunden. Neben der unglaublichen Stabilität waren sie für fast alle Magie, weder von innen noch von außen, undurchdringlich. Auch bei der Herstellung der Steine verloren viele ihr Leben. Doch er war bereit, den Preis für das große Ganze zu zahlen. Es war auch nicht sein Leben, das direkt davon abhing.

Das war nun schon sehr lange her und sein Großvater war nicht mehr unter ihnen. Sein Vater war mittlerweile alt, schwach und unnütz geworden. So hatte er die Macht des

Reiches übernommen. Natürlich hielt auch er am großen Plan fest, den die zwei Generationen vor ihm dazu gebracht hatten, diese Anlage zu errichten. Hier im Palast lebten, neben der Angestellten nur ein paar wenige Auserwählte, die für die Grabung im Kern der Anlage verantwortlich waren. Sie waren Tag und Nacht damit beschäftigt zu graben, um endlich den Traum der Könige von Grevwald zu erfüllen. Nicht jeder war dafür geeignet ein Gräber zu werden. Voraussetzung dafür war es, einen gewissen Stammbaum nachweisen zu können. Magisch durften sie nur mild oder am besten gar nicht begnadet sein. Damit bei ihnen erst keine Gedanken an Fleischeslust aufkamen, wurden sie schon als Knaben zu Eunuchen gemacht, obwohl man nicht wusste, ob sie später dann auch wirklich Gräber werden würden. Wenn sie es dann schafften in die innere Auswahl zu gelangen, mussten sie in das Geheimnis eingeweiht werden. Um einem möglichen Verrat vorzubeugen, schnitt man ihnen prophylaktisch die Zungen heraus. Dadurch wurde gewährleistet, dass sie niemals über das, was sie hier erfuhren, sprechen konnten.

Er kam, wie so oft von einer großen Schlacht zurück, die er, wie gewöhnlich, gewonnen hatte. Wieder hatte er einen ganzen Stamm in die Knie gezwungen und viele von ihnen getötet. Er hatte mit diesem Sieg die Ländereien und die Ressourcen übernommen. Seine Krieger durften plündern, vergewaltigen und brandschatzen, mussten aber den größten Teil ihrer Beute an ihn übergeben. Das, was für ihn von Wert war, behielt er. Den Rest konnten seine Mannen unter sich aufteilen. Es war ihm dann auch egal, dass bei den aufkommenden Streitereien auch schon mal Blut floss und der ein oder andere seiner Krieger, der den Kampf auf dem Schlachtfeld überlebt hatte, nun hier sein Leben ließ. So war es schon immer gewesen, auch seine Vorgänger hatten das so gehandhabt. Langsam ritt er auf seinem schwarzen Hengst mit seinem Tross, bestehend aus seiner Leibgarde und ein paar wenigen Vertrauten, auf die Palastanlage zu. Es war zur Mittagszeit und die Sonne stand hoch am wolkenfreien, blauen Himmel. Die Palastanlage, in ihrer typischen gelben Farbe, wurde von der Sonne angestrahlt und leuchtete dadurch umso mehr. Sie lag zu Füßen des großen Berges, dessen Gipfel vom Schnee bedeckt weiß war. Es war schon beeindruckend, was er hier geschaffen hatte. Ein Reiter kam ihnen im schnellen Galopp aus der Richtung des Palastes entgegen geritten. Jeweils drei Reiter seiner Leibgarde, die ausschließlich auf braunen Pferden saßen, ritten rechts und links neben ihm ein wenig schneller voran. Dadurch fiel er ein wenig nach hinten zurück und er wurde so von den sechs Reitern vor einem eventuellen Angriff geschützt. Der Reiter, der auf sie zuritt, zog die Zügeln seines Pferdes an, brachte es dadurch zum Stehen, sprang aus dem Sattel und blieb, mit gebührendem Abstand zum Tross, in einer gebeugten, ehrerbietenden Haltung stehen. Nur sein Kopf war leicht angehoben, damit er den Tross vor sich sehen konnte. Der König erkannte anhand der Kleidung des Reiters, dass er tatsächlich vom Palast zu kommen schien und offensichtlich ein Bote war. Mit einer unauffälligen Handbewegung blieb der Tross, wie ein Mann, stehen. Nur er ritt noch ein paar Schritte weiter und war so wieder an der Spitze des Trosses angekommen. Dann blieb auch er kurz vor dem Boten stehen und gestatte ihm, mit einer kurzen Handbewegung, das Wort zu ergreifen.

„Eure Majestät, König Berrazus. Mein König, König aller Grevwalder. Meinen Glückwunsch. Die Kunde über die gewonnene Schlacht ist bereits zu uns vorgedrungen. Ich kam so schnell ich konnte und soll Euch nun berichten. Während Ihr in der Schlacht wart, haben die Gräber endlich ihre Aufgabe beendet und er ist freigelegt. Ich soll Euch sagen: Grenzulwar ist dadurch nun fertiggestellt. Der Palast wartet nun auf Eure Befehle“, sprach der Botschafter, völlig außer Atem vom strammen Ritt, mit ängstlicher, zittriger Stimme. Denn er war sich der Gefahr, in der er sich befand, durchaus bewusst. Er hatte schon vom Jähzorn seines Herrschers gehört. So mancher hatte das Gespräch mit König Berrazus nicht überlebt und oft wusste man nicht einmal genau weshalb.

Das ist so typisch, dachte Berrazus. Kaum sind sie im Palast angestellt, vergessen sie, was es heißt zu arbeiten, sie werden alle fett und feist. Sein Pferd ist zu bemitleiden, dass es eine solch unnötige Last zu tragen hatte. Langsam stieg Zorn in ihm auf. Doch die Freude über diese Nachricht überwog dann doch und diese hielt ihn davon ab, den Mann auf der Stelle zu erschlagen. Und so sagte er:

„Höre damit auf, mir Honig um den Mund zu schmieren. Nur der erfreulichen Botschaft, die du überbracht hast, hast du es zu verdanken, dass du noch lebst. Endlich ist es vollbracht. So höre meine Worte. Reite voraus und verkünde im Palast, dass wir in drei Tagen ein großes Fest feiern wollen. Es wird der Sieg über dieses Volk, dessen Name nun für immer ausgelöscht ist, und die Fertigstellung von Grenzulwar gefeiert. Sagt auch den Eunuchen, dass sie, und zwar ausnahmslos alle, zum Fest geladen sind. Zum Abschluss des Fests, am dritten Tag, sollen sie ihren

Lohn für ihre Arbeit empfangen. Schickt unverzüglich einen Boten zum Magier Autvidentem. Sagt ihm, dass es mein ausdrücklicher Wunsch ist, dass auch er dem Fest beiwohnen möchte.“ Er beendete das Gespräch mit einer Handbewegung und wies dem Boten damit zugleich, jetzt zu gehen. Dieser bemühte sich, so schnell wie irgend möglich, zurück in den Sattel zu gelangen, was ihm mit seinem deutlichen Übergewicht recht schwer viel. Doch endlich schaffte er es und ritt, so schnell sein Pferd ihn tragen konnte, zurück zum Palast, um die ihm aufgetragenen Botschaften weiterzuleiten. Aus dem Tross kam von hinten langsam ein Mann auf einem weißen Pferd, der in eine Art braunem Mönchgewand gekleideter war, nach vorne geritten und blieb dann, links, auf gleicher Höhe mit Berrazus stehen. Er blickte, genau wie der König, eine ganze Weile nach vorne, hinter dem Reiter her und sprach dann ganz langsam und flüsternd, mit einer kratzigen, kalten, furchterregenden Stimme:

„Das habt Ihr gut gemacht. Ihr habt Euch all das gemerkt, was ich Euch aufgetragen habe. Nun ist bald die Zeit gekommen und Ihr werdet über schier unendlich viel Macht verfügen. Wenn Autvidentem den Schalatachter erweckt, werdet nur Ihr der Herrscher über den Schalatachter sein. Er wird dann all das für Euch tun, was Ihr von ihm verlangt. Reitet nun zum Palast und sorgt dafür, dass alles bereit ist, wenn ich zurückkomme. Erwartet mich in zwei Tagen, da werde ich zurückkehren. Geht nun. Es gibt noch viel für Euch zu erledigen.“

Ohne auch nur eine Reaktion abzuwarten, wendete der Mann sein weißes Pferd und ritt langsam davon. Dabei machte ihm die Leibgarde Platz, sie wichen zurück, damit er ungehindert in seine Richtung reiten konnte. In den Gesichtern dieser Männer stand die Angst geschrieben und keiner wagte es diesem Mann ins Gesicht zu blicken oder gar direkt in seine Augen. Berrazus war es völlig zuwider, von diesem Mann wie ein Gewöhnlicher behandelt zu werden. Dass er ihm sogar Befehle erteilte, bereitete ihm körperliche Schmerzen, aber die Angst vor der Magie des Mannes und der Tatsache, dass er, König Berrazus, ihm nichts entgegenzusetzen hatte, hielt ihn davon ab, sich dagegen zu wehren. Doch Berrazus wusste jetzt schon genau, wer als erster die Macht des Schalatachter zu spüren bekommen würde.

# Neuanfang

Lezruw, Zanderuska und Stalinia, die Sulatinerin wussten schon lange, dass dieser Tag kommen musste. Nun war es soweit. Flowneklaf hatte gestern den Palast verlassen und damit den Bann aufgehoben, der auf diesem Ort lag. Nun mussten sie eine Entscheidung treffen. Es gab da hinten in ihrem Garten diese Tür. Sie führte in das Ungewisse. Würden sie diese durchschreiten, würde ihr jetziges Leben, so wie sie es kannten, nicht mehr existieren. Selbst das, was sie hier in dieser Welt waren, würden sie nicht mehr sein. An so manchen Abenden hatten sie lange darüber philosophiert, was wohl besser sei. Mit dem Palast der Zeit einfach so zu verschwinden oder in einer ihnen unbekannten Welt neu anzufangen. Wohlwissend, dass die Erinnerungen an all das hier verblassen, beziehungsweise in Vergessenheit geraten würde. Stalinia ergriff das Wort.

„Ihr wisst: Wenn Flowneklaf und Kiesbart den Palast verlassen, können sie nie wieder hierher zurückkehren. Wir drei haben dann allerdings, unabhängig voneinander, die Wahl. Innerhalb von sieben Tagen muss sich jeder von uns entscheiden und durch die Tür am Ende des Gartens in eine andere Welt gehen oder hierbleiben und mit dieser Sammlung des schier unendlichen Wissens für immer eins mit Raum und Zeit werden. Ich kann und will euch diese Entscheidung nicht abnehmen. Es ist schließlich euer zukünftiges Sein, um das es hier geht.

Ich war oft in dieser anderen Welt, allerdings als die oder das was ich gerade bin. Es ist dort ganz anders als hier. Ja, es gibt auch sehr schöne Orte, die den hiesigen ähneln.

Schließlich waren unsere Welten vor dem großen Krieg, der von Mared durch seinen Zauber beendet wurde, eins. Die Zeit lief gleich und alle Wesen konnten ungehindert von hier nach dort und zurück. Ich habe für euch und mich bereits vorgesorgt. Jeder von uns könnte in der anderen Welt sorglos leben. Hier, nehmt", und dabei reichte sie den beiden einen Umschlag. Als die beiden den Umschlag genommen hatten fuhr sie mit ihren Ausführungen fort:

„In diesem Brief stehen Anweisungen, die ihr befolgen müsst, sobald ihr drüben seid. Es gibt auf der anderen Seite Menschen, die dafür gesorgt haben, dass alles für mein und euer Kommen vorbereitet ist. Ich weiß nicht, ob wir einander erkennen, da sich auch unsere Erscheinung beim Übergang verändern kann. Denn Elfen, Zwerge und Dunstmädchen gibt es auf der anderen Seite nicht. Es gibt dort auch keine Magie. Sobald wir den Palast der Zeit verlassen haben, werden wir auch wieder altern. Ich möchte euch noch einmal für eure Treue und Freundschaft danken. Ohne euch wäre das hier alles niemals möglich gewesen."

Am nächsten Morgen eilten die Drei zur Tür. Flowneklaf und Kiesbart wollten sie nun verlassen. Zum Abschluss umarmten sie sich. Selbst ein paar Tränen ließen sich nicht unterdrücken. Dann sprach Stalinia zu den Zweien:

„Es ist schon gut. Bitte geht jetzt, es ist für uns schon so schwer genug." Und so gingen die Zwei durch die Tür und zogen sie hinter sich zu. Im Moment, als sie in das Schloss gezogen wurde, veränderte sie ihre Farbe. Sie wurde grau und sah plötzlich alt und verwittert aus. Diese Tür würde nie wieder geöffnet werden.

# *Ihr neues Heim*

Sie war entzückt, denn sie stand mit dem Rücken an einer Hecke, die offensichtlich diese Seite des von der Größe her ganz ansehnlichen Gartens begrenzte. Die andere Seite des Grundstücks wurde durch ein Haus abgeschlossen. Hübsch war es hier. So viele verschiedene Pflanzen und Blumen, das ließ ihr Herz ein wenig schneller schlagen. Langsam ging sie über den Rasen auf das Haus zu. Alles wirkte hier so friedlich. In ihrer Hand hielt sie, fest umschlossen, einen aufgerollten Briefumschlag. Wer war sie, wo war sie und woher kam sie? So viele Fragen. Sie hatte keine Erinnerung an all das. Ihr Kopf war wie leer. Angst umschloss ihr Herz und sie schien es immer weiter zuzudrücken. Endlich war sie unterhalb der Terrasse angekommen. Fünf breite Stufen aus poliertem Granit führten hinauf und sie schritt nach oben. Dort angekommen sah sie zwei Stühle, die neben einem runden Tisch standen. Sie setzte sich auf einen der Stühle. Auf der Tischplatte war ein steinernes Mosaik. Darauf waren drei Spiralen, die sich zu drehen schienen, zu erkennen. Das kam ihr bekannt vor. Sie rollte den Briefumschlag auf, zog vorsichtig einen Brief hinaus, strich ihn auf dem Tisch glatt und begann ihn zu lesen:

*Hallo Daphne.*

*Ja, Daphne. Das ist dein Name. Du bist nun endlich hier angekommen und beginnst nun dein neues Leben. Hier ist alles für dich vorbereitet. Du bist ein Mensch und wirst im August dreiundzwanzig Jahre alt. Dieses kleine Haus mit dem Garten gehört dir. Auch ein ansehnliches Vermögen steht für dich zur Verfügung. Nimm dir*

*Zeit und lebe dich ein, ganz in Ruhe. Wenn du Hilfe brauchst, stehen dir die Nachbarn, Familie Schmitz, aus dem Haus gegenüber gerne zur Seite. Du kommst aus einer anderen Welt. All deine Erinnerungen daran sind nun erloschen. Natürlich ist ein Teil deines Wissens immer noch in dir. Es liegt an Dir, es zu erwecken und hier zu nutzen. Du hast dich dazu entschieden, diesen Weg hierher zu gehen. Es ist zu deinem eigenen Schutz. Nun kannst du in aller Ruhe dein Leben führen und glücklich werden. In der oberen Schublade des Schreibtisches liegen noch genauere Informationen bereit, damit du dein neues Leben hier bewältigen kannst. Dort sind Dokumente sowie ein Ausweis, also alle diese Dinge, die du hier brauchst. Auch Stationen deines Lebenslaufes sind dort dokumentiert. Ebenso gibt es auch Zugangsdaten, die dir den Zugriff auf deine Konten ermöglichen. Lass dir Zeit, dich an all das hier zu gewöhnen.*

*Auf der Küchenablage steht eine blaue Vase. Wenn du im Garten ein paar Blumen pflückst und diese mit der Vase auf die Fensterbank in der Küche stellst, wird Frau oder Herr Schmitz von Gegenüber zu dir kommen und dir deine Fragen, insofern sie es können, beantworten. Nimm ihre Hilfe in Anspruch. Es sind gute Menschen. Ach ja, noch eins. Unter dem Blumentopf, rechts neben dem Tisch auf der Terrasse, liegt ein Schlüssel. Er ist für die Haustür. Mit diesem kommst du ins Haus. Verliere ihn nicht und nun lebe dein Leben. Es ist deins und du bist nur dir selbst verantwortlich.*

Daphne las den Brief noch ein weiteres Mal. So ganz verstanden hatte sie das alles nicht. Sie steckte ihn wieder in den Umschlag, rollte ihn zusammen und hielt ihn in ihrer Hand. Dann ging sie zu dem Blumentopf und drehte ihn um. Tatsächlich, ein kleiner silberner Schlüssel kam zum Vorschein. Langsam steckte sie ihn in ihre Tasche. Dann ging sie die Stufen hinab in den Garten und ließ ihre Blicke durch den Garten schweifen. Hier war es so schön und sie erkannte auf Anhieb viele der Pflanzen, die hier wuchsen. Sogar ein Brunnen stand am Ende des Gartens. Rings um den Garten war eine Art Zaun. Allerdings war der nicht geschlossen und war eine Kombination aus weißgetünchten Steinen und schwarz gestrichenem Eisen. Er bestand aus mannshohen Türmen, die sich alle paar Meter wiederholten und im unteren Bereich durch eine kleine, kniehohe Mauer verbunden waren. Auf dieser Mauer lag ein gräulicher Granitstein und auf den Türmen ein schwarzer Granitstein als Abschluss. Die Lücken zwischen den Türmen wurden von einer Art Zaun verbunden. Der Zaun hatte oben zwei Streben, die ein gutes Stück auseinander standen. Sie waren mit vier Längsstreben verbunden. In den dadurch entstandenen fünf Lücken war jeweils ein diagonales Kreutz eingebaut. Von der unteren Strebe gingen nun vierzehn Längsstreben ab. Sie endeten auf der Querstrebe, die ein gutes Stück über der kleinen, kniehohen Mauer angebracht war.

Daphne drehte sich um und begutachtete das Haus. Es war scheinbar ein sehr altes, aber auch gepflegtes Haus. Die Steine, aus denen es gebaut war, waren offensichtlich weiß übermalt. Sie sahen genauso aus wie die Steine des Zaunes. Es war nicht sehr groß, aber groß genug. Es befanden sich vier doppelflügelige Terrassentüren in der unteren Etage, die voneinander durch einem Stück Mauer unterbrochen waren. Dort waren die geöffneten Laden der benachbarten Türen. Jede Tür hatte zwei grüne Laden, die man zu den Seiten öffnen konnte. Feststellen konnte man diese mit kleinen Gussfiguren. In der darüber liegenden Etage war schon das Dach des Hauses zu sehen. Es war mit schwarz glänzenden Ziegeln gedeckt. In der Mitte des

Daches war ein großer Erker, der mit einem kleinen Spitzdach versehen war. Wahrscheinlich hatte man durch diesen Erker in dieser Etage nicht mehr so viel Dachschräge, dachte sich Daphne. Im Erker waren zwei große Fenster eingebaut. Auch sie hatten rechts und links grüne Laden. Dieses Haus hatte eine solch herrliche Symmetrie. Daphne ging ein wenig zum Rand des Gartens, um das Haus von der Seite sehen zu können. Allerdings war an der Seite des Hauses eine Art Schuppen angebaut. Er war zum größten Teil nach hinten versetzt. Dadurch entstand auf der Terrasse eine geschützte Ecke. Auch er war offensichtlich aus demselben, weiß getünchten Stein gebaut. Dieses Haus gefiel Daphne immer besser. Sie öffnete das Gartentor, das neben dem Schuppen in die weiße Mauer eingelassen war und verließ den Garten. Nur ein paar Schritte und sie war am Schuppen vorbei gegangen. Nun blickte sie auf die Seite des Hauses und des Schuppens. Der Schuppen sah so ein bisschen wie die Miniaturausgabe des Hauses aus. Auch er hatte ein Spitzdach, das mit denselben Ziegeln wie das Haus bedeckt war. Eine große, grüne Holztür war auf dessen Seite eingebaut und an jeder Flanke waren oben und unten zwei große, schmiedeeiserne Scharniere angebracht. An der Seite des Hauses waren in der unteren Etage, drei kleine Fenster eingebaut. Diese drei Fenster fanden sich auch an der Seite des Schuppens wieder. In der Giebelwand des Hauses war auf der ersten Etage ein Balkon mit zwei doppelflügeligen Türen, ähnlich den Terrassentüren auf der Rückseite des Hauses, natürlich auch mit denselben grünen Laden. Und ganz oben in der Spitze war noch ein kleines rechteckiges Fenster, allerdings ohne Laden eingebaut. Vor dem Schuppen war ein sehr gepflegter Rasen zu sehen. Er zog sich um das Haus herum und verlief entlang der gesamten Hausfront. Nun stand Daphne vor dem Haus. Sie kam aus dem Staunen nicht heraus. Rechts waren zwei große Fenster im gleichen Stil wie alle anderen Fenster zu sehen. Links war ein Fenster und daneben befand sich eine breite, dunkelbraune, hölzerne Tür. Sie war ein gutes Stück nach innen versetzt und wurde von einem dicken, leicht nach außenstehenden, sehr alt wirkenden, dunkelgrauen Stein umrandet. Der Erker im Dach darüber schien der Zwilling des Erkers der Hausrückseite zu sein. Der grüne Rasen vor dem Haus wurde durch einen steinigen Weg durchschnitten, der direkt zur Tür führte. Daphne nahm all ihren Mut zusammen und ging langsam auf die Tür zu. Da war auf der rechten Seite eine Art Knauf und darunter war ein Schlüsselloch. Sie fischte den Schlüssel aus ihrer Tasche und steckte mit zittrigen Fingern den Schlüssel in das Schloss. Dann drehte sie den Schlüssel langsam nach links, einmal rum und dann … klack, sprang die Tür auf. Sie drückte die Tür nach innen und ihr Blick konnte in das Haus gleiten. Sie war überwältigt. Der Flur, in den sie trat, war sonnendurchflutet. Die Türen, die in die anderen Räume führten, standen offen und sie konnte sehen, dass überall auf dem Boden große, helle, glänzende Granitplatten verlegt waren. Eine große, offene Treppe führte in die obere Etage. Sie zog die Tür langsam hinter sich zu. Es war so aufregend für sie. Hier sah es so aus als würde hier jemand leben und wäre nur kurz nach draußen gegangen. Alles war ordentlich und sauber. Sie ging nach rechts in einen Raum, der von vorne bis hinten durch das ganze Haus ging. Hier vorne war eine offene Küche und im hinteren Teil eine Art Wohn-Esszimmer mit einem großen offenen Kamin an der rechten Flanke des Raumes. Sie konnte von hier in den Garten blicken und das warme Gefühl, Zuhause zu sein, breitete sich in ihrem Körper aus. Es fühlte sich so an, als hätte sie hier alles selbst eingerichtet. Wenn sie etwas suchte, hatte sie den Anschein zu wissen, wo sie es finden würde. Sie öffnete eine der Flügeltüren zum Garten, ging hinaus auf die Terrasse und öffnete die Tür zum Schuppen. Dann nahm sie eine Rosenschere in die Hand. Sie drehte jetzt eine Runde durch den Garten und schnitt, hier und da, ein paar Blumen ab. Zurück in der Küche angekommen, nahm sie die blaue Vase, ließ Wasser hineinlaufen und stellte die Vase, mit den Blumen darin, auf die Fensterbank in der Küche. Erneut ließ sie den Blick durch das Haus schweifen.

Mit einem lauten Ding Dong, das aus dem Flur zu kommen schien, wurde sie aus ihren Gedanken gerissen. Was sollte sie tun? Ihrer spontanen Eingebung folgend, ging sie zur Haustür und öffnete sie. So schnell konnte sie gar nicht gucken, wie ein kleiner brauner Schatten durch den Spalt der Tür in das Haus geschossen kam. Es war ein kleiner, brauner, pudelähnlicher Hund, der ihr freudig mit wild wedelndem Schwanz entgegensprang.

„Verzeihen Sie bitte. Das ist Frau Knuddel. Eine sehr alte und eigentlich betagte Pudelmischlings Dame. Als sie geahnt hat, dass ich hierher zu Besuch komme, war sie nicht mehr aufzuhalten“, hörte sie eine sanfte Stimme, die dann fortfuhr: „Ach wie unhöflich von mir. Ich bin Frau Schmitz. Vom Haus gegenüber. Als ich die Blumen in der Vase auf der Fensterbank sah, bin ich gleich rübergekommen. Darf ich vielleicht hereinkommen?“

„Oh ja, Entschuldigung, selbstverständlich“, Daphne war

so sehr damit beschäftigt, den kleinen Hund zu begrüßen, dass sie für einen Moment vergessen hatte, dass ja nicht der Hund geklingelt hatte. „Kommen Sie doch bitte herein.“, mit diesen Worten zog sie die Tür ganz auf und machte eine einladende Bewegung. Frau Schmitz kam herein. Sie war eine etwas ältere, aber sehr freundlich dreinblickende Frau. Ihr langes, offensichtlich braun gefärbtes Haar konnte nicht von den sehr vielen, durchaus hübschen Sommersprossen in ihrem Gesicht ablenken. Unter ihrem Arm hatte sie ein paar Ordner geklemmt und so ging sie zielstrebig zum Esszimmertisch. Dort legte sie die Ordner ab, drehte sich zu Daphne um und lächelte sie an. Frau Knuddel blieb die ganze Zeit, Schwanz wedelnd, an Daphnes Seite, so als wäre Daphne ihr Frauchen, das für sehr lange Zeit weg gewesen war. Frau Schmitz lächelte die beiden an und sagte dann zu Daphne:

„Willkommen, Daphne. Wir haben lange auf Sie gewartet. Dürfte ich Sie zur Begrüßung vielleicht in den Arm nehmen?“ Daphne war ein wenig überrascht, mochte der Frau diesen Wunsch aber auch nicht ausschlagen. So breitete sie ihre Arme aus und ehe sie sich versah, hatte Frau Schmitz sie auch schon in die Arme genommen. Es war ein unglaubliches Gefühl. Voller Wärme und Geborgenheit. Es war als wäre sie in den Armen ihrer Mutter. Daphne wollte gar nicht mehr losgelassen werden. Tränen rannen den beiden Frauen über das Gesicht. Sie blieben eine Weile so stehen. Frau Schmitz gewann als erste ihre Fassung wieder:

„Ich würde dich gerne duzen. Wenn es dir recht ist“, sagte sie.

„Ja, ich bitte dich doch sehr darum, Luise“, erwiderte

Daphne und sie hatte keine Ahnung, woher sie auf einmal den Vornahmen von Frau Schmitz kannte.

„Wie du bestimmt schon weißt, ist dies hier dein Haus. Mein Mann Ludger und ich waren bis heute dafür verantwortlich, dass das Haus von Innen und Außen und natürlich alles, was sonst noch damit zu tun hat, in einem guten Zustand ist und bleibt. Damit du, wenn du hier ankommst, hier auch vernünftig leben kannst. Wir stehen dir bei allem zur Seite und helfen dir, solange du unsere Hilfe brauchst und möchtest. Aber als erstes musst du dich hier zurechtfinden. Wir können dir zeigen, wie der Alltag hier aussehen kann, wie du ihn bewältigen und vor allem genießen kannst. Ich kann dir leider nicht genau sagen, wo du herkommst. Ich weiß nur, dass du jetzt hier bist, weil du die Entscheidung, hier zu leben, für dich getroffen hast. Hier bist du gut versorgt und musst dir, zumindest finanziell, keinerlei Sorgen machen.“ Sie öffnete die Ordner und zeigte hinein. „Hier drin sind ein paar Unterlagen, die für dich wichtig sind. Es ist eine Art Lebenslauf von dir. Bei uns hier muss alles seine Ordnung haben. Deshalb sind dies all die wichtigen Dokumente, die du brauchst, damit du die einzelnen Stationen deines Lebens nachweisen kanns. Ich weiß, dass klingt merkwürdig, aber es muss leider sein. Du müsstest dir die Dinge in den nächsten Tagen anschauen und nach Möglichkeit auswendig lernen. Hast du dir das Haus schon mal genauer angesehen? Wenn du möchtest, kann ich dir auch alles zeigen.“

Daphne war ein wenig überfahren. Sie hatte tatsächlich keinerlei Erinnerung daran, wo sie herkam. Einige Dinge waren ihr völlig klar. Zum Beispiel die Pflanzen im Garten. Sie wusste all ihre Namen und auch um deren Wirkung, wenn man sie als Tee oder Salben verarbeitete. Sie hatte allerdings keine Vorstellung, woher sie das wusste. So ging sie, immer dicht gefolgt von Frau Knuddel, ein wenig den Gedanken hinterher hängend, hinter Luise her. Diese ging, ständig redend, die Treppe hinauf in die erste Etage. Hier gab es drei Türen. Zwei führten jeweils in ein Schlafzimmer und eine in ein großes Badezimmer. Im Flur stand ein großer Schrank mit zwei verspiegelten Schiebetüren.

„Sieh nur! Wie hübsch du bist", hörte sie Luise sagen. Daphne blickte in den Spiegel und sah sich darin zum ersten Mal selbst. Sie konnte es nicht fassen. Irgendwie schien es ihr als kenne sie die Frau, die sie dort sah. Sie kam sich selbst bekannt vor aber irgendwie. ... Es war schon komisch. Da stand eine schlanke, sehr hübsche, hochgewachsene Frau, Mitte zwanzig, mit schulterlangem, hellblondem Haar, strahlend blauen Augen in einem weißen, langen, lockerfallenden Kleid. Ein tief geschnittener Ausschnitt ließ den Blick frei auf ein Amulett, das an einer langen, silbrigen Kette hing. Es waren drei kleine Spiralen und sie schienen sich zu drehen. Das Kleid ging ihr bis zu den Knöcheln und ihre nackten Füße guckten daraus hervor. Plötzlich hob sich das Kleid zwischen ihren Füßen und der kleine Kopf von Frau Knuddel blickte sie im Spiegel an.

„Wenn Du möchtest, lasse ich dich nach der Hausführung erst einmal allein. Wir können gerne heute Abend zusammen mit Ludger zu Abend essen. Bei uns oder hier bei dir? Wie du möchtest", sagte Luise. Sie führte dann Daphne weiter durch das Haus und zeigte ihr, unter anderem im Badezimmer, wie man die Dusche, das Bad und die Toilette benutzte. Vieles von all dem kam Daphne merkwürdig vertraut vor. Einiges war ihr aber auch völlig fremd. Interessanterweise war fast alles in diesem Haus so eingerichtet, als habe Daphne es sich selbst ausgesucht. Ja sogar die Kleidung, die in den Schränken hing, fand sie außerordentlich schön und alles passte wie angegossen. Dann, nach einem zweistündigen Rundgang mit unzähligen Fragen und Antworten, waren sie endlich wieder an der Haustür angekommen. Luise fragte Daphne erneut nach dem Abendessen. Das hatte Daphne beinahe schon wieder vergessen. Voller Freude erwiderte sie:

„Bitte kommt doch zu mir. Dann kann ich direkt einmal die Küche ausprobieren. Genug Vorräte scheinen schließlich da zu sein. Ich würde mich freuen, auch Ludger kennen zu lernen.“ Luise willigte freudig ein und war im Begriff zu gehen. Dabei blickte sie Frau Knuddel an und sagte dann:

„Kommst du?“ Doch der Hund blieb schwanzwedelnd neben Daphne stehen und blickte Luise an. „Ich glaube, sie möchte bei dir bleiben. Möchtest du das? Soll ich dir gleich ein paar Sachen für den Hund mitbringen?“ Daphne nickte begeistert. Irgendwie fühlte sie sich zu diesem Hund hingezogen und das war natürlich auch andersherum so. An diesem Tag hatte sich Frau Knuddel Daphne als neues Rudel ausgesucht. Die beiden machten in den nächsten Monaten sehr viele und auch sehr lange Spaziergänge. Dadurch lernte sie Grevenbroich und dessen Umgebung sehr gut kennen.

Daphne lebte sich hervorragend in der Gemeinde ein. Die Nachbarn fanden sie alle sehr sympathisch. Sie war schließlich auch stets gut gelaunt, immer freundlich und hilfsbereit. Selbst der alte Griesgram aus dem Haus, ganz am anderen Ende der Straße, kam nicht umhin Daphne anzulächeln, wenn sie aufeinandertrafen. Alle freuten sich, eine solch nette Nachbarin zu haben. Schließlich kannten ja auch alle die Geschichte ihres Lebens. Diese arme Frau war als Vollwaise auf einem deutschen Internat in England aufgewachsen und nun versuchte sie sich hier ihr Leben aufzubauen. Ihre Eltern hatten ihr wohl genug Geld für ein sorgenfreies Leben hinterlassen. Irgendwie war die Familie Schmitz mit ihr verwand und sie schienen eine Art Elternersatz für sie zu sein. Wie sich das genau verhielt, wusste keiner genau zu sagen. Durch ihre sympathische und offene Art lernte sie schnell die nähere Nachbarschaft kennen. Schnell hatte sie sich hier eingelebt und sie genoss ihr beinahe perfektes Leben.

Bis zu jenem Tag, an dem sie ihrem Schicksal begegnete.

# Die Begegnung

Torin war nach kurzer Zeit in seine Pflegefamilie gekommen. Es waren sehr liebevolle und nette Menschen. Sie waren naturverbunden und immer darauf bedacht, die Welt ein wenig besser zu machen. Nach einiger Zeit konnten sie Torin adoptieren und er ging dann im Nachbarort Dörnberg mit seinem Stiefbruder zur Grundschule. Seine Kindheit war völlig sorgenfrei. Alle mochten den Jungen, denn er war stets höflich und zu allen offen. So hatte er auch rasch mit einer alten Dame, die zusammen mit ihrer noch älter wirkenden Katze in einem kleinen Häuschen am Dorfrand wohnte, Freundschaft geschlossen. Sie war für ihn wie eine Oma und er konnte jederzeit zu ihr gehen und mit ihr reden und spielen. Die meisten Leute sagten immer sie wäre eine Hexe, da sie eine Katze hatte und viele Dinge in ihrem eigenen Garten anbaute und nutzte. Sie konnte solch großartige Geschichten erzählen und manchmal glaubt Torin, sie käme aus einer anderen Welt, aber das war natürlich nur so ein völlig fantasievoller Kindergedanke. Aus der Freundschaft entstand eine Liebe, wie sie zwischen Oma und Enkel üblich gewesen wäre.

Später dann, ging er auf das Goethe-Gymnasium in Kassel, allerdings konnte er das nur mit dem Bus erreichen. Die Zeit verging wie im Flug. Leider wurden seine Besuche bei Oma Miauz immer seltener. Er hatte sie liebevoll so getauft, da sie scheinbar immer mit ihrer Katze sprach. Zum Schluss schaffte er es dann leider nur noch einmal im Monat zu ihr zu gehen. Sie freute sich jedes Mal sehr über seinen Besuch und sagte dann immer zu ihm:

„Mir reicht das bisschen Zeit mit dir aus, ich kann sie ganz gut festhalten und bewahre sie, bis du wieder kommst, in meinem Herzen auf. Ich freue mich, wie du dich entwickelst und was für eine saubere Seele du doch bist.“

Jetzt war es Winter geworden und draußen lag sogar ein wenig Schnee. Noch ein paar Monate und er würde sein Abitur ablegen. Trotzdem rannte er wie ein kleines Kind, als wäre er noch immer ein Grundschüler, zum Haus von Oma Miauz. Er freute sich schon auf das bevorstehende Treffen. Sie wollten zusammen kochen und einen schönen Abend zusammen verbringen. Als er am Haus ankam empfand er direkt, dass irgendetwas nicht stimmte. Es kam kein Rauch aus dem Kamin. Das war für die Jahreszeit bei Oma völlig unüblich. Er sprang über das Törchen und rannte zur Haustür. Er klopfte, doch es kam keine Antwort. Schnell klopfte er noch einmal, doch es war immer noch nichts zu hören. Rasch nahm er den Schlüssel, der links unter dem Stein an der Tür versteckt war und schloss die Tür auf.

„Oma!“, rief er. Nichts. „Oommaa!“, rief er erneut und dann hörte er ein leichtes Wimmern. Es schien aus dem Wohnzimmer zu kommen. Beim Hineingehen machte er das Licht an und dann konnte er Oma sehen. Sie saß auf dem Boden vor dem Sofa. Ihr Gesicht war völlig verheult. Auf ihrem Schoß lag ihre Katze. Torin erkannte sofort, dass sie tot war. Vorsichtig setzte er sich neben seine Oma auf den Boden und nahm sie in den Arm und sagte:

„Oma, das tut mir so leid. Wann ist sie gestorben?“, wollte er wissen. Sie blickte ihn mit ihren verheulten Augen an und sagte dann: „Gestern Abend. Sie kam zu mir und hat sich von mir verabschiedet. Sie war schon sehr alt. Älter als alle anderen Katzen die ich kenne. Ich weiß auch nicht, wie sie das gemacht hat. Wir sind so lange zusammen gewesen. Erinnerst du dich. Als du das erste Mal zu mir kamst, da war sie bereits hier. Alle haben damals gesagt, dass sie schon so alt aussieht. Ich dachte, sie stirbt nie. Nun war es so weit und ich befürchte, dass nicht nur ihre Zeit abgelaufen ist."

„Sag doch so was nicht, Oma. Wir zwei wollen doch schließlich noch die Welt retten", versuchte Torin seine Oma aufzumuntern.

„Wenn du wüsstest", erwiderte sie und dabei versuchte sie ein Lächeln aufzusetzen.

„Möchtest du sie begraben?", fragte Torin und sie erwiderte:

„Der Boden ist gefroren. Ich fürchte, das funktioniert nicht."

„Brrrr, ist das kalt hier. Pass auf. Ich mache dir schnell den Ofen an, damit es dir etwas wärmer wird. Im Anschluss werde ich mich um das Grab kümmern. Das bin ich der Katze schuldig. Soll sie solange noch bei dir bleiben? Danach mache ich uns zwei was zu Essen. Ich rufe nur kurz zu Hause an. Wenn ich darf, bleibe ich heute Nacht hier." Sie konnte so schnell gar nicht auf all das reagieren. Der Tod der Katze hatte sie ziemlich aus der Bahn geworfen. Ruckzuck hatte Torin den Ofen gefüllt, mit einem langen Streichholz hatte er das Feuer entfacht und die Flammen begannen gierig zu lodern. Während er das tat hatte er auch schon seine Eltern angerufen und Bescheid gegeben, dass er die Nacht bei Oma bleiben wolle. Sie freuten sich immer, wenn er sich um die alte Dame kümmerte, und hatten nichts dagegen einzuwenden. Schnell zog er seine Schuhe, die er wie gewöhnlich beim Hineinkommen ausgezogen hatte, wieder an.

„Was meinst du. Hinten bei der großen Eiche? Das wäre doch ein schöner Ort. Da hat sie im Sommer doch immer so gerne gelegen. Ich denke, das würde ihr bestimmt gefallen. Soll ich dir hochhelfen? Dann kannst du dich in den Sessel vor den Kamin setzen." Oma Miauz nickte. Langsam begann der Ofen damit, die Wärme abzustrahlen. Sie blickte ihm nach und freute sich einen so guten Jungen zu haben. Ihr war bewusst, dass auch ihre Zeit nun bald gekommen war. Wie konnte sie das dem Jungen nur sagen?

Er machte sich große Sorgen um seine Oma. So hatte er sie noch nie erlebt. Vorsichtig nahm er die Katze und legte sie zur Seite. Dann half er Oma hoch und setzte sie in den Sessel neben dem Ofen. Ja, hier war es auch schon deutlich wärmer. Sie fühlte sich schrecklich kalt an. Wer weiß, wie lange sie dort so gesessen hatte. Die Katze war auf jeden Fall schon steif. Sorgevoll blickte er sie an und drückte ihr einen Kuss auf die Stirn und sagte er zu ihr:

„Vorher mache ich dir noch schnell einen warmen Kakao und dann gehe ich raus in den Garten." Er nahm die Katze vom Boden und legte sie zurück auf ihren Schoß.

„Danke, mein Junge. Jetzt wo du hier bist, geht es schon etwas besser. Nun ist die Katze doch schon wieder einfach irgendwo hin gegangen und ich weiß schon wieder nicht mal wohin. So war sie Zeit ihres Lebens. Das hat sie auch schon immer in der Welt getan, aus der ich ursprünglich komme. Das ist der Katzencodex, hat sie immer gesagt. Ich würde gerne nach Hause gehen", als sie diese Worte sagte blickt Torin seine Oma nachdenklich an und dachte: Das wird wohl der Schock sein. Was sonst soll das mit der „Welt aus der ich ursprünglich komme“ und dem „ich würde gerne nach Hause gehen“, auf sich haben? Das machte ihm jetzt richtig Angst. „Gut, dass ich heute Nacht hierbleibe“, dachte er sich. Fluchs war er in der Küche verschwunden und wärmte ein wenig Milch für den Kakao auf. Als er zurückkam, sah sie schon ein wenig besser aus. Ein wenig Farbe war in ihr Gesicht zurückgekehrt. Allerdings waren ihre Augen vom vielen Heulen immer noch ganz aufgequollen.

„Hier, trink den Kakao, er wird dir guttun und dich auch von Innen aufwärmen. Ich schaue jetzt mal, ob ich in den Boden ein Loch bekomme. Dann können wir gleich, wenn du magst, eine kleine Trauerfeier für die Katze abhalten“, bot Torin ihr an.

„Das wäre schön“, sagte sie und so ging Torin hinaus in den Garten, holte aus dem Schuppen einen Spaten und eine Spitzhacke und machte sich ans Werk. Zum Glück war der Frost noch nicht so tief in den Boden vorgedrungen und er konnte, nachdem er die oberste Schicht mit der Spitzhacke bearbeitet hatte, mit dem Spaten recht entspannt ein circa fünfzig Zentimeter tiefes Loch graben. Dann nahm er noch einen großen Findling und stellte ihn oberhalb des Grabes, als Grabstein auf. Er war recht zufrieden und hoffte, dass es Oma Miauz auch gefiel. Er ging zurück ins Haus, um seine Oma zu holen. Als er das Haus betrat, merkte er sofort, dass der Ofen an war, denn es war inzwischen mollig warm. Oma hatte sich schon ein wenig gefangen und war wieder auf den Beinen. Sie hatte einen schönen Schuhkarton gefunden der mit allerlei „Kram“ wie Muscheln und bunten Steinen beklebt war. Torin fiel ein, dass er ihn vor langer Zeit für sie gebastelt hatte. Das sollte damals, als er seine Piratenphase hatte, eine geheime Schatztruhe sein. Er wusste jetzt nicht genau, ob er erfreut oder gekränkt sein sollte, da Oma Miauz die Schatzruhe jetzt als Sarg benutzen wollte.

„Du hast mir doch damals diese Schatztruhe gebaut. Ich habe sie immer aufbewahrt, weil ich keinen Schatz hatte, den ich darin verstecken konnte. Nun würde ich meinen Schatz, die Katze, hineinlegen. Sieh, ich habe hier ein wenig roten Samt. Damit können wir die Truhe auskleiden und die Katze bedecken. Was meinst du?", fragte sie. Ja, so war sie. Als hätte sie geahnt, dass er sich Gedanken darüber machte, hatte sie mit diesen Worten all seine Zweifel über gut oder schlecht weggewischt. Er war stolz, dass sie seine Schatztruhe, offensichtlich für genau einen solch großen Tag, aufbewahrt hatte. Sie legten die Katze in die Truhe, bedeckten sie mit dem roten Samt und gingen dann, in dicke Jacken gekleidet, nach draußen, zur Eiche. Als sie das Grab sah schossen ihr augenblicklich die Tränen in die Augen. Torin hatte sich solche Mühe gegeben. Der Stein, den Torin als Grabstein an die Spitze des Grabes gesetzt hatte, sah genauso aus wie der Stein des Grabes ihrer Tochter. All die Jahre hatte sie fast nicht mehr an sie gedacht. Sie hatte schließlich die Katze und Torin als ihr Ersatzkind. Beide hatten ihr all die Freude und die Liebe geschenkt, die sie sich von ihrem eigenen Kind erwünscht hätte. Der Schmerz der Erinnerung traf sie mit voller Wucht und sie sank langsam in sich zusammen. Mit einem Mal wurde ihr klar, dass an dem Tag, an dem ihre Tochter starb, die Katze in ihr Leben getreten war. Konnte das sein? War die Katze die Reinkarnation ihre Tochter und sie hat das erst jetzt gemerkt? Anders konnte sie sich den Zwilling des Grabsteins nicht erklären. Torin konnte sie gerade noch auffangen. Vorsichtig brachte er sie wieder ins Haus zurück. Er setzte sie wieder in den Sessel und kniete sich vor sie und hielt ihre Hand. Nie hätte er gedacht, dass der Tod ihrer Katze sie so sehr mitnehmen würde. Er konnte nicht wissen über wessen Tod sie gerade tatsächlich trauerte. Lange, wirklich lange, weinte sie und er konnte einfach nur da sein und ihre Hand halten. Nach ein paar Stunden wurde er dann von seiner Oma geweckt. Er hörte ihre Stimme:

„Torin, Torin, wach auf. Du armer Junge bist hier auf dem Boden vor mir eingeschlafen. Mir geht es jetzt etwas besser. Das war heute alles ein wenig viel für mich. Ich gehe jetzt ins Bett und werde bestimmt schlafen. Geh doch jetzt auch auf dein Zimmer. Das Bett ist gemacht und du kannst direkt hinein. Es ist, wie immer, für dich vorbereitet. Morgen ist wieder ein neuer Tag, und die Sonne geht auch wieder auf. Die Schatten des heutigen Tages werden dann auch verblassen und wir können einen schönen gemeinsamen Tag verbringen. Danke, dass du heute zu mir gekommen bist und danke, dass du hiergeblieben bist. Du weißt nicht, wie sehr du mir heute geholfen hast. Und jetzt ab ins Bett mit dir.“

Am nächsten Morgen war Oma Miauz in einer deutlich besseren Verfassung. Sie frühstückten gemeinsam und sie konnte auch schon wieder ein wenig lachen. Torin bereitete den beiden ein leckeres Mittagessen und sie genossen den Tag. Am Nachmittag gingen sie dann noch einmal gemeinsam zur Eiche und schlossen das Grab. Ganz kurz musste Oma weinen, aber sie hatte sich schnell wieder unter Kontrolle. Torin versuchte sie nun wieder jedes Wochenende zu besuchen. Er merkte einfach, wie wichtig das für sie, aber auch für ihn war.

Im Sommer war es dann endlich soweit. Trotz des vielen Übens für die Klausuren fand er immer die Zeit, zu ihr zu kommen. Und nun war der große Tag gekommen. Er hatte sein Abitur bestanden und die feierliche Übergabe der Zeugnisse stand bevor.

Neben seinen Adoptiveltern wollte er unbedingt auch seine Oma dabeihaben. Ein letztes Mal ging er durch die alte Eingangstür der Schule unter dem Rundbogen mit dem Wappen mit der Katze und dem Vogel hindurch. Stolz erfüllte ihn über seine erbrachte Leistung. Er fühlte eine gewisse Demut, die ihn immer ergriff, wenn er durch den alten Teil seiner Schule ging. Wie viele Menschen waren hier schon seit so langer Zeit hindurchgegangen, um die Welt zu ändern? Er war auf diese Welt gekommen, ohne Eltern, ganz allein. Nur seinen Namen kannte man, sonst nichts. Er wusste nicht wo seine Wurzeln waren, aber er hatte hier, gelenkt durch das Schicksal, seine Familie gefunden. Ihm stand die Welt offen. Er hatte alle Möglichkeiten. Sein Abitur hatte er mit der Auszeichnung „Bester der Jahrgangsstufe“ bestanden. Keiner seiner Mitschüler hatte seine berufliche Entscheidung verstanden. Getreu dem Leitbild seiner Schule - „Es ist nicht genug, zu wissen, man muss es auch anwenden; es ist nicht genug, zu wollen, man muss es auch tun.“ (Johann Wolfgang von Goethe) – hatte er sich für eine Ausbildung als Gärtner für Garten- und Landschaftsbau entschieden. Seine Eltern und Oma fanden das klasse und unterstützen ihn darin.

„Studieren kannst du immer noch, wenn du das unbedingt möchtest", so seine Eltern und: „Es hat noch niemanden geschadet, mit den Händen etwas zu erschaffen." Seine Oma war unsagbar stolz und sie wusste, dass sie ihm viele Ratschläge geben könnte.

# Weites Land

Im vollen Galopp schienen Shams und ihre Zwillingsschwester Alqamar über die grasige Ebene zu fliegen. Dieses Land, ihr Land, schien so unendlich groß zu sein. Sie hatten das Gefühl, stundenlang in eine Richtung galoppieren zu können, ohne jemals an dessen Grenzen zu stoßen. Wenn sie so nebeneinander galoppierten, konnten sie für einen kurzen Moment den Schrecken der letzten Monate vergessen und die schönen Erinnerungen kamen wieder in ihnen hoch. Vor langer Zeit hatte sie und ihre Schwester hier auf dieser Ebene das Licht der Welt erblickt und sind, wohl behütet von ihrer Mutter Shihab, und ihrem Vater Layla, in der großen Herde der Könige aufgezogen worden. Zu dieser Zeit war ihre Mutter die Prinzessin dieses Reiches, das von ihrer Oma Maerifa regiert wurde. Damals gab es hier viele einzelne Herden, die hier friedlich miteinander lebten. Viele Fohlen dieser Herden trafen sich regelmäßig in der Fohlenschule, die traditionell, in der Königsherde ihren Platz hatte. Zusammen wurden sie dann von den ältesten und weisesten Pferden aller Herden unterrichtet. Hier gab es viele verschiedene Tierarten, die miteinander und auch voneinander, ausgeglichen lebten. Allerdings gab es von den Pferden hier nur diese eine Art, nämlich ihre.

Es waren großgewachsene und stolze Pferde mit einem eleganten und muskulösen Körperbau, einem edlen Kopf mit weiten Nüstern. Sie hatten einem kräftigen Hals und einen kurzen Rücken. Ihre Mähne und der Schweif bestanden aus üppigem Langhaar. Beinahe alle von ihnen waren, genau wie Shams, die auf ihre Mutter kam, weiß. Es gab nur ein paar wenige Ausnahmen. Alqamar war, genau wie ihr Vater, tiefschwarz. Wenn die zwei Schwestern gemeinsam ritten, blickten oft die anderen der Pferde hinter ihnen her. Alle waren sich einig. Es sah aus als ritten dort der Tag gemeinsam mit der Nacht oder die Sonne gemeinsam mit dem Mond. Ihre Jugend war geprägt von Unbeschwertheit und Freude. Sie waren wissbegierig und nahmen so viel sie konnten von ihren Lehrern auf. Besonders das Fach der Magie begeisterte die beiden, dennoch verstanden sie nicht, dass sich ihre magischen Talente bis zum heutigen Tag nicht offenbaren wollten.

All das war nun schon sehr lange her. Von ihrer damaligen Unbekümmertheit war ihnen nichts mehr geblieben. Begonnen hatte es damit, dass diese Wesen plötzlich in ihrem Land aufgetaucht waren. Es waren die bivalkanischen Krepsoren. Am Anfang traf man nur vereinzelt auf einen. Später jedoch wurden es immer mehr. Sie reagierten auf nichts und ließen sich nicht vertreiben. Layla hatte es versucht und dafür mit seinem Leben bezahlt. Er wollte einen von ihnen, indem er sich von ihm abwand, mit einem gekonnten Hufschlag während des Fressens umschlagen. Doch statt umzufallen, drehte sich der Krepsor um und hielt Layla, der ihn erneut treten wollte, an dessen Hinterläufen fest. Die Kräfte des Krepsoren waren unvorstellbar. Er tötete Layla, indem er ihn, als wäre er nur ein Blatt Papier, einfach in der Mitte auseinanderriss. Layla war augenblicklich tot. Dann begann der Krepsor damit, Layla aufzufressen. Danach drehte er sich wieder um und machte mit seinem - für einen Krepsor typischen - Kreis weiter, so als wäre nichts geschehen. Voller Entsetzen und in Panik hatte Shihab die Szene beobachtet und noch versucht mit wilden Tritten ihren Mann aus dem Griff des Krepsoren zu befreien. Aber all ihre Mühen waren vergebens. Diese Wesen waren offensichtlich nicht von Leben erfüllt und konnten wohl nur durch schwarze Magie existieren. Shihab war nach diesem Vorfall nicht mehr sie selbst. Das, was sie da gesehen hatte, hatte ihr den Verstand geraubt. Sie wurde nach diesem Vorfall von Tag zu Tag schwächer. Später stellte sich heraus, dass auch sie mit der Krankheit infiziert war, die die Krepsoren mit auf diese Ebene gebracht hatten. So nahm das Schicksal seinen Lauf.

Unsagbar viele Pferde starben zu dieser Zeit. So auch viele von Shihabs Herde. So wurden die beiden Schwestern zu den Anführerinnen dieser Herde, allerdings war das schon recht merkwürdig. Schließlich hatten gerade mal fünf ihrer Herde, die zwei Schwestern mitgezählt, diese Krankheit überlebt. Auch all die anderen Herden wurden dahingerafft. Einige wurden komplett ausgelöscht. Die wenigen, die überlebten, versuchten instinktiv zur Königsherde zu gelangen, so wurden die zwei Schwestern zu den Königinnen der Ebenen der Pferde. Es war ein sehr trauriger Anblick. Nach einiger Zeit zählten sie gerade mal zwanzig Pferde. Das waren alle, die hier auf der Ebene überlebt hatten. Bis von den Kadavern ihrer Familien und Freunde, die hier überall herum lagen, nichts mehr zu sehen war, dauerte es lange. Und dann, nach einiger Zeit, verschwanden auch die bivalkanischen Krepsoren genauso plötzlich wie sie gekommen waren. Shams und Alqamar beendeten ihren Galopp und kehrten zur Herde zurück. Shams blickte ihre Herde genau an. Hier standen vierzehn Stuten, vier Hengste und eine sehr alte Stute mit dem Namen Sini. Sie war in Begleitung eines etwa einjährigen Fohlens gekommen. Einst, so sagte sie immer, war sie pechschwarz gewesen, doch davon war nicht viel geblieben. Nun war ihr Fell grau. Das Fohlen traf Sini auf ihrem Weg hierher zur Königsherde und, da sie ohnehin nur noch sehr langsam unterwegs war, hat sie es mit sich genommen. Es war verstört und sprach kaum ein Wort doch in Sinis Nähe fühlte es sich offenbar sehr wohl.

Shams kannte Sini aus der Fohlenschule. Damals hatte sie auch die beiden Schwestern in den Fächern Geschichte und Sagen unterrichtet. Shams war froh, dass sie bei ihnen war, obwohl sie ein wenig behäbig war aber das Wissen was sie in sich trug war für die Herde von immenser Bedeutung. Schließlich kannte sie so viele Dinge, von den die jungen Pferde noch nie etwas gehört, geschweige denn sie gesehen hatten.

Einer der jungen Hengste war Shams schon bei seiner Ankunft vor einigen Wochen äußerst angenehm ins Auge gefallen. Er hatte, und das machte ihn so besonders, rötliches Fell. Sein Name war Hadid und er war aus seiner alten Herde der letzte gewesen. Offensichtlich hatte er eine gute Ausbildung genossen, denn er war stehts höflich und freundlich. Langsam näherte sich Hadid, mit leicht gesenktem Kopf, den beiden Geschwistern. Diese standen nebeneinander und er blieb dann mit seinem Kopf zwischen den Köpfen der beiden Schwestern stehen. Shams, die rechts neben ihrer Schwester stand, drehte ihren Kopf nach links, um ihn besser sehen zu können. Genau im selben Moment drehte auch Alqamar ihren Kopf, allerdings nach rechts. Dadurch berührten die beide, beinahe zeitgleich den Kopf von Hadid. Was dann geschah war unglaublich und erschreckend zu gleich. Ein heller Ring aus Energie schien aus dem Nichts zu kommen und drehte sich um die drei Köpfe der Pferde. Erschrocken zuckten alle Drei ein Stück zurück und der Kontakt zwischen ihren Köpfen bestand nicht mehr. Augenblicklich löste sich auch der Ring aus Energie auf.

„Was war das?“, fragte Shams, dabei blickte er ängstlich, aber auch neugierig in Alqamars und Hadids Augen.

„Mein Opa hat mir immer von der Macht der drei Farben erzählt“, erwiderte Hadids und weiter: „Er sagte, dass es früher den Königen der alten Zeit vorbehalten war, Tore zu öffnen. Dadurch konnten sie schnell von einem Land zum anderen gelangen. Einst soll es auch eine Karte gegeben haben, die dies ermöglichte. Doch da unsere Ebene so groß ist und schier unendlich viel Platz für uns alle bot, war es für die Könige der letzten Jahrzehnte nicht mehr von Nöten, Kontakt zu anderen Ländern aufzunehmen. Allerdings, so mein Opa, ist diese Kunst nie verloren gegangen. Viele vor uns konnten das, haben es aber nie angewandt. Ich bin schon lange auf der Suche nach meiner Magie und habe mich gefragt welche wohl in mir wohnt. Nun, glaube ich, es zu wissen. Ich fand sie nie. Schließlich benötigt es drei magische Pferde, um die Magie nutzen zu können und alle mit der gleichen Magie. Schwarzes, das bist du Alqamar. Weißes, das bist du Shams und rot, das ist dann wohl meine Wenigkeit. Nun können wir miteinander diesen Zauber ausführen. Ich frage mich nur, wohin uns dieses Tor wohl führen wird, und ob wir es wirklich öffnen sollten?“ Da ergriff Sini das Wort und mit ihrer ruhigen, leicht zittrigen Stimme begann sie dann ganz langsam zu erzählen:

„Hadid hat Recht. Ich durfte vor vielen Monden eine solche Verbindung schon einmal beiwohnen. Damals ging eine große Gruppe von uns durch das Tor. Sie wollten wissen, was auf der anderen Seite ist und waren besessen davon, das Fremde kennenzulernen. Sie kamen nie zu uns zurück. Viele munkelten, sie seien in ihren sicheren Tod gegangen. Ich aber habe immer gesagt, einigen von uns wurde diese Gabe gegeben, damit wir zu anderen Orten wechseln können, um unser Wissen zu erweitern. Leider war ich damals schon zu alt und sie wollten mich nicht mit sich nehmen. Sie waren so mutig und haben dies versucht. Wahrscheinlich haben sie an dem anderen Ort ihr Glück und vor allem viel Wissen gefunden. Und nur deshalb sind sie nie zurückgekehrt. Wir sollten es auch versuchen." Nach einem kurzen Schweigen wandte sich Shams dann an die anderen:

„Da muss ich Sini Recht geben. Dieses Land liegt in Schutt und Asche. Seht, wir sind der letzte Rest einer einst riesigen Herde. Was haben wir zu verlieren außer uns selbst? Ich bin der Meinung, wir sollten das Tor öffnen und alle gemeinsam in unsere neue Zukunft gehen. Schon früher sind einige von uns ausgezogen, um ihr Glück woanders finden zu können. Vielleicht können wir einige von ihnen wiederfinden. Wer weiß, mitunter wollen sie sogar wieder mit uns ziehen, um dann eines Tages hierher zurückkehren, um dann von vorne zu beginnen. Lasst uns unser Glück in der Ferne suchen", bestätigte Alqamar. Sie schob ihren Kopf nach vorne. Die beiden anderen taten es ihr gleich und sie berührten sich. Sofort erschien der Ring wieder. Diesmal allerdings blieben die Drei so stehen. Der Ring wurde schwarz, dann rot und dann weiß und nach einem kurzen Moment öffnete sich hinter den Dreien ein Tor. Sini stand direkt neben dem Tor, sie blickte hindurch und sie rief etwas durch das Tor in einer Sprache, die niemand verstand. Hadids erinnerte sich an die Worte seines Großvaters und rief der Herde zu:

„Los, geht durch das Tor. Ich gehe als Letzter. Mein Großvater hat mir erzählt, dass es sich erst schließt, wenn auch der letzte von den drei Toröffnern hindurchgegangen ist." Dann gingen Shams und Alqamar, gefolgt von dem Rest der Herde, durch das Tor ins Ungewisse. Zum Schluss sprang Hadid hinterher. Das Tor schloss sich direkt hinter ihm und er wäre fast mit der Stute, die vor ihm stehengeblieben war, zusammengestoßen. Er blickte nach vorn und dann sah er, warum die Herde so plötzlich stehen geblieben war. Der Anblick raubte ihm für einen kurzen Moment den Atem.

# *Das große Fest*

Der große Saal war prächtig geschmückt. Seit Tagen schon liefen die Vorbereitungen. Es wurde geschrubbt, geschlachtet, gekocht, gebacken - alles für die nächsten drei kommenden Tage. Im Grunde genommen würde es ein kleines Fest werden. Bei der Größe des Palastes würde man mit viel mehr Menschen rechnen. Allerdings waren nicht so viele Gäste von Außerhalb geladen. Es war mehr so eine Art Palastfest. Nichtsdestotrotz waren alle damit beschäftigt, hier ganze Arbeit zu leisten. Die, die bis letzte Woche als Gräber eingesetzten waren, konnten ihr Glück kaum fassen. Noch nie hatte einer von ihnen diesen Palast lebendig verlassen. Man fing hier als Gräber an und starb hier auch als solcher. Nun sollten die letzten fünfzig von ihnen, die, die diese Aufgabe vollendet hatten, am Ende des Festes ihren Lohn und ihre Freiheit geschenkt bekommen. So richtig vorstellen konnte sich das keiner von ihnen. Reden konnten sie schließlich nicht miteinander, allerdings hatten sie über die Jahre schon lange eine Zeichensprache entwickelt, mit der sie sich sehr gut verständigen konnten. Alle freuten sich schon auf das, was sie seit einigen Tagen rochen. Nämlich das Essen. Sie hatten immer nur einfache Dinge zum Essen bekommen. Nur so viel, dass sie stets ihre Arbeit verrichten konnten und bei Kräften blieben. Das erste Mal überhaupt sollten sie bei diesem Fest mit an der großen Tafel sitzen dürfen und all diese Dinge, die angeboten wurden, essen dürfen. Natürlich machten sie sich nicht allzu viel Hoffnung, schließlich hatten sie mit dem Verlust ihrer Zunge nicht nur die Sprache, sondern auch die Fähigkeit zu schmecken verloren.

Berrazus war aufgeregt, er hoffte, dass er bald der mächtigste Mann und König überhaupt sein würde. Niemand würde es dann wagen sich nicht zu unterwerfen. Ein wenig bereute er es, dass sein Sohn, der durch diese Tatsache der Prinz von Grevwalder war, nicht anwesend war. Er hätte da schon einen Plan gehabt. Allerdings war das in der Königsfamilie schon immer so üblich gewesen. Vater und Sohn waren niemals gemeinsam an einem Ort. Das könnte für beide Beteiligten gefährlich werden. Entweder tötet der Vater den Sohn, um die Zeit seiner Macht zu verlängern oder der Sohn tötet seinen Vater, um frühzeitig an die Selbige zu gelangen. Macht, das war das Elixier, das ihn am Leben hielt.

Der Mönchmann, so nannte Berrazus ihn, war tatsächlich nach zwei Tagen zurückgekehrt. Er hatte irgendetwas in seinem Bündel mitgebracht und immer wieder gab er Anweisungen, damit beim großen Fest auch wirklich alles funktionieren konnte. Er hielt sich vom großen Trubel fern und war sehr geheimnisvoll und immer stiekum unterwegs. Einen Tag nachdem Mönchmann eingetroffen war, traf auch der Magier Autvidentem ein. Er hatte es nicht gewagt gegen den Willen von König Berrazus dem Fest fernzubleiben. Ihm wäre es lieber gewesen, denn irgendwie kam ihm dieser Ort nicht geheuer vor. Außerdem wusste er gar nicht, warum er zum Fest eingeladen wurde. Normalerweise wurde er nur wegen seines Wissens oder seiner Magie konsultiert. Er ließ seine magische Aura umherschweifen damit er etwaige Gefahren sehen und frühzeitig Gegenmaßnahmen einleiten konnte. Doch dieser Ort war, zu seinem großen Erstaunen, so sein Empfinden, recht sicher und frei von dieser, wie nannte er sie, schlechten Magie. Wie sollte er auch ahnen können, dass diese Wände, die ihn hier umgaben, extra dafür gebaut waren, um seine Magie vollständig zu blockierten. Er schlief beruhigt in seinem Gemach, das extra für ihn hergerichtet war, ein. Am nächsten Morgen war es dann endlich so weit.

**Tag 1:** Der ganze Palast wurde von den Fanfaren geweckt, die den Beginn des Festes ankündigten. Eine königliche Anordnung gab es wohl: Niemand durfte während des Festes erschlagen werden. Schließlich sollte es ein Fest zu Ehren der Erbauung dieses Palastes sein. Es war eine bunte und sehr laute Vorstellung. Mehr oder weniger wichtige Gestalten hielten immer wieder Lobesreden, die am Ende darauf hinausliefen, wie großartig doch das Geschlecht der königlichen Familie sei. Natürlich wurde insbesondere der herausragende König Berrazus betont. Es wurde viel getrunken, gegessen und getanzt. Tatsächlich waren, neben einigen Kriegern der letzten großen Schlacht, ein paar der im näheren Umland wohnenden Adelsfamilien, zudem auch der Magier Autvidentem und dann natürlich auch alle der Gräber anwesend. Sie waren außer sich vor Glück. Der König hatte sie nicht belogen. Sie bekamen so viel zu essen und zu trinken, wie sie wollten. Ja, er behandelte sie sogar wie alle anderen Gäste, wie richtige Grevwalder. Auch sie wurden in anderen Gemächern untergebracht. Sie mussten nicht mehr auf den hölzernen Pritschen in der Nähe der Ausgrabung bei Staub und Dreck schlafen. Sie hatten jetzt richtige, weiche Betten. Alle von ihnen durften vor dem Fest baden, in sauberem Wasser, mit duftenden Ölen darin. Für sie verging der erste Tag wie im Flug und fast alle waren früh in ihren Gemächern. Auch der Magier Autvidentem empfand das ganze Fest als außergewöhnlich erfreulich. Der Wein, den sie ihm hier reichten, war ganz hervorragend und das frische Wild vom Spieß war ganz vorzüglich. Leicht angetrunken begab auch er sich frühzeitig in sein Gemach.

„Das läuft doch genau so gut wie wir es geplant haben“, hauchte plötzlich die eiskalte Stimme des Mönchmannes in Berrazus Ohr. Der zuckte vor Schreck zusammen, denn er hatte den Mönchmann gar nicht kommen gehört. Dann flüsterte er: „Ich habe gewartet, bis Autvidentem in seinen Gemächern verschwunden ist. Ich hoffe, du hast, wie ich es dir gesagt habe, nur von dem richtigen Wein getrunken?“ Berrazus nickte. Die Wut in ihm wurde immer stärker. Wie gerne hätte er schon längst irgendjemanden erschlagen, nur um etwas gegen seine Langeweile zu tun. Wie gerne würde er seine Wut und seinen Frust im Wein ertränken und so sagte er dann:

„Das scheint mir doch wohl nur Traubensaft zu sein, den man mir hier reicht. Was soll das Ganze. Wieso darf ich keinen richtigen Wein trinken? Es langweilt mich hier zu Tode. Die gesamte Veranstaltung hat offensichtlich großes Vergnügen nur der König vergeht vor Langweile. Keinen von diesen Würmern scheint das auch nur ansatzweise zu interessieren“, erwiderte Berrazus erzürnt. Doch der Mönchmann flüsterte unbeirrte zurück:

„Der Wein benebelt deine Sinne. Ich habe ihn erst mit Glück versetzt und später dann auch noch mit meiner ganz speziellen Magie angereichert. Glaube mir, diesen Wein möchtest du nicht trinken, obwohl -“ das war das erste Mal, dass Berrazus einen Ansatz von einem Lächeln im Gesicht des Mönchmanns gesehen hatte und darüber machte er sich jetzt wirklich Sorgen. Das löste ein Gefühl von Angst in ihm aus.

„Mach genau so weiter“, flüsterte der Mönchmann: „spiele ihnen den freundlichen König vor und bewirte sie. Kontrolliere deine Wut und deinen Zorn. Sammle das für später. Erst, wenn sie genug von dem Wein zu sich genommen haben, können wir handeln. Du hast den Gräbern am dritten Tag ihre Belohnung versprochen. Deshalb führe sie, um ihnen ihre Belohnung zu zeigen, und alle deren du überdrüssig geworden bist, am dritten Tag zur Mittagszeit, nach dem Mittagsmal, in die blaue Halle, die direkt über der großen Kammer liegt. Gib Acht, dass du nicht mit in der Halle bist, sonst… Ach und, lasse Autvidentem zur selben Zeit wissen, dass ich in seinen Gemächern auf ihn warte. Gib ihm dieses Amulett, dann wird er wissen, wer dort auf ihn wartet. Er wird sich dann zügig aufmachen, um zu mir zu gelangen. Er darf das Amulett auf keinen Fall vorher zu Gesicht bekommen. Das ist wichtig. Hast du das verstanden? KÖNIG!“ All dies hatte der Mönchmann in seiner flüsternden, kalten Art gesagt, aber das letzte Wort sprach er laut aus. Dabei wurde es Berrazus kalt und er hatte den Eindruck, dass eine eiserne, eiskalte Hand sein Herz umschloss und dieses ganz langsam zudrückte. Er drehte sich um und wollte ihm etwas erwidern, aber als er das tat, war der Mönchmann bereits verschwunden. Die große Halle war mittlerweile beinahe leer. Die Diener standen startklar in den Türen, bereit, den Saal wieder für den nächsten Tag herzurichten, aber sie wollten das nicht tun solange der König noch auf seinem Thron saß. Er machte eine drehende Bewegung mit seiner rechten Hand und gab so den Bediensteten zu verstehen, dass sie beginnen konnten, den Saal herzurichten. Augenblicklich strömten aus allen Türen die Diener in die Halle. Sie räumten, rückten, putzen und taten alles, damit das Fest am nächsten Morgen weiter gehen konnte. Langsam, mit einer bleiernen Müdigkeit in seinen Knochen, stand Berrazus auf und zog sich auf seine Gemächer zurück. Er hatte schon so viel in seinem Leben gesehen, so viel Schlechtes getan aber noch nie hatte Irgendetwas davon ihn am Abend den Schlaf rauben können. Doch an diesem Abend war das anders. Er versuchte es, doch er konnte einfach nicht einschlafen. Das, was ihn vom Schlafen abhielt, war dieses kalte Gefühl, das sein Herz umklammerte. Es dauerte eine ganze Weile, bis er endlich begriff, was das für ein Gefühl war und dann, ganz plötzlich war er sich sicher. Das was er da spürte war Panik und die nackte Angst.

**Tag 2:** Und wieder wurde der ganze Palast von den Fanfaren geweckt. Langsam füllte sich der große Saal und alle, die kamen, sahen die reich gedeckten Tische. Es wurde laut geredet und gelacht. Die Diener kamen kaum mit dem Nachschub hinterher. Berrazus hatte sich am ersten Tag verkniffen, das Wort an sein Volk oder gar die Gräber zu richten. Für ihn war das hier alles fast unerträglich. Alle um ihn herum waren gut gelaunt und freuten sich ihres Lebens. Niemand schien sich um ihn zu scheren. Alle hier im Saal waren seiner nicht würdig. Sie waren Ungeziefer, das es zu zertrampeln galt. Er würde jetzt und hier zu gerne mit seinem Schwert für Ordnung sorgen. Das war er so nicht gewohnt. „Spiele ihnen den freundlichen König vor und bewirte sie. Kontrolliere deine Wut und deinen Zorn. Sammle das für später.“, klang immer wieder die Stimme in seinen Ohren. Er zwang sich zu einem Lächeln und klatschte einmal laut in die Hände. Alle Köpfe im Saal drehten sich abrupt zu ihm um. Also war doch noch Respekt vorhanden, ging es durch seinen Kopf. Dann rief er:

„Wein, bringt mehr Wein für alle. Ich möchte mit meinen Untertanen anstoßen.“ Augenblicklich kamen die Diener von allen Seiten mit Gläsern und gefüllten Weinkrügen herbeigeeilt. Eiligst wurden alle Gäste mit einem Glas Wein versorgt. Ein Gräber reichte dem König ein Glas, da er versehentlich zwei genommen hatte. Berrazus griff danach und wollte es gerade erheben, um seinen Trinkspruch zu verkünden, da wurde er seitlich vom Magier Autvidentem angestoßen. Dabei fiel dem König das Glas aus der Hand. Autvidentem, der offensichtlich, trotz der frühen Stunde, schon reichlich von dem Wein intus hatte und viel zu schnell aufgesprungen war blickte den König mit von Panik gefüllten Augen an. Normalerweise wäre er nach solch einem Fauxpas jetzt schon längst tot. Der König hatte die Hand bereits am Griff seines Schwertes. Als ihm ein Diener von hinten ein Glas Wein reichte.

„Eure Worte Majestät: Niemand darf während des Festes erschlagen werden. Nehmt mein Glas und macht doch bitte weiter, wo Ihr unterbrochen wurdet“, sagte der Diener und blickte dem König direkt in die Augen. Das war mehr als unwürdig. Eigentlich müsste er nun auch diesen Diener direkt erschlagen, doch dann sah er wie sich das Gesicht des Mönchmannes in den Augen des Dieners widerspiegelte und Berrazus wusste, dass hier Magie im Spiel war. Der Mönchmann hatte ihn daran gehindert diesen Wein zu trinken. Und so nahm Berrazus die Hand vom Griff seines Schwertes, nahm das Glas mit seinem Wein und ließ alle Anwesenden in seinen Lobestrinkspruch einfließen. Zum Schluss bedankte er sich noch persönlich bei dem Magier Autvidentem, stieß mit ihm an und wünschte ihm ein langes Leben. Autvidentem war außer sich vor Glück. Er hatte diesen König verkannt. Das war wahrhaftig ein wahrer König. Ein König, der sich an sein Wort hielt. Der auch mal Gnade walten lassen konnte und der ihnen dieses unsagbar großartige Fest schenkte. Eigentlich war es zu schön, um wahr zu sein. Aber diesen Gedanken war er nicht mehr im Stande zu denken, denn er hatte bereits viel zu viel von dem Wein, mit viel zu viel von dem Glück und viel zu viel von der Magie des Mönchmannes zu sich genommen. Von seinen Gefühlen übermannt, völlig euphorisch und aus tiefster Überzeugung rief der Magier dann lauthals:

„Hoch lebe der König. Hoch lebe König Berrazus, auf dass er uns immer gut regiere." Kurz darauf wurde das Mittagsmahl aufgetragen. Ganze Schweine mit einem Apfel im Maul, riesige Schüsseln gefüllt mit Kohl, Kartoffeln, Bohnen und anderem Gemüse wurden hereingetragen und zu allem gab es Wein. Die Feier wurde immer ausschweifender. Berrazus' Stimmung allerdings war für ihn persönlich an einem Tiefpunkt angekommen, als plötzlich unvermittelt der Mönchmann den Saal betrat. Niemand nahm ihn so richtig zur Kenntnis. Keiner wich vor ihm zurück. Er ging ganz nah am Magier Autvidentem vorbei, aber auch der nahm ihn gar nicht wahr. Er setzte sich direkt neben den König, dem daraufhin unvermittelt kalt wurde. Er drehte sich um und blickte den König an. Er sah die Furcht in dessen Augen.

„Siehst du, nur noch du bist in der Lage, mich wirklich zu sehen. Alle andern, selbst dieser Taugenichts von einem

Magier, sind so sehr in meinem Bann, dass ich mit ihnen machen kann, was ich will. Bald ist deine Zeit gekommen. Nur noch dieser eine Abend, diese eine Nacht und der eine Vormittag, dann kannst du an all denen hier Rache nehmen und du bist dann mächtiger denn je. Hier, ich habe für dich einen richtigen Wein. Keine Angst, er ist rein und ohne meine speziellen Zutaten. Trinke dieses Glas und lass es dann gut sein. Du brauchst für morgen einen klaren Kopf.“ Auch an diesem Abend gingen alle früh in ihre Gemächer, um gut für den nächsten Tag gerüstet zu sein. Was da wohl kommen sollt?

**Tag 3:** Auch an diesem Tag wurde der ganze Palast wieder von den Fanfaren geweckt. Nur waren alle viel schneller aus den Gemächern in den Saal geeilt. Wieder war der Tisch reichlich gedeckt und ja, es gab auch wieder Wein zum Frühstück. Niemand wunderte sich darüber und alle tranken ausgiebig davon. Es spielte auch für niemanden eine Rolle, dass der König erst sehr viel später zu ihnen kam. Eigentlich war das ja eine Majestätsbeleidigung, doch niemanden kümmerte das. Das Einzige, was wirklich alle interessierte, war die Frage, was würden die Gräber nach dem Mittagsmal als ihren Lohn erhalten. Die wildesten Spekulationen machten die Runde. Es konnte nur etwas ganz Außergewöhnliches sein. Dieser König hatte sich schließlich, im Gegensatz zu früher, gewandelt. Er war jetzt außerordentlich hilfsbereit und freundlich. Was hat er sich wohl für seine treuen Gräber einfallen lassen?

Endlich wurde das Mittagsmahl aufgetragen. Diesmal wurden unzählige Gänse hineingetragen. Viele der Festgemeinschaft konnten schon gar nichts mehr zu sich nehmen, da sie die letzten Tage so unendlich viel gegessen hatten. Sie wollten nur noch die Belohnung sehen. Als Berrazus den Eindruck hatte, dass niemand mehr etwas wollte, gab er das Zeichen, abzuräumen. Dann erhob er sich, nahm sein Glas in die Hand und blickte dabei in die Richtung der Gräber. Dann sprach er:

„Lasst uns nun gemeinsam die Gläser leeren. Die Zeit ist reif. Ihr sollt gleich euren so sehr verdienten Lohn für euer Lebenswerk erhalten. Trinket aus und folget mir in den blauen Saal. Dort werde ich euch das zeigen, was ihr euch verdient habt.“ Er drehte sich zur Seite und wandte den Blick zu den Adeligen und seinen Kriegern und sprach diese direkt an:

„Auch Ihr, mein treues Gefolge, kommt doch bitte mit. Für euch steht ebenfalls eine Belohnung bereit.“ Rache, das war das einzige Wort, das noch in seinem Kopf herumschwirrte. All dem angestaunten Zorn und der Wut der letzen Tage konnte er gleich freien Lauf lassen. Er wusste ja nicht, was dort oben geschehen sollt. Aber seine Hoffnung lag darin, dass es möglichst langsam und qualvoll sein wird. Allein die Vorstellung machte ihn euphorisch und die Erregung stieg in ihm auf. Er lächelte.

# Erwachen

„Hier, das soll ich Euch geben. Das ist für Euch“, mit diesen Worten drückte er dem Magier Autvidentem das Amulett des Mönchmannes in die Hand und fuhr dann mit einem Lächeln auf den Lippen fort: „Ich glaube ein guter alter Freund von Euch wartet in Euren Gemächern auf Euch.“ Das Entsetzen des Erkennens zuckte in den Augen des Magiers auf und die Verzweiflung schwang in seiner Stimme mit als er erwiderte:

„Er ist hier? Hier unter uns? Weißt Du überhaupt, wenn Du dir da unter dein Dach geholt hast? Bist du dir darüber im Klaren, was du da getan hast? Ich muss mich beeilen. Vielleicht ist es noch nicht zu spät und ich kann ihn noch aufhalten.“ Vor kurzer Zeit war er noch vom Glück erfüllt und nun? Dieses Amulett hatte ihn, zumindest für einen kurzen Moment, aus diesem Zustand aufgeweckt. Aber bereits jetzt merkte er, wie das Gefühl vom Glück erneut versuchte Oberhand in seinem Kopf zu gewinnen. Es fühlte sich aber auch so gut an. Wie hätte er sich dagegen wehren sollen? Was war das für eine Magie? Und weshalb hatte er nicht gemerkt, dass und vor allem wie sie Besitz von ihm ergriffen hatte? Er stand auf und wollte so schnell wie möglich in seine Gemächer aufbrechen um - ja weshalb eigentlich? Schnell griff er zum Glas, um noch einen Schluck dieses vorzüglichen Weins zu trinken. Er ließ das Glas fallen. So hat er es gemacht. Er blickte sich um. Ja genau so hat er es gemacht, und zwar mit allen, die hier waren, aber warum? Er konnte sich nicht dagegen wehren, er musste unwillkürlich lächeln. Es war doch so schön hier.

Oder? Irgendwie schaffte er es, aufzubrechen und für einen kurzen, lichten Moment erinnerte er sich. Ständig murmelte er diesen Zauberspruch. Er sollte ihn gegen die Magie, die ihn von außen zu bedrohen schien, schützen. Doch er ahnte bereits, dass ihm die Magie schon seit Tagen über den Wein eingeflößt wurde und sie so von innen auf ihn wirkte. Immer noch murmelte er den Zauberspruch. Endlich war er an der Tür zu seinen Gemächern angekommen. Er öffnete sie und ging hinein. Doch er fand sich nicht in seinen Gemächern wieder, sondern in einer großen Kammer. Vor ihm stand der Mönchmann, der eine Art Singsang von sich gab. Es klang beschwörend. Als er Autvidentem sah, lächelte er ihn kalt an und unterbrach seinen Gesang. Mit einer raschen Handbewegung ließ er die Tür, durch die der Magier gekommen war, zuschlagen. Augenblicklich verwandelte sich diese zu Stein. Autvidentem blickte den Mönchmann in dessen kalte, weiße Augen und er erkannte sein Gegenüber. Es war Caecus, doch im selben Moment ergriff vollends die Magie die Macht über ihn und er hörte auf, er selbst zu sein. Seine Augen färbten sich weiß. Caecus sagte zu ihm:

„Willkommen, Bruder, Teil meiner Macht. All die Jahrzehnte habe ich versucht, deiner habhaft zu werden. Doch nie ist es mir gelungen. Egal, was ich versucht habe, niemals konnte dir meine Magie etwas anhaben. Du hast sie stets abgewehrt. Nun aber ist endlich mein Tag und damit auch deiner gekommen. Drei Könige hat es gebraucht, um diese Mauern entstehen zu lassen. Sieh nur, dieser törichte König dachte, er könne noch mächtiger werden. Jahrhunderte war meine Hülle hier, scheinbar unwiderruflich, begraben. Aber diese drei Könige haben sie aus reiner Gier nach Macht für mich ausgegraben. Du hast nun die Ehre und darfst nicht nur der großen Vereinigung beiwohnen, nein, nur durch dich und deine Magie, derer ich mich nun habhaft gemacht habe, kann ich in meine alte Gestalt zurück gelangen und dieses armselige Gefäß, in dem ich jetzt wohne, verlassen. Du bist ein entscheidender Teil dieser Zeremonie. Mit deinem letzten Tropfen Blut wird es hier und heute besiegelt.“ Dann begann er wieder mit seinem Singsang und auch Autvidentem stieg in den Singsang ein. Ein klitzekleiner Teil in seinem Kopf versuchte immer noch, sich gegen all das zu wehren, doch die Magie, die von ihm Besitz ergriffen hatte, war einfach zu stark. Die beiden Magier drehten sich um und blickten auf den ausgegrabenen Schalatachter. Er war riesengroß, stand dort wie eine Statur, als würde er nur darauf warten, erweckt zu werden. Über ihm hing an langen Ketten ein eisernes Netz. Es war gespickt mit unzählige Sperrspitzen, die hinauf zur Decke zeigten. Doch von alldem bekam Autvidentem nichts mehr mit. Sein Schicksal war mit dem ersten Schluck Wein, den er hier getrunken hatte, besiegelt gewesen. Als er im Versuch, doch noch diesen Zauber aufzuhalten, diese Tür durchschritt, war nur noch seine Hülle hier. Sein Geist und seine Seele waren in der Hand von Caecus. Wie eine Marionette wurde er gelenkt und egal, was dieses letzte Fünkchen Hoffnung in ihm auch tat, es konnte nichts mehr gegen sein Schicksal unternehmen. Die Magie von Caecus war einfach zu stark und eigentlich gehörten ja tatsächlich beide Teile der Magie zusammen.

## Zeit für Lohn

Die ganze Festgesellschaft zog, angeführt von König Berrazus und begleitet von den Musikern, tanzend durch den Palast. Über die große, breit geschwungene Treppe, die genau gegenüber des Haupteingangs der Palastanlage lag, gelangten sie, immer noch tanzend, zwei Etagen höher in den blauen Saal. Jetzt war zu erkennen, woher der Saal seinen Namen hatte. Seine Wände warn mit blauen Bildern übersäht und bei genauer Betrachtung konnte man eine große Menge tanzender Wesen sehen, die durch ein Art Schloss tanzten. Für einen Moment schien es, als würden sich die Bilder tatsächlich bewegen.

Der Boden des Saals sah aus, als wäre er aus Eis oder Glas, man hatte den Eindruck, hindurch sehen zu können. An jeder der vier fensterlosen Wände des Saals hingen dreizehn Wandleuchter. An der Decke des Saals waren ebenfalls, an Ketten abgehangen, zwei gekreuzte Reihen mit dreizehn Kronleuchtern. Jeder der Kronleuchter war mit dreizehn Kerzen bestückt. Das so entstandene Licht wurde von der Oberfläche des Bodens reflektiert und dadurch wurde verhindert, dass die Blicke der hier Anwesenden hindurch dringen konnten. Die Festgesellschaft war ohnehin viel zu sehr in einer Art Rausch, als das sie noch im Stande gewesen wäre, dies alles zu bemerken. Einzig König Berrazus hatte einen Blick für all das. Für einen kurzen Moment war er der Meinung, unter dem Boden etwas erkannt zu haben. Er wusste ja, was sich dort befand. Er hatte nur keine Ahnung, warum der Mönchmann ihn und die Gesellschaft genau hier hinaufgeschickt hatte.

Langsam wurde er ungeduldig. Wann und wie sollte er denn zu seiner ihm so verdienten Rache gelangen und wann würde er ihr endlich freien Lauf lassen können? Schlagartig fiel es ihm wieder ein. Eigentlich sollte er doch gar nicht im Saal sein. Es war jetzt entscheidend, dass er ihn augenblicklich verließ. Aber wie? Er stand genau im Zentrum des Saals unter genau dem Kronleuchter, der die zwei gekreuzten Reihen verband. Die ganze Gesellschaft tanzte im Kreis um ihn herum. Der ein oder andere fing an zu singen. Es war ein Gesang in einer Sprache, die der König noch nie gehört hatte, geschweige denn, dass er sie verstand. Er versuchte sich in die Richtung der großen Tür zu bewegen doch der Kreis von Tänzern um ihn herum wurde immer enger. Selbst die Gräber begannen, im Rahmen ihrer Möglichkeiten, den Gesang mit merkwürdigen Geräuschen zu unterstützen. Ihr Gesang klang jedoch eher wie ein Röcheln. Langsam stieg Panik in Berrazus auf und er rief verzweifelt:

„Lasst mich durch, ich muss sofort aus dem Saal! He da! Ihr Wächter, helft mir, sofort!“ Doch niemand hier im Saal machte Anstalten, ihm in irgendeiner Art und Weise zu helfen, da erkannte er, dass auch seine Wächter unter dem Einfluss der Magie standen. Er blickte auf den Boden und dann konnte er unter sich die riesenhafte Gestalt des Schalatachter sehen, vor die sich der Mönchmann gestellt hatte, und direkt neben ihm stand Autvidentem. Beide Männer waren in ein merkwürdiges Leuchten getaucht und aus ihren weiß leuchtenden Augen strömte Licht, das scheinbar ihr Ziel in den Augen des Schalatachters fand. Das Licht der Kronleuchter wurde dunkler und das Leuchten in der Grabkammer unter ihm immer heller. Plötzlich blickte der

Mönchmann nach oben. Es schien, als blicke er Berrazus direkt durch dessen Augen in dessen Seele und dann hörte er die kalte Stimme des Mönchmannes in seinem Kopf:

„Ich bin Caecus. Träger eines Teils der Magie und der Kraft des Schalatachters. Das ist Autvidentem, mein Bruder, er trägt den anderen Teil. Du, dein Vater und deines Vaters Vater, ihr drei Könige habt dafür gesorgt, dass dieser Tag kommen kann und es zur großen Vereinigung kommen wird. Ihr wolltet in eurer erbärmlichen Arroganz mächtiger werden als die Macht selbst - was seid ihr doch für Narren. Ich habe euch dafür gebraucht, um diesen Tag geschehen zu lassen. Sieh, mein Bruder ist bereits dabei, unsere Kraft der wahren Hülle zurückzugeben. Jetzt ist es bald soweit. Auch du hast meinen Trank getrunken, nur ohne das Glück. Ich wollte, dass deine Wut und dein Zorn nicht von diesem unnötigen Gefühl überlagert wird. Damit auch du deine ganze Energie an mich übergeben kannst. Hast du all die schlechte Energie gesammelt?“

Die Musik im blauen Saal verstummte. Augenblicklich hörten alle auf zu tanzen. Das Licht der Kronleuchter erlosch. Das Glück, die Freude und die Euphorie, die ganzen Gefühle, die eben noch in den Köpfen aller waren, waren mit einem Mal verschwunden. Mit einem lauten Knall verschlossen sich die Türen des Saals. Erschrocken blickten alle nach unten. Nun, da das Licht oberhalb des Bodens erloschen war, konnten sie alle hinabblicken. Sie blickten hinab in die tiefe Grabkammer, in der es immer heller zu werden schien. Die zwei Magier schienen sich langsam aufzulösen, um vom Schalatachter aufgesaugt zu werden. Sie vereinten sich mit ihm. Panik kam unter der Gesellschaft auf und dann hörten sie alle die eiskalte Stimme des

Caecus:

„Heute ist der Tag gekommen, an dem ihr alle euren verdienten Lohn erhalten sollt. Ihr könnt stolz auf euch sein, denn eure Energie soll Teil von mir werden. Damit verhelft ihr mir zu meiner mir zustehenden Macht zurück. Hiermit nehme ich voller Dankbarkeit eure Opfer an.“ Sie sahen, wie er ganz beiläufig eine Handbewegung machte und im selben Moment löse sich der Boden des Saales unter ihren Füßen auf. Zuerst ganz langsam und nur am Rande des Saals. Vereinzelt fielen einige der Gesellschaft durch den sich auflösenden Boden nach unten. Doch ihr Fall war nur kurz. Denn sie wurden von den Speeren, die unter ihnen hingen, gestoppt und ihr Blut tropfte und spritzte nieder auf den Schalatachter.

„So muss es sein. Das ist gut!“, hörten sie die lachende Stimme des Caecus. „Ich bin er. Und er ist ich. Und bald werdet ihr auch ich sein“, rief er und dabei hob er seine Arme. Jetzt löste sich der Boden noch schneller auf. Viele von ihnen stürzten hinab in ihren Tod. Einige versuchten jedoch in die Mitte des Saales zu gelangen. Dort war schließlich der Boden noch vorhanden. Nun stand der König genau dort mit gezogenem Schwert. Er versuchte seinen Platz zu verteidigen. Mit hysterischer Stimme schrie dabei er ständig:

„Warum! Warum ich?“ Es dauerte nicht lange und alle aus der Gesellschaft waren in den Tod gestürzt, nur ein winziger Teil des Bodens im Saal war noch vorhanden. Auf genau diesem stand nun erschöpft der König. Ganz allein. Unzählige bluttropfende Körper hingen bizarr aufgespießt auf den Speeren unter ihm. Von den zwei Magiern war fast nichts mehr zu sehen, sie hatten sich beinahe vollständig aufgelöst. Nur noch ihre Silhouetten waren zu erkennen. Es gab immer noch einen Fluss der Energie zwischen ihnen und dem Schalatachter.

„Gleich ist es vollbracht. Jetzt fehlt nur noch das adelige Blut. König, komm! Trage auch Du deinen Teil dazu bei“, mit diesen Worten machte Caecus eine letzte kurze Handbewegung und der Boden unter Berrazus war mit einem Mal verschwunden. Er fiel, genau wie es alle anderen getan hatten, in die auf ihn wartenden Speerspitzen. Er wurde von gleich sieben auf einmal durchbohrt. Für einen sehr kurzen Moment waren seine Wut, sein Zorn und seine Angst so groß, dass er nicht fähig war, Schmerzen zu fühlen. Er wollte noch laut schreien, doch da fuhr sein Leben auch schon aus seinem Körper. Sein Leichnam hing über dem Kopf des Schalatachters und auch sein Blut tränkte ihn. Das, was von den zwei Magiern noch zu sehen war, floss nun in die Augen des Schalatachter und in der Grabkammer wurde es mit einem Mal dunkel. Es war stockfinster. Außer dem Plätschern des Blutes, das immer noch von den Speeren herabtropfte, war nichts zu hören. Dann schlug der Schalatachter seine Augen auf. Zuerst war nur ein leichtes rötliches Glimmen in ihnen zu sehen. Es wurde immer stärker und dann begannen seine Augen rot zu leuchten. Ganz tief unter ihm aus der Erde begann ein Grollen aufzusteigen. Es wurde immer lauter. Der Schalatachter holte tief Luft und dann erreichte das Grollen die Oberfläche. Endlich war er wieder da. Jetzt konnte er in seinem Element, der Erde, neue Kräfte sammeln, um dann in einigen Jahren erneut an die Oberfläche zurückzukehren, um dann dort seine dunkle Aufgabe zu Ende zu führen. Schon jetzt spürte er, wie er bei diesem Gedanken an

Stärke gewann. Die Erde unter ihm öffnete sich und er verschwand in ihr. Das Erdbeben, das nun folgte, legte den Palast in Schutt und Asche. Nichts von der Pracht dieses Ortes blieb erhalten. Die ganze Magie, die für den Bau der Mauern benötigt worden war, hatte der Schalatachter in sich aufgesaugt und sie nun mit in die Tiefe genommen.

Zurück blieb, hier am Fuße des Bergs, eine Ebene, die mit einer meterdicken Schicht aus stinkendem Schwefel bedeckt war und auf der wohl für die nächsten Jahrzehnte nichts im Stande sein wird, zu wachsen.

# Begegnung

Was war das im letzten Herbst für eine schöne Feier gewesen. Alle Dorfbewohner waren gekommen, um den guten Ernteertrag des Jahres zu feiern. Kinnaj war, wie es nun seine Aufgabe war, fast ein halbes Jahr in den umliegenden Wäldern unterwegs gewesen. Doch dieses Jahr hatte es ihn schon wesentlich früher zurück - nach Hause in sein Dorf - gezogen. Im Frühjahr hatte er zufällig dieses wunderschöne, nette Mädchen kennengelernt. Es war die Tochter der Lehrerin aus der Dorfschule und sie war tatsächlich ein paar Jahre jünger als er. Das war auch der Grund, weshalb er sie, aus seinem schon etliche Jahre zurückliegenden Unterricht in der Dorfschule, nicht kannte. Sie war am Anfang noch zu klein, um mit ihm in den Unterricht zu gehen und als sie dann doch mit in die Klasse kam, war er schon fast mit der Schule fertig und was hatten er dann mit den „Kleinen" zu tun?

Es war schon sehr merkwürdig. Sie waren sich zufällig im Dorfzentrum unter der „schreckhaften Oma" begegnet, man könnte eher sagen sie hatten einen Unfall. Er war mal wieder dabei gewesen, so wie er es immer tat, das Wunder des Frühlings zu beobachten. Es faszinierte ihn immer wieder, wie überall aus den kahlen, eigentlich totaussehenden Ästen, langsam überall Knospen sprossen und dann, es war beinahe explosionsartig und als hätten sie sich alle abgesprochen, öffneten sie sich und es wurden Blätter aus ihnen. Binnen kürzester Zeit wurde aus einem kahlen Wald, in den man weit hineinschauen konnte, ein grüner und lebendiger Ort der schöner nicht sein könnte. Sein

Blick hing in der Baumkrone, und zwar bei einem ganz bestimmten Ast der „schreckhaften Oma“ und tatsächlich bei einer ganz bestimmten Knospe. Er bildete sich ein, dass sie sich nur für ihn entwickelte und dass sie nur darauf wartete, ihm endlich zu zeigen, was für ein wunderschönes Blatt aus ihr werden würde.

Und dann war es plötzlich geschehen. Adelaide war ihrerseits ebenfalls in Gedanken und ihr Blick war dabei in Richtung ihrer Füße gewandt. Nicht, dass sie diese tatsächlich wahrnahm, nein. Ihre Gedanken kreisten in ihrem Kopf und ihre Füße liefen den Weg von ganz allein. Dann kam es, wie es kommen musste. Genau unter der „schreckhaften Dame“ rannte Kinnaj Adelaide buchstäblich um. Diese fiel rücklings zu Boden und Kinnaj wäre beinahe auf sie gefallen. Beide waren, völlig aus ihren Gedanken gerissen, erschrocken und mussten erstmal auf dieser Welt ankommen. Kinnaj fand zuerst seine Stimme wieder. Er blickte sie an und versuchte dann, diesem wunderschönen Wesen, dass da vor ihm lag wieder auf die Beine zu helfen und dabei sagte er:

„Oh, verzeihe mir. Ich war mit meinen Gedanken nicht hier und dabei habe nicht …“ In diesem Moment trafen sich ihre Blicke und ihm blieben die Worte im Halse stecken. Er rang nach Fassung, denn er blickte gerade in die schönsten Augen, die er jemals gesehen hatte. Aus ihnen strömte Weisheit, Wärme, Sehnsucht und Liebe.

Adelaide war völlig erschrocken. Gerade noch war sie auf dem Weg zum Rand des Waldes und plötzlich fand sie sich hier auf dem Boden liegend wieder. Voller Wut versuchte sie sich aufzurappeln. Dieser Idiot, der sie einfach umgerannt hatte, versuchte ihr aufzuhelfen. Sie hörte seine

Stimme und blickte ihn an. Doch als sich ihre Blicke trafen, war all die Wut in ihr mit einem Mal verschwunden. So etwas war ihr noch niemals passiert.

„Das macht nichts. Es ist nichts weiter passiert“, sagte sie. Wer war dieser Mann? Und warum hatte sie ihn hier noch nie gesehen?

„Wer bist du?“, entfuhr es beinahe zeitgleich aus beiden. „Hast du dir etwa weh getan?“, auch diesen Satz sprachen sie gleichzeitig.

„Nein, nein. Alles gut“, sagte Adelaide. Sie konnte ihren Blick nicht von seinen Augen lassen. „Ich bin Adelaide. Die Tochter der Lehrerin hier aus der Dorfschule“, fuhr sie fort.

„Das kann doch nicht sein.“, erwiderte Kinnaj stotternd und er fuhr fort: „Ich heiße Kinnaj und bin der Waldhüter und Falkner hier aus diesem Dorf. Auch ich bin hier zur Schule gegangen und ich kenne deine Mutter sehr gut. Sie hat auch mich lange unterrichtet. Warum habe ich dich hier noch nie gesehen und warum kenne ich dich nicht?“ Ihr Herz raste wie verrückt und dann tat sie etwas, was sie noch nie zuvor getan hatte. Schnell zog sie seinen Kopf ein Stück näher heran, küsste ihn auf den Mund. Dann wand sich schnell aus seiner helfenden Umarmung und lief geschwind davon.

„Bist du heute Abend auch auf der Feier?“, rief sie ihm noch von Weitem zu und schon war sie aus seiner Sicht verschwunden. Was hatte sie getan? Ihr Herz raste vor Aufregung. Es schlug so kräftig, dass sie dachte, ihr Hals würde jeden Moment platzen. Da war dieses unheimlich schöne und so herrliche warme und faszinierende Gefühl, das sich direkt von ihrem Herzen im gesamten Körper ausgebreitet hatte. Wie konnte sie diesen fremden Mann einfach so küssen? Sie konnte die Antwort auf ihre Frage nicht mehr hören, denn bis Kinnaj wieder in der Lage war zu reagieren, war sie längst an der nächsten Hausecke abgebogen. Rasch lief sie nach Hause. Sie hatte ganz vergessen, weshalb sie eigentlich überhaupt im Dorfzentrum gewesen war. Ihre Mutter fragte sie bei ihrer Ankunft nach den Besorgungen, die sie machen sollte. Adelaide stellte den leeren Korb in der Küche ab und ging dann, mit hoch rotem Kopf, auf ihr Zimmer. Die Mutter blickte erst erstaunt in den leeren Korb und dann, nicht weniger erstaunt, ihrer Tochter nach. Sie kannte diesen Blick und musste schon ein wenig schmunzeln. Eilig ging sie ihre Tochter nach und blickte ihr in die Augen. Sie brauchte gar nicht viel von ihrer Magie einzusetzen, um es zu sehen, denn das, was sie da in den Augen ihrer Tochter sah, war doch recht eindeutig. Mit einem warmen Blick und ihrer sanften Stimme sagte sie:

„Wie heißt er denn und wo hast du ihn getroffen?“ Erst geschah nichts, doch dann kamen aus Adelaide Mund ein paar kaum wahrnehmbar Worte.

„Kinnaj.“ Sie machte eine kurze Pause und sagte dann: „Er heißt Kinnaj und er ist ganz großartig und ich bin mir sicher. Er soll mein Mann werden. Sowas habe ich noch nicht erlebt, Mama, ich bin so glücklich. Ich hoffe nur, dass es ihm ähnlich geht.“ Ihre Stimme war zum Ende hin lauter und überzeugter geworden. Dann lehnte sie ihren Kopf an die Schulter ihrer Mutter und begann vor lauter Glück an zu weinen.

„Komm her, mein Kind“, begann sie: „Du bist völlig außer dir. Kinnaj, sagst du? Ich glaube, ich kenne ihn. Ich meine, er ist auch hier in meine Schule gegangen. Ein sehr netter, anständiger junger Mann. Seine Mutter ist sehr früh gestorben und letztes Jahr dann auch sein Vater. Ich meine, er ist in die Fußstapfen seines Vaters getreten. Aber erzähl doch, was ist denn passiert?“ Und dann berichtete Adelaide von der doch eigentlich recht kurzen Begegnung. Sie endete mit den Worten:

„Dann habe ich ihn geküsst, einfach so, und ich bin weggelaufen.“ Ihre Mutter musste schmunzeln. Sie wusste, dass dies eines Tages passieren würde, doch dass es ausgerechnet an dem Abend passieren, an dem die Frühjahresfeier stattfinden sollte? So ein wenig Sorgen machte sie sich schließlich auch. Ihre Tochter hatte in den letzten Jahren noch nie, auch nicht mal Ansatzweise, Interesse an einem Mann gezeigt. Sie hatte schon Angst, dass die Magie der Tochter, die Magie der Sprachen, sie völlig davon abhielt, sich jemals zu verlieben. Dass es aber jetzt so plötzlich und so rasend schnell ging, machte sie nun doch erst einmal stutzig. Sie nahm das Gesicht ihrer Tochter in ihre Hände und küsste sie sanft auf die Stirn. Dabei wischte sie die Tränen von ihren Wangen.

„Es ist so schön, dass das dir nun passiert ist. Eines Tages geschieht es bei uns allen. Allerdings solltest du jetzt nichts überstürzen. Lerne ihn kennen. Rede mit ihm und wenn er so empfindet wie du und ich sehe es in deinen Augen, dass das so ist, dann müsst ihr euren Weg finden und ihn zusammen gehen. Aber bis dahin haben wir ja noch ein wenig Zeit und auch noch etwas zu tun. Schließlich ist heute Abend das Frühjahrsfest und du wolltest doch eigentlich für meine Suppe noch die Knollen holen“, zwinkerte ihre Mutter sie an.

„Huch, jetzt weiß ich wieder, warum ich überhaupt losgegangen bin“, lächelte sie zurück: „Ich laufe dann halt nochmal.“ Sie sprang auf und rannte los. Die Mutter hörte, wie die Haustür zuschlug. Sie öffnete rasch das Fenster und rief ihr noch nach:

„Kind, nimm doch den Korb mit. Das macht es einfacher für dich.“ „Adelaide ist ja völlig durch den Wind“, dachte sie.

Kinnaj wusste immer noch nicht so recht, was ihm da eben passiert war. Der Schwindel war immer noch in seinem Kopf. Hatte sie ihn eben tatsächlich geküsst. Er war sich nicht sicher, ob das nur in seinem Wunschdenken entstanden und er es sich so erträumt hatte oder, ob das eben wirklich geschehen war. Was hatte sie noch über das Fest heute Abend gesagt? Eigentlich wollte er, wie in den letzten Jahren auch, erst gar nicht dahin gehen. Seitdem sein Vater gestorben war hatte er für das Gemeinschaftsleben des Dorfes nicht viel übrig und er wollte eigentlich auch nicht mehr daran teilnehmen. Arbeit, ja das war das Einzige, was ihn noch an seinen Vater erinnert hatte. Auf den vielen Wanderungen rum um das Land dieses Dorfes hat er zumindest zum Teil einen Sinn in seinem Leben erkennen können. Er war nun der Hüter des Waldes und der Falken. Sein Vater hatte immer an ihn geglaubt.

„Eines Tages, wirst du wissen, welche Magie in dir wohnt und dann du wirst erkennen, wie wichtig sie für dich und die anderen ist“, das waren die Worte seines Vaters, die er stets zu ihm gesagt hatte. Leider hatte er bis heute noch nicht herausgefunden, welche Magie die seine war. Heute aber, da war alles anders. Zum ersten Mal seit langem war dies ein Tag, an dem ein freudiger Gedanke in seinem

Kopf Einzug hielt. Und die alles entscheidende Frage für ihn war: Wann und wo würde er Adelaide wiedersehen? Eilig ging er zurück zu seinem Haus.

Sein Vater und er hatten damals damit begonnen, dieses Haus zu bauen und er hatte es dann, nach dessen Tod, allein fertig gestellt. Als er dort ankam, hatte es den Anschein, als wäre es ein wenig heller im Haus und ihm fiel auf, dass es hier doch ganz schön schmutzig war. Nun merkte er erst, wie sehr ihn das Aufeinandertreffen zurück in das Leben geholt hatte. Denn der Schmutz war ihm lange Zeit vorher gar nicht richtig aufgefallen - oder war es ihm egal gewesen? Eilig begann er mit dem schon seit langer Zeit überfälligen Frühjahrsputz. Im Anschluss daran nahm er ein ausgiebiges Bad im nahegelegenen Bach, dabei wusch er sich die Haare und stellte fest, dass es auch da durchaus noch etwas Handlungsbedarf gab und jemand dringend die Schere anlegen musste. Allerdings wurde es bereits langsam dunkel und die Zeit, sich die Haare schneiden zu lassen, war eindeutig vertan. Jetzt musste es er sich sputen, denn er musste sich für das Fest vorbereiten. So viel Freude am Leben hatte er lange nicht mehr verspürt. Für einen kurzen Moment dachte er, er könne die Stimme seines Vaters in seinem Kopf hören:

„Siehst du, mein Junge, es wird wieder Zeit für dich, am Leben teilzunehmen. Ich freue mich für dich.“ Kinnaj musste schmunzeln. So glücklich hatte er sich lange nicht mehr gefühlt. Leider musste er dann feststellen, dass er Garnichts hatte, was er zum Fest hätte mitnehmen können. Er wollte ja ursprünglich gar nicht daran teilnehmen. Das wurmte ihn nun doch sehr und dann fiel ihm zum Glück ein, dass er ja ein paar Gläser Honig mitnehmen konnte.

Schließlich hatte er ein paar Bienenstöcke hinter dem Haus stehen und dadurch immer einen Vorrat an Honig im Haus. Selbstaufgesetzten Kräuterschnaps hatte er schließlich auch noch im Keller. Rasch schnappte er sich ein paar von den Gläsern Honig und drei Flaschen Schnaps, um sich dann gutgelaunt in die Richtung des Dorfplatzes aufzumachen.

# Das Frühlingsfest

Schleunigst nahm sie den Korb und rannte so schnell sie konnte in Richtung Waldrand, natürlich vorbei an der „schreckhaften Oma“, sie hatte die Hoffnung, dass sie ihn dort noch einmal antreffen würde. Zu ihrer tiefsten Enttäuschung musste sie feststellen, dass er nicht mehr da war. Warum sollte er auch den ganzen Tag hier rumstehen? Ein wenig enttäuscht ging sie weiter zum Waldrand, um dort die Knollen aus der Erde zu holen, die ihre Mutter für die Zubereitung der Suppe benötigte. Sie musste auch nicht allzu lange graben, denn mittlerweile wusste sie genau, woran sie erkennen konnte, wo es lohnte, nach der speziellen Knolle zu suchen. Sie füllte rasch ihren Korb, pflückte noch ein paar Kräuter, die sie am Wegesrand fand und ging dann, leise vor sich hinsingend, zurück zum Haus ihrer Mutter. In einen riesigen Topf bereiteten sie dann gemeinsam die Suppe vor. Es war so Sitte, dass jeder aus dem Dorf etwas zur Feier mitbrachte. Das Mitgebrachte wurde dann mit allen geteilt. Selbstverständlich durfte jeder selbst entscheiden, was und wieviel er mitbrachte. Aber von ihrer Mutter wurde schon erwartet, dass sie ihre, von allen so sehr geschätzte, Suppe mitbrachte. Sie freute sich darüber, dass alle ihre Suppe mochten, und es war ihr ein Vergnügen, diese für das ganze Dorf zu kochen.

„Ich mache mich noch etwas zurecht“, sagte Adelaide. Ihre Mutter nickte ihr zu und erwiderte ihr einem Lächeln im Gesicht:

„Gehe nur, den kleinen Rest schaffe ich sicher auch allein. Wenn du möchtest, kämme ich dir gleich deine Haare und flechte dir einen hübschen Zopf", sagte ihre Mutter. Natürlich wollte sie sich selbst auch noch ein wenig zurecht machen, aber sie hatte Verständnis dafür, dass ihre Tochter heute darauf besonders viel Wert legte. Die Suppe war ohnehin fertig und musste nur noch etwas durchziehen. Mit ein paar raschen Handbewegungen brachte sie die Kochfläche in Ordnung, legte noch ein Stück Holz ins Feuer des Ofens damit die Suppe noch eine Weile Hitze zum weiteren Durchziehen hatte. Dann folgte sie ihrer Tochter, nahm sich einen Kamm und begann ihr die Haare zu kämmen und im Anschluss zu flechten. Sechs von den sieben geflochtenen Zöpfen wurden, typisch für Dragazin, in einem bestimmten Muster, hin und her, auf dem Kopf drapiert. Der siebte Zopf wurde dann von hinten nach vorne mit den einzelnen Mustern verbunden. Es entstand eine sehr kunstvolle Frisur. Dabei summte ihre Mutter, so wie sie es immer tat, ein altes Volkslied aus Dragazin. Als sie fertig war, drehte sie sich um und blickte in den Spiegel. Geschickt und als hätte sie nie etwas anderes getan flogen ihre Hände über ihren eigenen Kopf und im Handumdrehen hatte sie die gleiche Frisur wie ihre Tochter.

Sie blickte ihre Tochter an. Wie schön sie doch aussah. In ihrem bunt verzierten Kleid, das ihr bis zu den Knöcheln fiel. Die Frisur rundete das ganze Bild ab und dann dieses Lächeln, das ihre aktuelle Gemütslage widerspiegelte. Rasch zog auch die Mutter ihr Kleid an und schon sahen die beiden aus wie Zwillinge oder zumindest wie Schwestern. Sie hatten Glück, dass das Wetter an diesem Tag sehr mild war. Daher konnten sie so leicht bekleidet den Abend auf dem Dorfplatz verbringen. Es klopfte an der Tür. Vor ihr standen zwei Männer mit einem Handkarren. Sie wollten die Suppe abholen. Adelaide öffnete ihnen beschwingt die Tür. Den beiden Männern standen blickten sie an und waren sprachlos. Als dann auch Adelaides Mutter von hinten den Raum betrat und die zwei Männer sie sahen, waren sie völlig überwältigt vom Anblick der beiden Frauen, nicht in der Lage, irgendetwas zu tun. Adelaide gebot ihnen den Topf vorsichtig mitzunehmen und nachdem sich die Zwei dann endlich gefangen hatten, nahmen sie den Topf mit einer, eigens nur für diesen Tag konstruierten, Halterung vom Ofen. Der Topf war so riesig, dass es auch tatsächlich zwei Männer brauchte um ihn, da er ja auch heiß war, zu transportieren. Vorsichtig setzten sie ihn auf den Handkarren und fuhren dann damit schon einmal zum Dorfplatz. Hier waren inzwischen etliche Sitzgelegenheiten und Tische aufgestellt worden. Auf ihnen standen allerhand Speisen und Getränke. Ein großes Feuer brannte in der Mitte des Platzes und beinahe alle aus dem Dorf waren gekommen. Kinder sprangen vergnügt umher. Es war ein sehr lebendiger Ort.

Dann kam Kinnaj um die Ecke. Er war sich bis zum Schluss unsicher, ob er hier überhaupt willkommen sein würde. Doch bereits der erste, der ihn sah reichte ihm herzlich die Hand, drückte ihn, um ihn dann freudig mit den Worten zu begrüßen:

„Wie schön, dass du kommen konntest. Ah, du hast den guten Waldhonig dabei. Den musst du unbedingt auf meinem Brot probieren. Sieh, es liegt da hinten auf dem Tisch“, und er zeigte auf einen Tisch, der mit mehreren verschiedenen Laiben Brot bedeckt war. Und so ging es immer weiter. Beinahe jeder hier hieß ihn willkommen, drückte ihn oder klopfte ihm auf den Hinterkopf. Endlich konnte er die Gläser mit dem Honig auf einem Tisch abstellen. Hier roch es so unvorstellbar fantastisch. Die Mixtur aus den verschiedensten Speisen und Getränken in Verbindung mit dem typischen Geruch, der entstand, wenn man die hier in Dragazin wachsende Buche verbrannte, war einzigartig. Kinnaj unterhielt sich gerade, ein wenig abseits vom Geschehen, mit einem Hirten über dessen Schafe, als dieser mitten im Satz aufhörte zu sprechen. Dabei blickte er über Kinnajs Schulter hinweg und im selben Moment wurde es still auf dem gesamten Dorfplatz.

Adelaide und ihre Mutter hatten sich fertig gemacht und waren nun auf dem Weg zum Dorfplatz. Als sie näher kamen hörten sie schon welch ausgelassene Stimmung dort herrschte. Adelaide konnte es kaum noch aushalten. Ihr Herz klopfte wie wild in ihrer Brust und machte fast Sprünge vor Freude. Sie hoffte so sehr, ihn gleich wieder sehen zu könne. Nach der letzten Biegung betraten sie dann den Dorfplatz. Plötzlich wurde es still. Wie auf ein Zeichen drehten alle auf dem Platz ihre Köpfe zu den zwei Frauen um.

Was war das für ein Bild. Diese zwei Frauen sahen aus, als kämen sie von einer anderen Welt. Sie strahlten etwas Majestätisches aus. Von Weitem konnte man beinahe keinen Unterschied erkennen. Sie hatten die gleichen Kleider, die gleichen Frisuren und die gleichen Silhouetten. Langsam kamen sie näher. Adelaide ließ ihren Blick über den Dorfplatz schweifen, sie versuchte in der Menge Kinnaj zu finden, konnte ihn aber, zumindest in diesen Moment, nicht sehen. Konnte es sein, dass er vielleicht gar nicht gekommen war?

„Jetzt sagt mir bitte nicht, dass die Suppe schon wieder

leer ist“, rief Adelaides Mutter der Menge entgegen. Sie war sich durchaus der Wirkung, die sie auf den Rest der Dorfbewohner hatten, bewusst. Ja, es war auch recht angenehm so bewundert zu werden, aber auf Dauer wurde es dann doch etwas unangenehm. Mit ihrem Satz hatte sie die Magie des Augenblickes ganz bewusst unterbrochen und die Menge, zumindest die meisten von ihnen, wendeten sich wieder dem zu, mit dem sie vorher beschäftigt gewesen waren und die Gespräche nahmen wieder Fahrt auf.

Kinnaj wollte wissen, warum plötzlich niemand mehr redete und alle auf einmal so still waren. Er drehte sich um und dann sah auch er die beiden Frauen. Ja, da kamen langsam Adelaide und ihre Mutter den ein wenig abschüssigen Weg zum Dorfplatz herab. Sein Herz klopfte wie wild und er versuchte sich durch die Menge nach vorne zu drängeln. Er hatte es fast geschafft. Nur noch ein groß gewachsener und sehr breiter Mann versperrte ihm den Weg. Es war Grunst, ein alter Freund von Kinnaj aus längst vergangenen Zeiten. Als Kinder hatten sie viel zusammen gespielt und waren auch zusammen zur Schule gegangen. Die meisten hatten Angst vor ihm, da er so groß, breit und tatsächlich auch stark war. Seine Hände waren Tellergroß und man konnte den Eindruck gewinnen, er könne mit ihnen Alles und Jeden, ohne große Mühe, zerquetschen. Grunst war hier im Dorf für die Verarbeitung des Holzes zuständig. Seine Kraft, die er aus diesem gewaltigen Körper holte, war für diese Arbeit von großem Vorteil. Er baute, wenn man ihn beauftragte, ganze Häuser aus Holz. Nur Wenige wussten, dass er aber auch sehr filigrane Dinge herstellen konnte. Einmal hatte er für ein Mädchen aus dem Dorf eine Schmuckschatulle hergestellt.

Wenn man diese öffnete, erklang daraus ein hübsches Lied. Zeitgleich kam aus einer Klappe an der Seite eine kleine Tänzerin daraus hervor, die dann sogar tanzte. Grunst und das Mädchen haben später geheiratet und tatsächlich lief hier irgendwo bereits ein kleiner Grunst herum.

Als Grunst Kinnaj auf sich zukommen sah, war er außer sich vor Freude. Schon seit einigen Jahre hatte er ihn nicht mehr zu Gesicht bekommen. Doch Kinnaj hatte keine Zeit für ihn, er wollte nur noch eins. Er wollte zu Adelaide. Daher versuchte er sich an Grunst vorbei zu schlängeln. Dieser nahm ihn jedoch, ohne dass Kinnaj sich hätte dagegen wehren können, in den Arm.

„Grunst, mein Freund, ich freue mich ja auch sehr, dich zu sehen. Natürlich würde ich dich auch gerne ordentlich begrüßen, allerdings muss ich gerade etwas äußerst Dringendes und Wichtiges erledigen. Bitte, sei so lieb und lass mich wieder los“, sagte er zu ihm. Grunst lachte laut vor Freude und drückte seinen alten Freund noch ein wenig fester an sich.

„Grunst!“, rief Kinnaj: „Mir ist es Ernst. Es geht um die Liebe meines Lebens, bitte!“ An der Stimme seines Freundes erkannte Grunst, dass er es tatsächlich ernst meinte. Er ließ ihn unvermittelt los und sagt dann freudig zu ihm:

„Nun gut, dann sehen wir uns später, ja? Dann mal los mit dir, mein alter Freund. Schnapp sie dir.“ Dabei wuselte er ihm, wie bei einem kleinen Jungen, über den Kopf. Ja, so war er, sein alter Freund. Kinnaj konnte ihm dafür aber nicht wirklich böse sein.

Endlich hatte er es geschafft. Nur noch die letzten Schritte und er stand vor den beiden Frauen. Sein Herz raste und schlug ihm bis zum Hals. Es fühlte sich an, als wäre er die ganze letzte Stunde gerannt. Er hatte nur Augen für Adelaide und so blickte er sie an und suchte den Kontakt zu ihren Augen. Als sich ihre Blicke trafen, erwiderte sie seinen Blick. Es schien als würde es nur noch die Beiden geben. Sie befanden sich in einer Art Tunnel. Um sie herum wurde es dunkel doch zwischen ihnen war es hell. Es strömte eine unglaubliche Energie zwischen den Beiden hin und her. Wärme, Behaglichkeit, Liebe, Glück und Leben. Das alles verband die Zwei. Sie hatten das Gefühl, hier einige halbe Ewigkeit so dazu stehen, doch war es in Wirklichkeit nur ein kurzer Moment. Niemand von den Außenstehenden bekam von all dem etwas mit, außer Adelaides Mutter natürlich. Doch sie ließ es wohlwollend geschehen, denn sie ahnte, dass hier gerade eine magische Verbindung vollstatten ging. Solch einem Moment beiwohnen zu dürfen war ihr nicht oft in ihrem Leben vergönnt gewesen. Dann sagte Kinnaj, so als hätte er gestern seinen letzten Schultag gehabt, immer noch den Augenkontakt zu Adelaide haltend, mit fester, bestimmter Stimme:

„Guten Abend, Frau Lehrerin. Ich weiß, das kommt jetzt ein wenig überraschend, aber dürfte ich vielleicht, das Einverständnis ihrer Tochter Adelaide vorausgesetzt, um die Hand ihrer Tochter anhalten?“ Er wartete erst gar nicht auf die Antwort, denn, und da war er sich sicher, er kannte sie bereits. Im selben Moment traten sich die Beiden entgegen und fielen sich, leidenschaftlich küssend, in die Arme. Grunst hatte das Geschehen beobachtet und begann damit in seine tellergroßen Hände zu klatschen und die ganze Dorfgemeinschaft schloss sich nach und nach dem Beifall an.

„Welchen Teil von: Lerne ihn erst richtig kennen; Rede mit ihm und wenn er so empfindet, dann? hast du nicht ganz verstanden? Was ist das für ein Frühlingsfest. Es hat noch nicht richtig begonnen und schon haben wir eine Verlobung“, sagte Adelaides Mutter fröhlich. Im selben Moment ließ sich ein riesiger Schwarm Falken rund um das Dorf nieder.

# Der Anfang einer gemeinsamen Reise

Es war nicht einfach für Adelaide und Kinnaj. Ihre Liebe war unsagbar tief und einzigartig. Allerdings musste Kinnaj aufgrund seines Berufes oft für Monate durch die Wälder ziehen und er wollte Adelaide nicht allein zurücklassen. Schnell hatten sie eine Lösung gefunden. Adelaide begleitete ihn einfach. So konnte er ihr den unsagbar großen Wald rund um das Dorf zeigen und er zeigte ihr, wie er die Falken rief und wie sie auf ihn hörten. Ein schriller Pfiff und schon kam der erste Falke angeflogen. Sie genoss die gemeinsame Zeit mit ihm.

Ihre Mutter hatte, warum auch immer, nicht die geringsten Zweifel an dem, was sie hier tat. Eigentlich sollte Adelaide ihre Nachfolge an der Schule antreten, doch seitdem Kinnaj ihren Weg gekreuzt hatte, war von all dem keine Rede mehr und auch der Hochzeit, die nur drei Wochen nach dem Frühlingsfest stattgefunden hatte, hatte sie nicht widersprochen. Ganz im Gegenteil, sie hatte den Beiden bei allem ihre Unterstützung angeboten und dieses auch so getan. Sogar beim Einrichten des kleinen Hauses, indem sie, wenn sie hier im Dorf waren, wohnten, hatte sie geholfen. Nur weshalb sie die alte Wiege, in der auch Adelaide damals gelegen hatte, jetzt schon in das Haus bringen wollte, war den Beiden nicht klar.

Eines Tages kamen sie an einem hübschen Plateau vorbei. Von dort oben hatten sie einen wunderschönen Blick in ein kleines Tal. Sie schlugen dort oben ihr Lager auf und wollten für ein paar Tage bleiben. Hier ließen sie sich Zeit zum Reden. Sie entzündeten Abends ein Lagerfeuer und blickten dann, eng umschlungen, stundenlang ins Feuer. Am zweiten Abend saßen wieder am Feuer und die Sonne war gerade am Horizont verschwunden. Kinnaj hatte einen Hasen gefangen, den er später über dem Feuer braten wollte. Adelaide spürte plötzlich dieses Verlangen in sich. Sie wollte ihm so nahe wie möglich sein. Vorsichtig setzte sie sich auf seinen Schoß, sodass sie ihn auf dessen Lippen küssen konnte, dann biss sie ihm ganz vorsichtig auf die Unterlippe. Sie hob ihren Kopf und drückte seinen gegen ihre Brust und dann konnte sie spüren, wie sein Atem immer heftiger wurde. Ihre Hände suchten nach dem Ende seines Hemdes und als sie es fanden, zog sie es von unten hoch über seinen Kopf. Er tat es ihr gleich und schon konnten sie ihre nackten Oberkörper aneinander reiben. Er streichelte ihren Rücken und begann ihre Brüste zu liebkosen und vorsichtig in ihre Brustwarzen zu beißen. Ihr Atem fing an schneller zu werden. In ihr wurde, genau wie in ihm, das Verlangen immer stärker. Sie drehte sich zur Seite und saß nun neben ihm. Eiligst begann sie ihren Gürtel zu lösen, damit ihre Hose nicht mehr gehalten wurde und dann löste sie auch seinen Gürtel und zog ihm seine Hose vom Körper. Er versuchte gleichzeitig, ihr ihre Hose auszuziehen. Die Beide waren so herrlich unerfahren und unbeholfen, aber das machte nichts. Sie lachten darüber und küssten sich dabei immer weiter. Nun war es geschafft, auch sie war entkleidet. Sie legte sich nach hinten auf den Rücken und zog ihn zu sich herab, dabei öffnete sie ihre Schenkel. Adelaide blickte ihm tief in die Augen und er sah darin Vertrauen, Liebe aber auch Lust und so drang er ganz vorsichtig in sie ein. Ein kurzer Schmerz machte sich dabei bei ihr breit, doch er wandelte sich ganz schnell um, da war nur noch Lust. Sie spürte, wie er immer wieder in sie eindrang, zuerst ganz vorsichtig, aber dann wurde er immer wilder. Ihre Fingernägel bohrten sich in seinen Rücken und mit ihren Füßen versuchte sie ihn tiefer in sich hineinzudrücken und dann waren da nur noch Sterne in ihrem Kopf. Ihr Körper hatte sich mit einem Mal völlig entspannt und auch er schien sich zu entspannen. Vorsichtig legte er sich auf sie. Fest umklammert hielt sie ihn an sich gedrückt. Sie war so glücklich und sie hoffte, dass er es auch war. Die Beiden schliefen so für einen Moment ein. Es war schon dunkel, als er erwachte. Sanft küsste er sie auf die Stirn und legte eine Decke über sie. Schnell zog er seine Sachen, die hier überall verteilt lagen, über und dann legte er etwas Holz in das Feuer, das beinahe erloschen war. „Jetzt könnte ich etwas zum Essen vertragen. Machst du uns noch den Hasen fertig?“, fragte sie ihn und küsste ihn dabei auf den Mund. Der Hase war rasch fertig und so aßen sie in Ruhe. Dann saßen sie noch lange, Arm in Arm vor dem Feuer. Es bedurfte keiner Worte. Sie waren einfach glücklich über diesen Moment. Sie fühlten sich als wären sie gemeinsam eins.

Tatsächlich kam nach zehn Monaten ihr erstes und einziges Kind zur Welt. Es war ein gesunder, kräftiger Bursche und er würde sich in den nächsten Jahren gut entwickeln. Lange hatten sie sich überlegt, wie er denn heißen sollte, doch dann hatte Adelaide endlich ihren Einfall.

„Flowneklaf, lass ihn uns Flowneklaf nennen.“, sagte sie zu Kinnaj. Der nickte glücklich und so nannten sie ihn dann auch.

# Die Suche

Zuerst forschten Alan und Torin einige Tage lang in Köln. Auch unter dem Dom versuchte Alan sein Glück. Leider blieben sie dort erfolglos und so beschlossen sie zurück zur Ausgrabungsstätte zu fahren. Auf dem Weg dorthin erzählte Alan unentwegt, wie er dort damals auf Flowneklaf und Kiesbart gestoßen war. Als sie endlich ankamen, stellten Alan fest, dass hier noch alles genau so war, wie er es beim letzten Mal zurückgelassen hatte. Den Eingang zum Stollen hatten sie damals mit einer Tür, die er flugs aus Holzbrettern und Balken konstruiert hatte, gesichert. Die Tür war mit einem Verschlag und einem dicken Bügelschloss versehen. Das Schild mit der Aufschrift „Achtung Gefahr! Betreten verboten. Eltern haften für ihre Kinder“ hing immer noch so da, wie er es damals aufgehangen hatte. So wollte er verhindern, dass niemand unbeabsichtigt in den Stollen gelangte. Diese Gegend war ohnehin sehr verlassen und Besucher oder Wanderer kamen hier in der Regel auch nicht vorbei. Selbst er musste genau hingucken, um die kleine Abzweigung von der Nebenstraße zu finden, die die Beiden über eine schmale Straße, die diesen Namen, weiß Gott, nicht verdient hatte, im Zick Zack, hierherführte.

Es kam ihm so vor, als wäre er gestern das letzte Mal hier gewesen. Am gleichen Ort, an dem er auch damals geparkt hatte, stellte er den kleinen Geländewagen ab und sprang heraus. Mit der einen Hand griff er den Kanister mit dem Diesel, mit der anderen schnappte er sich seinen Helm, den er dann geschickt unter seinem Kinn verschloss. Zielstrebig ging er auf den Stollen zu und suchte dabei mit der nun freien linken Hand in seiner Hosentasche nach dem Schlüssel und siehe da - er kam rasch zum Vorschein.

„Komm,“, rief er, „wir sind da. Ich bin mal gespannt, ob der Generator noch anspringt. Ich hoffe, dass im Stollen nichts eingebrochen ist. Damals musste ich schließlich ein wenig schneller arbeiten und war zudem auch noch allein. Am besten du ziehst dir auch einen Helm an. Hier nimm doch den. Der sollte dir auf jeden Fall passen. Der ist wichtig, damit du dir gleich nicht den Kopf anstößt.“ Torin sprang lässig aus dem Geländewagen, zog den Helm mit der Kopflampe darauf an und schloss den Kinnriemen. Vorsichtig drehte er noch hinten an dem kleinen Rädchen. Dadurch wurde der Helm an seinem Kopf enger. Schnellen Schrittes folgte er Alan zu der Holztür am Eingang. Alan stellte den schweren Kanister rechts neben der Tür ab, schloss das Vorhängeschloss auf und öffnete die Tür nach links.

„So wie es aussieht, war seit damals niemand mehr hier. Soll heißen, der Generator, den ich damals hiergelassen habe, sollte auch noch da sein. Warte, ich schaue eben nach und hole ihn raus. Dann können, wenn wir ihn dann auch noch zum Laufen bringen, die Abgase nicht in den Stollen ziehen“, mit diesen Worten war er mit einem beherzten Schritt im Stollen verschwunden. Torin war noch nie in solch einem Stollen gewesen. Er blickte hinein hinter Alan her doch im Moment sah er nichts als Dunkelheit. Doch plötzlich hörte er etwas klappern und er hörte Alan, der furchtbar laut schnaufte. Aus der Dunkelheit kam ihm etwas entgegen. Ah, es war Alan der den Generator vor sich her wuchtete. Alan reichte ihm den Generator und

Torin packte rasch zu und genau im selben Moment wusste er auch, warum Alan so fürchterlich schnaufte.

„Puh, der Generator ist aber mal ganz schön schwer", sagte Torin, der nun auch in ähnlichem Maße schnaufte. Etwas krachend stellt er ihn ein kleines Stück vom Eingang entfernt ab.

„Genau aus diesem Grund habe ich ihn damals auch hiergelassen. Wenn tatsächlich aus Versehen mal ein Wanderer hier vorbeikommt und dann auch noch wider Erwarten in den Stollen eindringen sollte, könnte er den wohl kaum mitnehmen. Aber so wie es aussieht, war ohnehin niemand hier. Kannst du mir mal den Trichter reichen, der hängt da an der Seite des Generators? Mit ihm können wir den Diesel einfacher nachfüllen", antwortete Alan. Torin griff nach dem Trichter und reichte ihn Alan. Der steckte ihn in den von ihm bereits geöffneten Tank. Dann goss er sehr behutsam den Diesel aus dem Kanister in den Tank des Generators. Er wollte schließlich nichts vorbei schütten.

„Jetzt bin ich aber mal gespannt", sagte er und griff nach dem Seilzugstarter am Generator. Er zog kräftig daran. Nichts. Dann zog er nochmals. Wieder nichts und dann beim dritten Mal, machte es tock, tock, tock, tock, tock, tock, tock. Das Tocken wurde immer schneller und der Generator sprang an. Es kamen dann ziemlich stinkende, dunkle Abgase aus dem Abgasrohr, doch er wurde langsam schneller und kam dann auf eine stabile Drehzahl. Die Abgase wurden auch schon ein wenig heller. Alan lächelte zufrieden. Nun lief der Generator.

„Aller guten Dinge sind drei. Am Anfang macht er ziemlich viel Abgase, aber wenn er erst einmal warm ist, wird es besser. Sieh," Alan zeigte durch die zur Tür in den Stollen hinein „da, ganz hinten, kannst du das Licht erkennen? Da steht der Scheinwerfer und genau da müssen wir jetzt hin. Hier, wir nehmen jeder noch eine Handlampe mit. Die kannst du so an deinem Gürtel befestigen. Bist du bereit?" Bei diesen Worten reichte er Torin eine Lampe und machte sich selbst seine Lampe so am Gürtel fest, dass Torin sehen konnte, wie der Mechanismus funktionierte.

„Na klar bin ich bereit.", erwiderte Torin aufgeregt: „Geh doch bitte voran." Alan schaltete seine Helmlampe ein, und ging dann durch die Tür in den Stollen. Torin tat es ihm gleich und folgte ihm. Er war zutiefst beeindruckt davon, wie weit sich Alan hier in den Berg gegraben hatte. Zuerst konnten sie bequem hintereinander gehen doch irgendwann, als sie tiefer in den Stollen vordrangen, wurde der Gang deutlich schmäler und er war auch nicht mehr so hoch. Alan ging voran und Torin blieb dicht hinter ihm. Gut konnte er erkennen, dass hier, in diesem Abschnitt, nun deutlich weniger Stützen verbaut waren als im ersten Abschnitt.

„Leider musste ich ab hier ganz allein weiter graben. Aber das habe ich dir ja schon alles erzählt. Es ist auch nicht mehr allzu weit. Sieh du? Da hinten ist schon die Stelle", Alan zeigte bei diesen Worten weiter nach vorne. Allerdings konnte Torin fast nichts sehen, da Alan vor ihm ging und ihm dadurch die Sicht nahm. Nach einigen Metern blieb er dann unvermittelt stehen. Torin wäre fast auf ihn aufgelaufen. Im letzten Moment konnte er noch anhalten. Alan ließ den Lichtkegel seiner Helmlampe langsam durch den Gang wandern. Er war auf der Suche nach etwas Bestimmten und dann sah er es. Er drehte sich zu Torin um und sagte:

„Da sieh, hier ist der Stab, mit dem ich damals die Tür geöffnet habe und gleich daneben ist die Tür. Sie steht immer noch offen.“ Torin drängte sich, um besser sehen zu können, neben ihn und staunte. Sie standen hier leicht gebückt, in diesem doch eher schmalen Gang und da war diese Tür. Der Scheinwerfer war in den, wenn man das so sagen konnte, Raum dahinter gerichtet. Es war genauso, wie Alan es erzählt hatte. Torins Herz schlug schneller. Jetzt begann ihre eigentliche Suche. Hier musste es doch einen Hinweis geben, der sie zurück in Flowneklafs Welt führen konnte.

„Komm, die Akkus unserer Handlampen sollten zirka zwei Stunden halten. Für das erste Stück reicht der Scheinwerfer vom Generator, also bleibt genug Zeit zum Suchen“, sagte Alan und sie gingen weiter. Nach kurzer Zeit kamen sie zum Thron von Gestopet, dem Thron der alten Zwischenwelt. Torin war erstaunt. Er schaltete seine Handlampe ein und ließ das Licht auf die Reise gehen. Alan hatte es ihm bereits erzählt, aber so hatte er sich das nicht vorstellen können. Es war noch beeindruckender und es war tatsächlich wahr. Die Statuen, die offensichtlich in ihren Bewegungen erstarrt waren, und dann dieser Thron. Auch Alan musste erneut staunen. Bei seinem letzten Besuch konnte er das alles gar nicht richtig erforschen. Er war völlig überrumpelt worden. Ihm war klar, dass auch heute die Zeit leider nicht ausreichen würde. Sie suchten hier nach einem Hinweis, wie sie zurück in die andere Welt gelangen konnten. Torin betrachtete ganz interessiert die Rückseite des Throns. Hier war offensichtlich eine ganze Geschichte eingeschnitzt. Ihm lief einen Schauer über den

Rücken. Er blickte genauer hin. Tatsächlich erkannte er die Figuren, die da eingeschnitzt waren und er war fassungslos. Dort sah er sich selbst mit seiner Familie. Auch Alan, Herr Baltasar und Pefee waren dort abgebildet. Daphne stand direkt neben ihm und seiner Tochter Anna. Dabei hielt er einen Stab in die Höhe. Er blickte den Stab genauer an. Ja, das war genau der Stab, der vor dieser Höhle im Boden steckte und die Tür im Stollen geöffnet hatte. Um die Gruppe herum konnte er einen gewaltigen Blitz erkennen. Voller Erstaunen rief er laut:

„Alan schau doch hier. Ich kenne diesen Ort und ich weiß jetzt, wo das Tor zurück ist!“

# Das ist der Weg

Torin wunderte sich doch sehr. Seiner Meinung nach wurde dieses Kunstwerk, also der Blitz, im Jahre 2009 im Stadtpark von Grevenbroich aufgestellt. Er selbst hatte das nur am Rande mitbekommen, aber er fand diesen Blitz doch immer schon sehr imposant. Wie konnte genau dieser Blitz hier in diesem Thron verewigt sein. Dieser Thron war doch, so schien es jedenfalls, um einiges älter, es sah schließlich so aus als wäre er einige Jahrhunderte alt und nicht nur ein paar Jahre. Auch all die Personen, die er erkennen konnte, bis hin zu seinem Hund, ja sogar er selbst, waren doch deutlich jünger als dieser Thron. Er konnte das Alles nicht wirklich verstehen. Vorsichtig und in ihren Gedanken verloren, gingen sie zurück. Als sie den Übergang zum Stollen wieder erreicht hatten sagte er zu Alan:

„Wir müssen auf jeden Fall den Stab mitnehmen. Er diente nicht nur hier als Schlüssel, wir brauchen ihn auch für den anderen Übergang am Blitz. Alan nahm das Stativ mit dem Scheinwerfer und stellte es in den Stollen zurück. Dann versuchte er vorsichtig den Stab aus der Halterung zu ziehen. Ein wenig hin und her, ein wenig wackeln und mit einem ploppenden Geräusch ließ er sich aus der Halterung ziehen. Der Boden begann zu vibrieren und mit einem knirschenden Geräusch schloss sich die Tür, durch die sie gerade eben noch gekommen waren. Der dabei entstehende Staub verschlechterte die Sicht und Torin gab Alan das Zeichen, dass sie jetzt besser gehen sollten. Dieser war allerdings so von dem was gerade passierte fasziniert, dass er erst gar nicht losgehen wollte. Er glitt mit seinen Fingern über die Wand. Eben stand hier noch eine Tür offen und jetzt? Er konnte nicht einmal eine Fuge sehen geschweige denn ertasten. Würde man ihn nun fragen, würde er sagen, dass hier niemals eine Tür sein konnte. Hier ist nur nacktes, gewachsenes Gestein. Es war faszinierend und andererseits erschreckend zu gleich. Er wusste, würde er es jemals schaffen hierher zurückzukommen, bräuchte er auch wieder genau diesen Stab, um die Tür zum Thron zu öffnen. Würde der Stab verloren gehen, hätte er niemals wieder eine Chance, diese Relikte genauer zu untersuchen. Das Einzige, was ihm jetzt noch als Beweis blieb, waren die paar Fotos, die er mit seinem Handy aufgenommen hatte.

Dieses Mal nahmen sie das lange Kabel und den Scheinwerfer mit. Am Eingang zum Stollen angekommen schalteten sie den Generator wieder aus und wuchteten ihn, nachdem sie ihn ein wenig hatten abkühlen lassen, wieder zurück in den Eingangsbereich des Stollens. Dann verriegelten sie den Stollen wieder mit dem Bügelschloss. Jetzt mussten sie erstmal wieder nach Hause, um mit den anderen zu klären, wie und wann sie alle gemeinsam den Weg antreten wollten. Ganze vier Stunden waren sie unterwegs bis sie endlich, spät am Abend, vor dem Haus von Torin und Daphne anhielten. Leise gingen sie hinein, allerdings mussten sie feststellen, dass nur Anna und die kleine Pefee zu schlafen schienen. Herr Baltasar erwartete sie schwanzwedelnd an der Tür und Daphne saß in ihrem Lieblingssessel und war, allem Anschein nach, in ein Buch vertieft. Als sie die Zwei kommen sah, legte sie das Buch nehmen sich auf einen kleinen Tisch, stand auf und ging zur Tür. Sie umarmte Torin und küsste ihn zur Begrüßung auf den Mund.

„Da seid ihr Zwei ja endlich wieder. Habt ihr was gefunden?“, fragte sie und Alan begann gleich damit, ihr aufgeregt zu antworten:

„Das wirst du kaum glauben. Ich habe alles fotografiert. Hier schau, das da ist auf der Rückseite des Throns, von dem ich euch erzählt hatte, abgebildet. Schau es dir genau an und dann sagst du mir, wen oder was du da erkennen kannst.“ Er hielt Daphne sein Handy hin. Sie blickte verwundert darauf und auch sie konnte ihre Überraschung kaum verbergen.

„Das sind ja wir und wir stehen unter dem Blitz im Stadtpark. Erstaunlich. Demnach werden wir wohl tatsächlich alle zusammen losziehen. Ich habe während ihr unterwegs wart mit Anna schon mal ein paar Sachen gepackt. Also für Torin, Anna und mich. Für Herr Baltasar brauchen wir eigentlich nichts außer etwas Trockenfutter. Was du mitnimmst, Alan, weiß ich nicht. Ich denke, du hast dir alles aus Köln mitgebracht, oder? Zum Glück sind jetzt Ferien, daher kann Anna auch mit uns kommen. Ich hätte ohnehin nicht gewusst, wo wir sie sonst hätten hinbringen sollen. Was denkt ihr, wann brechen wir auf?“, fragte sie und Torin sagte:

„Ich würde vorschlagen, wir gehen am besten übermorgen ganz früh, also Sonntag. Da ist am Blitz bestimmt nichts los und keiner wird mitbekommen, was wir da so veranstalten. Ich habe keine Ahnung, was genau passieren wird, wenn wir uns unter den Blitz stellen. Daher ist es bestimmt besser, wenn wir das versuchen, wenn niemand in der Gegend ist.“ Alan nickte und erwiderte darauf:

„Wir könnten uns morgen den Blitz ja schon einmal genauer ansehen, schaden kann das ja nicht. Daphne, hast du noch ein Glas von diesem leckeren Wein, den du mir letzte Woche gegeben hast? Ich glaube ich könnte jetzt ein Glas zur Entspannung vertragen." Daphne nickte, holte eine Flasche Wein aus dem Keller und kam mit ihr und drei Gläsern zurück.

„Vielen Dank", sagte Alan. Er wusste einen guten Wein zu schätzen und so unterhielten sich die Drei noch eine ganze Weile über ihre bevorstehende Reise. So richtig vorstellen konnten sich Torin und Daphne das immer noch nicht. Eine fremde Welt, so viele ungewöhnliche Dinge, die wohlmöglich passieren würden.

Am nächsten Morgen saßen die Vier zusammen am Frühstückstisch. Herr Baltasar lag unterm Tisch und Pefee turnte, so wie sie es immer tat, zwischen dem Müsli und der Milch herum. Meist pickte sie sich eine Kleinigkeit aus dem Müsli heraus und aß es dann rasch auf. Viel brauchte sie schließlich nicht.

„Und morgen gehen wir ganz früh los? Herr Baltasar hat es mir erzählt. Ihr wisst, wo das Tor sich befindet. Und Anna darf auch mitkommen?", platzte es auf einmal aus Pefee heraus.

„Sag ich doch. Warum fragst du denn noch? Das habe ich dir doch gestern Abend schon alles erzählt", brummte Herr Baltasar. Seine Stimme kam unter dem Tisch hervor.

„Ja, du hast Recht", sagte Daphne: „gleich wollen wir zum Blitz gehen und uns ihn schon mal anschauen. Damit wir am Sonntagmorgen direkt aufbrechen können." Als sie später einen Spaziergang durch den Stadtpark machten, kamen sie am Blitz vorbei. Das Wetter war lausig. Regen hing in der Luft und, obwohl die Geschäfte in der Stadt geöffnet hatten, war hier fast nichts los. Während des Spaziergangs waren sie nur auf einen einzigen Menschen gestoßen. Eine Frau, die ihren Hund ausführte. Der Blitz lag ein gutes Stück von der Hauptstraße entfern und, wenn man nicht gezielt darauf achtete, würde man eine kleine Gruppe, die unter dem Blitz steht, gar nicht richtig wahrnehmen. Mit dieser Erkenntnis stand der Entschluss fest. Morgen früh würde es losgehen. Da sie nicht genau wussten, wann sie zurückkommen würden, hatte Daphne Familie Schmitz von Gegenüber gebeten, nach dem Haus zu schauen. Selbstverständlich erklärten sie sich dazu bereit.

Es war noch dunkel, als sich die Sechs am Sonntagmorgen zum Frühstück trafen. Alle waren schon umgezogen und bereit für das neue Abenteuer. Der Nebel, der sich an diesem Morgen ausgebreitet hatte, störte sie nicht weiter. Ganz im Gegenteil, so war die Chance, dass sie gesehen wurden, noch geringer. Nach dem Frühstück zogen sie sich stabiles Schuhwerk an und ihre Jacken über. Dann zogen sie los. Als die Sechs am Blitz ankamen, sahen sie schon recht merkwürdiges aus. Bepackt mit Rucksäcken, Wanderschuhen an den Füßen und Messer an den Gürteln. Torin hielt den Stab, den sie aus dem Stollen mitgebracht hatten, in seiner Hand. Er hatte das Bild auf Alans Handy genau studiert. Jetzt positionierte er alle genauso wie es auf dem Bild zu sehen war. Er stand zentral unter dem Blitz und direkt neben ihm stand Daphne. Gegenüber stand Alan und daneben Anna. In ihrer Mitte saß Herr Baltasar, der den Dolch von Pektrulon auf seinem Rücken gebunden hatte. Auf seinem Kopf stand die kleine Pefee. Torin hob den Stab in die Höhe genau in der Mitte des Blitzes.

Nichts geschah. Dann griff Daphne den Stab, Alan und Anna taten es ihr gleich. Pefee blickte die Vier an und versuchte auch den Stab zu greifen. Doch er war zu hoch für sie. Torin sah das und senkte den Stab. Für einen kurzen Moment setzte er ihn auf dem Kopf von Herrn Baltasar ab und Pefee griff nach dem Stab. Augenblicklich schoss ein Blitz aus der dem oberen Ende des Stabs und traf den Blitz aus Metall oben in dessen Krone. Der Blitz begann zu leuchten, es gab einen lauten Knall und die die Sechs waren verschwunden. Was blieb war der metallene Blitz am Eingang zum Stadtpark eingetaucht in dieses feuchte, nebelige Wetter.

# Begegnung

Weiß. Hier war alles weiß. Daphnes Augen mussten sich an dieses weiße Licht um sie herum erst einmal gewöhnen. Wo war sie? War das jetzt hier ein Traum? Dieser Ort war so surreal. Es schien so als gäbe es hier keinen Anfang und kein Ende, auch Oben und Unten schien es hier nicht zu geben. Hier war alles voller Nebel - oder war hier alles einfach nur weiß? Es war ihr nicht einmal möglich zu sagen, worauf sie stand. Gab es hier einen Boden? Sie blickte sich um und erschrak. Neben sich sah sie Torin. Es schien, als wäre er in einer riesigen Blase, die langsam auf und ab waberte, gefangen. Er sah aus wie eine Statur und bewegte sich nicht, so als wäre er eingefroren. Nun sah Daphne, dass auch ihre anderen Begleiter jeweils in einer eigenen Blase gefangen waren. Selbst Pefee schwebte in einer kleinen Blase genau über der Blase von Herr Baltasar. Vorsichtig drückte sie gegen die Blase, in der sich Torin befand. Diese fühlte sich weich an, allerdings konnte sie sie nicht durchdringen. Dann sah sie, dass in einigem Abstand rings um sie herum noch unzählige andere Blasen, jede gefüllt mit ihr bekannten und unbekannten Wesen, langsam auf und ab waberten. Sie erschrak.

„Oh, was sehen meine entzückten Augen? Besucher“, erklang eine warme, weibliche Stimme, die irgendwo aus dem Nichts zu kommen schien: „aber was ist mit dir, warum kannst du dich hier bewegen? Wo ist deine Blase? Das ist ja schon sehr eigenartig.“ Daphne war völlig irritiert. Die Sorge um die anderen kostete sie fast den Verstand, so sagte sie mutig mit fester Stimme:

„Ich bin Daphne und das ist mein Mann Torin, meine Tochter Anna, ein guter Freund Alan, unser Hund Herr Baltasar und eine befreundete Thipfs namens Pefee. Wo sind wir hier? Warum sind die anderen gefangen und können sich nicht bewegen? Wir haben dieses Tor gesucht und gefunden, nun sind wir auf der Suche nach einem Mann namens Flowneklaf. Er bat uns um Hilfe. Sage mir, wer bist du und wo bist du?“

„Ich bin die Zeitmagierin und stamme aus einer sehr, sehr alten Familie ab. Man nennt mich Feedebora. Es gibt nicht viele von meiner Geburt. Meine Zwillingsschwester Feedünar war einst eine mächtige Elfe in der anderen Welt, sie entschied sich für ihren Weg und war lange sehr glücklich auf der anderen Seite. Ihr Leben galt, genau wie meines, dem Streben nach Wissen und ihr Herz war voller Güte. Ich studiere hier die Wesen, die wissentlich oder aber auch ohne ihr direktes Dazutun in meine Welt kommen. Sie sind in einer Zeitblase. Für sie vergeht keine Zeit und sie merken nicht einmal, dass sie hier sind. Wenn ich sie freilasse, ist es für sie als wären sie nicht einmal für einen Herzschlag hier gewesen. Ich kann sie aber auch jünger oder älter weiterschicken, zurück dorthin, woher sie kamen. Leider hat meine Schwester ihre Leidenschaft mit ihrem Leben bezahlen müssen. Selbst für uns ist der Tod eine Grenze, dahinter haben wir keinen Zugriff mehr. Der Stamm von Feedünar war der der Sulatinerinnen. Einst hatte sie viele Töchter. Es war ein sehr gutes und sehr weises Volk. Du bist hier in meinem Reich. Niemand kann hier ohne mein Wissen und Wollen sein. Ich verstehe nicht, warum du hier sein kannst. Warte. Lass mich mal genau sehen.“ Vor Daphne schien sich das Weiß zu spalten. So, als würde man einen Vorhang öffnen. Heraus kam eine schlanke Frau in einem weißen Kleid, dass ihr bis zu den Knöcheln ging. Als Daphne das Gesicht und auch die Gestalt von Feedebora sah, hatte sie das Gefühl ihr Herz wolle aus ihrer Brust herausschlagen. Zuerst dachte sie, sie würde in einen Spiegel schauen. Ihr Gegenüber kam ihr so bekannt vor. In ihrem Kopf war nur noch ein einziger Gedanke. „Mutter?“. Sie wusste aber nicht, warum dieser Gedanke so plötzlich da war. Allerdings wusste sie nun, dass sie hier nichts zu befürchten hatte. Das Gefühl von völligem Vertrauen breitete sich in ihr aus.

„Ah, jetzt erkenne ich dich. Du bist nicht zum ersten Mal hier bei mir“, sprach die Magierin zu ihr: „Du kannst dich nicht erinnern. Fürchte dich nicht. Dir und deinen Gefährten wird nichts geschehen und ihr könnt bald eures Weges ziehen. Komm, lass uns zuerst ein paar Schritte gehen“, sie nahm Daphne in den Arm und ging mit ihr schlendernd in eine Richtung. Die fünf Blasen folgten ihnen so, als wären es mit Helium gefüllte Luftballons, die sie an Schnüren hängend hinter sich herzogen.

„Für euch vergeht hier keine Zeit, daher haben wir genug davon“, sagte sie mit einem Lächeln auf ihren Lippen und weiter: „Ich werde dich und die deinen am rechten Ort und zur rechten Zeit aus meiner Welt entlassen. Aber zuerst möchte ich dir noch etwas erzählen. Allerdings sollte unbedingt dein Mann dabei sein. Das macht es für euch Beide leichter.“ Sie blickte Daphne fragend an, die daraufhin zustimmend nickte. Feedebora schnipste in die Finger und die Blase rund um Torin löste sich von oben nach unten auf. Torin konnte sich bewegen und blickte sich verstört um, doch als er Daphne und diese Frau sah erkannte er, dass Daphne sehr ruhig war und sie nicht in Gefahr waren.

„Höre auch du zu, junger Torin. Ich bin Feedebora, vermutlich eine der letzten Zeitmagierinnen. Vor langer Zeit war Stalinia, Tochter von meiner Zwillingsschwester Feedünar, die Hüterin des Palasts der Zeit. Sie hat damals Flowneklaf und Kiesbart ausgebildet, damit sie in der Lage sein würden, unsere Welt zu retten. Als deren Ausbildung beendet war, kam Stalinia in mein Reich, um unsere Welt zu verlassen. Den Preis, den sie dafür zahlen sollte, war hoch. Ich musste ihr einen großen Teil ihrer Erinnerung und ihrer Magie nehmen, bevor ich sie in die Welt der Menschen gehen lassen konnte. Das war ihr Wunsch. So habe ich sie zur rechten Zeit in die Menschenwelt geschickt.

Nun Torin, kommt dein Anteil an der Geschichte. Geboren in einer kalten, kriegerischen Welt. Mit einer Gabe, die es wohl kaum ein zweites Mal gibt. Deine Eltern wurden verfolgt, bis sie endlich den Weg zu einer meiner Töchter fanden. Dort wurdest du geboren. Meine Tochter hat deine Eltern aufgenommen und war bei deiner Geburt dabei. Da ein Leben in der magischen Welt für dich zu gefährlich gewesen wäre, ist sie mit dir in die Menschen Welt geflohen. Auch ihr Preis war hoch, sie verlor all ihre Magie, nur um dich zu schützen. Du hast ihr einen Namen gegeben und nanntest sie liebevoll Oma Miauz.“ Bei der Erinnerung an Oma Miauz schossen Torin die Tränen in die Augen, doch sie fuhr fort:

„Jetzt konnte Stalinia in ihr neues Leben gehen. Sie kam als junge Frau nach Grevenbroich und ihr neuer Name sollte Daphne sein. Jetzt musstet ihr zwei euch nur noch finden.“ Feedebora ließ den Beiden ein wenig Zeit. Genug davon war an diesem Ort schließlich vorhanden. Torin hatte Daphnes Hand genommen und so standen die Drei eine Weile nebeneinander.

„Ich …, dann war alles ... nicht echt?“, stotterte Torin ängstlich.

„Nein, ich hatte gehofft, dass ihr euch findet. Denn eure Liebe ist echt, keine Magie ist im Spiel. Ihr seid, und das kommt nicht so häufig vor, tatsächlich Seelenverwandte“, antwortet Feedebora und dann wandte sie sich an Daphne:

„Daphne, ich kann dir deine Magie und deine Erinnerungen wieder geben. Alles was du in deinem neuen Leben erlebt hast, bleibt selbstverständlich erhalten. Auch deine Gefühle. Viele, denen du in der magischen Welt begegnen wirst, werden dich erkennen und dich mit deinem alten Namen, Stalinia, ansprechen, aber du wirst die Daphne bleiben die du nun bist. Möchtest du, dass ich das tue?“ Ein wenig überrumpelt nickte Daphne und Feedebora fuhr fort: „Dann soll es so sein. Torin, ich lasse Daphne so viel Zeit für sich, wie sie benötigt, um ihre Erinnerung neu zu sortieren. Sobald sie so weit ist, bist du wieder für sie da.“ Bei diesen Worten schnipste sie erneut in ihre Finger und es bildete sich wieder eine Blase um Torin. Feedebora küsste Daphne sanft auf die Stirn. Genau mit dieser Berührung explodierten die Gedanken in Daphnes Kopf. Sie war völlig überwältigt von ihren Erinnerungen, die nun auf sie einprasselten und so sackte sie zusammen, aber Feedebora hielt sie fest. Mit einer kleinen Handbewegung von ihr formte sich unter Daphne aus den Wolken der Umgebung ein bequemer Sessel. Sie ließ Daphne vorsichtig hineinfallen. All die Erinnerungen waren auf einmal wieder da.

„Lass dir Zeit, schließlich muss dein ganzes altes Leben in dich zurück“, hörte Daphne Feedeboras Stimme. Daphne schloss die Augen und versuchte die Erinnerungen zu sortieren. Da waren neben ihrer Mutter und ihren Schwestern auch ihr Mann und die zwei Kinder. Die Sümpfe, die sie durchquerten, und auch Lezruw und Zanderuska. Der Niedergang ihrer Heimat. Aber auch die Flucht auf dem Adler, der Ausbruch des Vulkans und nicht zuletzt der Palast der Zeit. Ihre Begegnungen mit den Wölfen im Tal der Bäche und dann die Zeit mit Flowneklaf und Kiesbart. Danach kam die Zeit in Grevenbroich, ihre Liebe zu Torin und ihrer Tochter Anna. Alles war richtig, genauso wie es gewesen ist. Sie wusste nicht, wie lange sie hier so gesessen hatte, doch dann öffnete sie die Augen und sah direkt in das Gesicht von Feedebora. Sofort schossen ihr die Tränen in die Augen.

„Ich wusste nicht, dass Mutter eine Schwester hatte. Sie hat es uns nie erzählt. Du siehst genauso aus wie sie. Darf ich dich bitte in die Arme nehmen?“, fragte Daphne.

„Ich bitte doch sehr darum. Komm her mein Kind“, mit diesen Worten nahm Feedebora sie in die Arme und drückte sie an sich. Daphne musste feststellen, dass Feedebora auch genauso roch wie ihre Mutter.

„Wäre ich doch damals nicht so lange bei meinem Mann geblieben. Dann hätte ich vielleicht meine Mutter und meine Schwestern retten können“, schluchzte Daphne in Feedeboras Ohr. Doch diese erwiderte ihr freundlich, aber sehr überzeugt:

„Im Grunde hattest du nie eine Wahl. Denn alles, was du getan hast, diente nur der einen Sache. Hättest du das Volk der Sulatinerinnen gerettet, wäre der Berg Schataltes niemals explodiert. Dann würden heute noch die Leverdeser im Mohr Remasgnal ihr Unwesen treiben und morden. Der Ausgang der großen Schlacht, in der die Grevwalder gegen die Nanus kämpfen, wäre ungewiss. Doch vor allem hätte Flowneklaf dich und den Palast der Zeit niemals gefunden. Wahrscheinlich wäre er von den Wölfen gefressen worden. Dann wäre das Schicksal unserer Welt für immer besiegelt gewesen. Nein, all das hat seine Ordnung und muss zur rechten Zeit am rechten Ort passieren. Es stimmt schon, was mein Vater, also dein Großvater, in sein Buch geschrieben hatte. Hattest du eigentlich jemals die Gelegenheit, es zu lesen?“ Daphne stutzte. Nein, woher sollte sie das Buch ihres Vaters kennen oder sollte es gar gelesen haben. Daher erwiderte sie:

„Ich kenne das Buch deines Vaters nicht. Ich weiß nicht einmal, wer dein Vater war.“

„Oh, ich habe gedacht, dass du das wüsstest. Er ist schon sehr lange tot. Einst war er der Hüter der Zeit und Herrscher über dieses Land hier. Doch dann lernte er meine Mutter kennen. Kurze Zeit später gebar sie meine Schwester und mich. In diesem Moment ging seine Magie auf uns Kinder über und er verlor all seine magische Kraft. Seine schier endlos scheinende Liebe war das Einzige, das ihm blieb, und so zog er uns all die Jahre auf. Er war nicht nur Vater, er war auch Freund und Begleiter und erst viele Jahre später schlief er im hohen Alter ein. In eurer Zeitrechnung ist er ganze einhundertfünfzig Jahre alt geworden. Das Einzige, was er uns hinterließ, war sein Buch. Er fing damit an es zu schreiben, als wir schon etwas größer waren und er die Muße und die Zeit dafür fand. Es war sein Buch, das Buch von GAR.“

# Zusammenkunft

Daphne und Feedebora sprachen noch eine ganze Weile miteinander. Es gab noch so viele Fragen und Daphne war schon sehr erstaunt, dass sie dieses ganze Wissen in sich trug. Selbst die Magie dieses Ortes war ihr nun bekannt. Ihr war auf einmal klar, dass auch sie eine, wenn auch nicht so mächtige, Zeitmagierin war. Jeder hier in Dragazin hatte seine eigene, mehr oder weniger stark ausgeprägte, Magie, sein Talent. Niemals gab es zwei, die dasselbe Talent hatten, es variierte immer und wenn es nur feine Nuancen waren, die anders waren. Was Daphne aber vor allem anderen interessierte, war, was aus Lezruw und Zanderuska geworden war. Feedebora winkte mir ihrer Hand und wie aus dem Nichts kamen zwei Blasen heran geschwebt. Es waren Lezruw und Zanderuska.

„Kurz nachdem du durch das Tor im Garten des Palastes gegangen warst, kamen auch die Beiden, Hand in Hand durch dieses Tor. Ich fragte sie, wohin sie gehen wollten, und sie sagten mir, dass es für Wesen ihrer Art in der Menschenwelt kein Platz gäbe. Sie wollten ihre Gestalt und ihr Wesen aber auch nicht ändern, um unter den Menschen leben zu können. Daher baten sie mich, in der Hoffnung eines Tages zurück in die magische Welt gelangen zu können, hier bleiben zu dürfen. Seitdem sind sie hier und für sie steht seitdem die Zeit still“, erklärte Feedebora.

„Oh, das trifft sich doch gut“, erwiderte Daphne, freudig fuhr sie fort: „Sie könnten uns doch begleiten. Ich denke, wir können jede Hilfe gebrauchen.“

„Und so soll es sein. Doch zuerst kannst du dich mit

Torin und Anna austauschen. Wenn ihr alles geklärt habt, lasse ich auch die anderen aus ihren Blasen zu euch kommen.“, mit diesen Worten entließ Feedebora Torin und Anna aus deren Blasen.

„Kommt her zu mir, meine geliebte Familie, es gibt so vieles, was euch erzählen und erklären muss“ und so begann Daphne damit, den Beiden all das, was geschehen war, zu erzählen. Auch aus ihrem alten Leben verschwieg sie ihnen nichts. Sie hingen förmlich an ihren Lippen. Ab und zu, wenn sie ihr gar nicht mehr folgen konnten, unterbrachen sie sie, um eine Frage einzuschieben. Dabei saß Feedebora die ganze Zeit neben ihnen und lauschte den Dreien. Für sie fühlte es sich so an, als wäre eine ihrer Töchter heimgekehrt. Dabei wusste sie, dass keine von ihnen jemals zurückkehren konnte. Alle Vier hatten ihr Schicksal erfüllt. Ihre letzte Tochter war Farahs gewesen. Sie hatte dafür gesorgt, dass Torin unbeschadet aufwachsen und heute hier sein konnte.

„Und du bist wirklich hier geboren?“, fragte Anna ihren Vater.

„Offensichtlich schon“, antwortete er: „Aber wie Feedebora mir erklärte, war ich nur für kurze Zeit als Säugling hier und bin dann wohl mit Hilfe von Oma Miauz bei den Menschen aufgewachsen. Warum ich nicht hier aufgewachsen bin, weiß ich nicht.“

„Es gibt noch Vieles, was im Ungewissen liegt“, mit diesen Worten unterbrach Feedebora die Drei:

„Lasst uns doch die anderen dazu holen.“ Und dann mit einer, fast nicht zu erkennenden Handbewegung lösten sich die drei Blasen der anderen Begleiter auf. Als Herr Baltasar Feedebora sah, stellte er sein Nackenfell auf und dann sprang er mit einem riesigen Satz auf sie zu. Erschrocken beobachtete Daphne das Ganze aus dem Augenwinkel und rief warnend:

„Nein, Herr Baltasar. Lass es! Vorsicht, der Wolf!“ Doch ihr lauter Ruf schien zu spät zu kommen und so konnte sie nur noch, ohne die Chance noch etwas zu ändern, zuschauen, was dann Unglaubliches geschah. Herr Baltasar, bei Feedebora angekommen, zog den Schwanz ein wenig ein, nahm eine unterwürfige Haltung ein und drehte ihr seine Flanke zu. Ein Lächeln blitzte auf Feedeboras Gesicht auf. Sie klopfte den Wolf in die Seite, der sich dann vor ihre Füße auf seinen Rücken schmiss und wild wedele, um von ihr begrüßt zu werden. Feedebora streichelte und kraulte ihm den Bauch und auch sie schien sich sehr zu freuen.

„Respekt, du bist ja mal ein stattlicher Wolf geworden, mein kleiner Freund. Um ein Haar hätte ich dich nicht erkannt. Lass dich doch mal richtig anschauen“, schmunzelte Feedebora. Herr Baltasar drehte sich um und stellte sich vor ihr auf seine Pfoten. Er versuchte besonders groß und stattlich zu wirken. Feedebora nickte anerkennend und sprach weiter: „Diesen Wolf kenne ich schon recht lange. Wie nennet ihr ihn noch? Ach ja, Herr Baltasar. Vor langer Zeit fand ich ihn als Welpen. Damals als ich Dragazin noch ab und an einen Besuch abgestattet habe. Leider wurde es dort für mich mit der Zeit immer uninteressanter. So habe ich mich letztlich dazu entschlossen, nur noch wenn es unbedingt nötig ist dorthin zurückzukehren. Damals fand ich ihn als Welpen. Er lag winselnd und wimmernd neben seiner toten Mutter. Sie war in eine Falle geraten und konnte nicht mehr weg. Am Ende ist sie dort verhungert. Ich konnte diesen kleinen Welpen doch nicht einfach seinem Schicksal überlassen. Also nahm ich ihn mit. Ungefähr ein Jahr, in eurer Zeitrechnung gerechnet, blieb ich dann in diesem Tal, in dem auch andere Wölfe lebten. Ich bat diese Wölfe darum, sich auch um meinen kleinen Freund zu kümmern, doch sie ließen sich nicht darauf ein, da er nicht von ihrem Rudel war. Immer wenn er hungrig war, habe ich ein Muttertier in eine Zeitblase gesteckt. Dadurch konnte er bei ihr säugen und sie merkte nichts davon, abgesehen von dem leeren Gesäuge, wenn er fertig war. Ähnlich habe ich es dann später mit dem anderen Fressen gemacht. Er konnte immer, ohne gestört zu werden, fressen. Er ist mir richtig ans Herz gewachsen aber den Aufwand, den ich betreiben musste, um ihn zu ernähren, war einfach zu groß. Seht selbst, hier in meinem Land gibt es nichts, was er hätte fressen oder jagen können. Ein Leben in einem Wolfsrudel in Dragazin kam allerdings auch nicht in Frage. Daher beschloss, ich ihn in die Menschenwelt zu bringen. Ich hatte ihn wohl erzogen. Es entspricht seinem Wesen, dass er friedfertig, freundlich und denen gegenüber, die er liebt, loyal ist.

Wisst ihr noch, als damals diese Männer bei euch im Garten auftauchten? Anna lag in ihrer Wiege auf dem Rasen in der Sonne. Nur ein paar Schritte entfernt auf der Terrasse auf einer Liege bist du, Daphne, beim Lesen in deinem Buch kurz eingenickt. Es waren Menschenhändler, sie wollten euer Kind stehlen. Es war genau an dem Tag, als ich euch meinen kleinen Freund schickte. Von seinem lauten Gebell und Knurren wurdest du geweckt. Als du aufblicktest, konntest du sehen wie einer der Männer gerade im Begriff war, in die Wiege zu greifen. Aber mein kleiner

Freund stand daneben, er fletschte die Zähne – bereit, zuzubeißen machte er Radau. Jeder konnte sehen, dass er bereit war alles zu tun, um dieses Kind zu verteidigen. Die Männer flohen durch den Seiteneingang des Gartens. Du, Daphne, wolltest nur zu deinem Kind. Aber du warst dir nicht sicher, woher dieser Wolf so plötzlich kam und ob er vielleicht die Tollwut hatte oder einfach nur aggressiv war. Dein Kind hatte mittlerweile angefangen zu weinen. Du wolltest es nicht allein lassen. Also bist du, ohne länger darüber nachzudenken, mutig zur Wiege gegangen. Der Wolf hat dich sofort erkannt und augenblicklich Ruhe gegeben. Du konntest sehen, wie sich sein aufgestelltes Nackenfell senkte und er legte sich neben die Wiege zu deinen Füßen. An diesem Tag hatte er seine Wahl getroffen. Ihr wart nun sein Rudel und nichts in der Welt hätte ihn davon abgehalten, bei euch zu bleiben. Ich habe das in Ruhe beobachtet. Meine Entscheidung, ihn zu euch zu bringen, war richtig. So hatte er, zu mindestens ein wenig, Kontakt zu Dragazinern, nur, dass ihr euch dieser Tatsache gar nicht bewusst wart. Die Männer wurden im Übrigen von der Polizei, die ihr alarmiert hattet, gefasst. Bis heute ist nicht geklärt, warum sie vor eurem Haus auf den Streifenwagen gewartet haben. Ob sie wohl in einer Zeitblase gefangen waren? Doch lasst uns nun Lezruw und Zanderuska zu uns in die Zeit holen", mit diesen Worten lösten sich die Blasen der Zwei auf. Erschrocken hob Lezruw seine gewaltige Axt und Zanderuska löste sich mit einem lauten „Pfffff" in Luft auf.

„Wer seid ihr und was wollt ihr?", kam es brummend und drohend aus dem Zwerg. Doch dann erkannte er Feedebora und er entspannte sich ein wenig. Die junge Frau, die neben ihr stand, kam ihm merkwürdig vertraut vor. Außerdem standen da noch zwei Männer, ein Kind, die eine Thipfs in ihrer Hand hielt, und da lag noch ein Wolf vor Feedebora.

„Lezruw, mein Freund und Weggefährte", sprach Daphne: „Ich bin es, Stalinia. Allerdings nennt man mich nun Daphne. Das ist eine längere Geschichte. Die erzähle ich euch später." Sie konnte sehen, dass Lezruw sie erkannte und so sprach sie weiter: „Dies hier sind mein Mann Torin und meine Tochter Anna. Dann ist da noch Herr Baltasar, der Wolf, und dies ist Alan, ein Mensch und Pefee, die Thipfs. Die beiden haben gemeinsam mit Flowneklaf und Kiesbart gekämpft und baten uns um unsere Hilfe. Wir sind aufgebrochen, um den Weg nach Dragazin zu finden. Wir bitten Euch, Lezruw, und Euch, Zanderuska, um eure Hilfe." Mit einem etwas leiseren „Pfffff" nahm Zanderuska wieder ihre Gestalt an. Sie zögerte keinen Moment und fiel Daphne glücklich um den Hals.

„Das musst du uns alles genau erzählen", sagte sie. Lezruw ließ seine Axt sinken und auch er drückte Daphne so innig, wie ein Zwerg eben im Stande war, dies zu tun. Es stand völlig außer Frage, ob sie sich diesem „Haufen" anschließen wollten. Was war das für ein Anblick: Ein Mensch, ein Dragaziner, eine Sulatinerin und deren Tochter, ein Zwerg, ein Dunstmädchen, ein Wolf und eine Thipfs. Feedebora lächelte voller Hoffnung und öffnete ihnen eine Tür.

„Nun geht und helft das Gleichgewicht wiederherzustellen und denkt immer an die Zeit", sagte sie schmunzelnd.

# Ankunft in Dragazin

Sie blickten gemeinsam durch die Tür in ein anderes Land. Pefee allerdings erkannte den Ort sofort. Sie war überglücklich. Diese Bäume, die sie Staben nannten, gab es definitiv nur in diesem einem Teil des Landes. Hier, so die Erzählung der Alten, sind vor unsagbar langer Zeit die Sprache und die Schrift entstanden. Jetzt war sie heimgekehrt, heim nach Dragazin und zurück in ihr Land, in das Land der Thipfs. Zügig gingen die Acht durch die Tür in das andere Land. Nur Torin und Anna waren ein wenig skeptisch als sie hinübertraten. Alles, was hier geschah, war für sie so surreal. Doch sie hörten noch die Stimme von Feedebora die ihnen, bevor sich die Tür schließen konnte, laut nachrief:

„Viel hängt von euch ab. Gebt daher gut acht auf Euch. Ich wünsche Euch viel Erfolg.“ Pefees kleines Herz schlug ihr bis zum Hals. Damit hatte sie nicht gerechnet. Dass sie ihre Heimat noch einmal wiedersehen dürfte, hatte sie sich in ihren kühnsten Träumen nicht ausmalen können. Sie konnte es nicht fassen und rief voller Freude, mit Tränen in ihren Augen:

„Wie schön, wir sind da. Ich bin Zuhause. Kommt, ich zeige euch mein Land und stelle euch meine Schwestern vor.“ Dann legte sie ihre kleinen Hände an den Mund, formte damit einen Trichter und dann rief sie etwas in einer Sprache, die niemand von den anderen kannte. Es klag ein wenig wie Wolfsgeheul, nur dass sich der Tonverlauf stets änderte. Es war ein auf und ab und klag wie eine Sirene. Herr Baltasar konnte nicht anders und stieg in das

Geheul mit ein. Pefee musste mit ihrem Geheul aufhören. Sie konnte sich nicht beherrschen und musste lachen.

„Warum lachst du?“, fragte Herr Baltasar gekünstelt erzürnt. Doch ihm war klar, dass sein Ruf in der Sprache der Thipfs wohl keine Bedeutung hatte. Plötzlich hörten sie ein leichtes Surren, das immer lauter zu werden schien und dann färbte sich der Himmel am Horizont mit einem Mal blau.

„Sowas habe ich doch schon einmal gesehen“, entfuhr es beinahe zeitgleich aus Herrn Baltasar und Torin. Pefee sagte dann:

„Das sind meine Schwestern. Sie haben mein Rufen gehört und kommen herbei. Ihr habt von ihnen nichts zu befürchten. Für gewöhnlich mögen wir Thipfs keine Männer also wundert euch nicht, wenn sie euch, Torin, Alan und Lezruw argwöhnisch gegenüberstehen. Ich werde es ihnen erklären. Da ich die einzige Thipfs mit einem Namen bin, den mir unsere Königin gab, werden sie auf mich hören und euch nichts anhaben. Ihr dürft auf keinen Fall aggressiv werden. Glaubt mir, ihr würdet es bereuen.“

„Was sollen mir, einem stattlichen Zwerg, so ein paar kleine fliegende, blaue Dinger, schon anhaben können?“, brachte Lezruw mit einem leicht ins Lächerliche gezogenen Tonfall ein. Allerdings wusste jeder, der mit Zwergen verkehrte, dass er damit versuchte, seine Furcht zu überspielen. Das Surren wurde unerträglich laut und plötzlich waren sie überall und sie ließen sich auf allen nieder, um zu ergründen wer oder was ihr Gegenüber war. Nur zu den drei Männern hielten sie gebührenden Abstand. Anna lachte entzückt, denn die Thipfs liebten Mädchen, da diese, im Vergleich zu den Thipfs immer noch groß, aber im Vergleich mit den anderen doch ein wenig kleiner waren und somit fühlten sich die Thipfs näher bei ihnen. Auch Herr Baltasar genoss es. Die vielen kleinen Hände und Füße, die ihn streichelten, massierten aber auch hier und da schon mal versuchten ihn zu zwacken. Es war ein unheimliches Gewusel. Eine der unzähligen Thipfs landete direkt vor Pefee, nahm sie in die Arme und drückte sie fest an sich.

„Es ist so schön, dich wiederzusehen, Pefee“, sagte sie und fragte dann besorgt: „Doch wo sind die anderen und wen bringst du mit?“ Pefee hatte diese Umarmungen so vermisst. Ja, sie hatte ihren Herr Baltasar und davor auch Kiesbart, aber dennoch war es etwas anderes von einer Thipfs gedrückt und geliebt zu werden.

„Hallo, meine Schwestern. Ich komme mit Neuigkeiten“, als Pefee zu sprechen begann, wurde es augenblicklich still: „Ihr wisst es bestimmt schon. Die große Schlacht am Mountenhigh gegen den Schalatachter ist nicht ganz erfolgreich beendet worden. Es schien als würde dieses Monster gewinnen. Ich weiß nicht genau wie, aber irgendwie haben wir überlebt. Ich wurde, zusammen mit Alan“, Alan hob seinen Arm und Pefee sprach weiter: „in die Menschenwelt geschickt, um nach Hilfe zu suchen. Wie ihr bereits wisst, mussten wir Deilnelees, unsere Königin, Flowneklaf und Kiesbart auf dem Plateau zurücklassen. Auf meinem Weg zurück hierher traf ich diese Gefährten. Dies ist Daphne, ihr kennt sie vielleicht unter dem Namen Stalinia.“ Auch Daphne hob ihren Arm als Pefee ihren Namen nannte und ein Raunen ging durch die Reihen der Thipfs, denn alle hatten die Geschichten über die Sulatinerin gehört. Pefee stellte dann auch Torin, Anna, Lezruw und Zanderuska vor. Als sie ihre Namen hörten, hoben sie ebenfalls ihren Arm. Am Schluss stellte sie Herrn Baltasar, den Wolf, vor. Durch sein wildes Wedeln mit dem Schwanz wollte er sich zu erkennen geben. Das war gar nicht nötig, es gab schließlich nur einen Wolf in dieser Gruppe. Nun stellte Pefee die entscheidende Frage:

„Sagt, wo sind die Drei und geht es ihnen auch gut?“ Doch ihre Schwester blickte sie völlig erstaunt an und erwiderte dann:

„Wir wissen nichts von einer Schlacht am Mountenhigh. Woher sollten wir das auch wissen?“ Da fiel Daphne den Beiden ins Wort:

„Das war ganz schön geschickt von Feedebora. Ein gefährliches Spiel mit der Zeit. Sie ließ uns früher zurückkehren. Wir müssen unverzüglich aufbrechen zum Mountenhigh auf das Plateau. Die Schlacht beginnt erst noch oder sie ist noch im Gange und unsere Hilfe wird gebraucht. Sag Pefee, führst du die Thipfs nun an? Wie kommen wir am schnellsten zum Mountenhigh?“

„Von hier aus kannst du ihn sehen. Es sind gute drei bis vier Tages- beziehungsweise Flugmärsche. Vorausgesetzt wir beeilen uns sehr. Sieh, dort hinten.“, und sie zeigte in die Richtung einer Bergkette. Über einem von den Bergen lag eine dunkle Wolke. Wie ein Schal schien sie zu versuchen, den Berg einzuwickeln. Bei genauer Betrachtung konnte man allerdings erkennen, dass es offensichtlich Rauch war, der in dem davor liegenden Umland entstand und sich vor und um den Berggipfel herum sammelte. Dies war ein furchteinflößender Anblick. Zu diesem Ort würde bestimmt niemand, wenn er die Wahl hätte, freiwillig reisen. Darauf sagte eine Thipfs, die direkt neben Pefee stand:

„Leider ist doch schon recht spät und die Nacht ist nahe.

Wir müssen durch das Land der Blueeater. Tagsüber sind sie gute, beinahe nette Nachbarn aber in der Nacht sind sie, zumindest für uns Thipfs - wie soll ich es sagen? Tödlich. Dann sind sie wie von Sinnen und denken, dass wir ihre Nahrung sind. Niemand konnte uns erklären, warum das so ist. Es ist so, als wären es ganz andere Wesen. Aus diesem Grund können wir nachts nicht durch deren Land reisen, wir sollten deshalb erst Morgen beim ersten Sonnenlicht aufbrechen. Wir sollten es schaffen, ihr Land an einem Tag zu durchqueren. Danach können wir auch nachts weiterreisen." Natürlich musste Daphne darüber nicht lange nachdenken und so entschied sie:

„Dann versteht es sich von selbst, dass wir erst morgen beim Tagesanbruch aufbrechen. Wir sollten nur das Nötigste mitnehmen. Anna, du bleibst am besten immer an der Seite deines Vaters." Bei diesen Worten lächelte sie Torin charmant an: „Das, was hier auf uns zukommen wird, ist fürchterlich. Leider hattest du keine Ausbildung in irgendeiner Kampfkunst. Du wärst ein schnelles Opfer für ihn. Allerdings können wir dich auch nicht allein hierlassen und so wirst du uns begleiten. Allerdings möchte ich nicht, dass du zu nah an die Schlacht herankommst. Torin, bleibst du mit ihr zurück, um sie zu schützen?!" Die letzten Worte sprach sie in einem Tonfall aus, der eigentlich keine Frage war, sondern keinen Widerspruch duldete. „Vielleicht können wir uns noch ein wenig stärken", sagte sie und blickte dabei Pefee an. Die nahm zwei ihrer Finger in den Mund und es ertönte ein kurzer, greller Pfiff. Dann entstand ein wildes Gewusel. Beinahe alle Thipfs flogen kreuz und quer und es hatte den Anschein, als wüsste keine von ihnen, was sie eigentlich tun sollte. Doch das Resultat, das recht schnell entstand, widersprach dieser Vermutung. Im Handumdrehen lag eine große Decke auf dem Gras vor ihnen und ein fürstliches Mahl wurde darauf aufgetragen. Torin, Anna aber auch Herr Baltasar kamen aus dem Staunen nicht heraus. Sie sahen so viele Dinge, die sie noch nie in ihrem Leben gesehen, geschweige denn gegessen hatten. Stolz, auf das, was die Thipfs, ihre Thipfs, da aufgetragen hatten, erfüllte Pefees Brust und so sagte sie:

„Ich danke euch, meine Schwestern, dass ihr dieses wahrlich königliche Mahl für unsere Gäste bereitet habt. Nun bitte ich euch alle darum, euch zu stärken. Wir haben morgen einen langen, beschwerlichen Weg vor uns. Und wie schwer das, was darauf folgt, sein wird, kann und wage ich nicht abzuschätzen. Darum lasst uns nun zusammen dieses große Mahl zu uns nehmen und dankbar dafür sein, dass wir hier sind."

Noch während des Essens setzte die Dämmerung ein. Da es hier angenehm warm war, legte sich Anna einfach in das hohe Gras, um dort zu schlafen. Dabei legte sie ihren Arm um Herrn Baltasar, der sich direkt neben sie gelegt hatte und schlief dann ein. Die ein oder andere Thipfs hatte sich einfach zu ihnen gesellt und versucht, sich im Fell des Wolfes einzukuscheln, um dort zu schlafen. Er genoss es, diese kleinen zarten Wesen um sich zu spüren. Ein wenig hinderten sie ihn dann doch daran zu schlafen, da er ständig Angst hatte, dass er die falsche Bewegung machen würde und aus Versehen eine von ihnen zerdrückte. Letztlich schlief er aber dann doch ein und tatsächlich kam keine der Thipfs zu Schaden.

Daphne, Torin und Alan diskutierten noch eine ganze Weile miteinander über das „Wie" sie sich nun wohl einbringen könnten. Torin war völlig ratlos. Er hatte niemals gegen irgendwen oder irgendwas gekämpft. Auch Anna war völlig unerfahren. Wie sollten sie sich bloß verhalten? Es würde wohl kaum ausreichen, laut zu Brüllen. Daphne versuchte ihn, mit all ihrem Wissen über diese Welt, zu beruhigen. Doch wenn er ehrlich zu sich selbst war, machte ihm das alles Angst. Diese Welt, in der sie waren, war so fremd und so anders. Einiges schien hier genauso zu sein wie zuhause. Einiges aber war so surreal und schien so gar nicht möglich zu sein. Allein schon dieser Weg, der sie hierhergeführt hat. Dann diese Zeitmagierin und diese kleinen blauen Wesen. Was würde hier sonst noch so auf sie warten?

„Alles, was hier geschieht oder was hier getan wird, hat einen Sinn. Jeder hat seine Aufgabe. Kämpfen heißt nicht immer in eine Schlacht ziehen. Manchmal muss man auch nur da sein und trägt mit seiner Magie dazu bei, dass eine Situation den richtigen Verlauf nimmt. Es gibt aber auch Zeiten da ist der für uns scheinbar richtige Verlauf nicht der rechte Weg. Wichtig ist nur, dass du deine Magie erkennst und dann deinen Weg damit beschreitest. Wir alle sind nur kleine Rädchen im großen Ganzen und jedes kleine Rädchen ist damit genauso wichtig wie ein großes Rad“, diese Worte klangen, so wie Daphne sie zu Torin sagte, einfach und plausibel. Doch so richtig weiter half es ihm dann doch nicht. In dieser Nacht schlief er mit vielen sorgenvollen Gedanken rund um seine Tochter, seine Frau und sich selbst ein. Tatsächlich machte er sich die wenigsten Sorgen um seine Frau, denn sie schien sich hier auszukennen und hatte für vieles eine Antwort. Ein wenig beneidete Torin Herrn Baltasar, denn er schien mit alldem hier keine Probleme zu haben. Er blickte zu Anna und Herrn Baltasar und sah, wie sie entspannt schliefen. Irgendwann schlief Torin dann auch endlich ein. Letztlich wurden das Gefühl der Furcht und Sorge bei ihm von der Neugier auf das Neue verdrängt.

# Der lange Weg

Früh am Morgen packten sie ihre Sachen zusammen und brachen dann schließlich auf. Dieses Gefolge sah schon recht imposant aus. Ein grummeliger Zwerg mit seiner riesigen Axt, ein Dunstmädchen, das offensichtlich dem Zwerg nicht von der Seite weichen wollte, ein Mensch, die Sulatinerin mit ihrem Mann, der ein Dragaziner war, und ihre Tochter in Begleitung eines Wolfes. Darüber eine riesige blaue Wolke, die aus unzähligen Thipfs bestand. Nach ein paar ereignislosen Stunden Fußmarsch erreichten sie schließlich das Land der Blueeater. Im Grunde genommen hatte man nicht den Eindruck, dass sich die Landschaft hier großartig ändern würde. Es war ein schleichender Prozess. Wenn man sich darauf besann, konnte man feststellen, dass die großen Bäume deutlich weniger waren als noch vor ein paar Stunden und die spärlichen, flachwachsende Büche prägten nun das Hauptbild. Und dann war da auf einmal dieses leise Pfeifen oder Flöten, das sich immer wieder zu wiederholen schien. Man konnte erkennen, wenn man ganz genau hinhörte, dass es immer die gleiche Tonfolge zu sein schien. Erst hörte man einen hohen Ton und direkt darauf einen zweiten, der zwei Töne tiefer war. Alan dachte augenblicklich an einen Kuckuck, aber diese Töne hörten sich nicht nach einem Vogel an. Außerdem schien es so als, kämen diese Töne mittlerweile aus allen Himmelsrichtungen.

„Ich würde sagen, da ruft irgendwer jemand Anderen", sagte Herr Baltasar, dem dieses ständige Gepfeife ganz gehörig auf die Nerven ging. Denn allmählich tat es ihm ganz schön in seinen Ohren weh. Von ihm aus könnten die, wer auch immer die waren, damit jetzt aufhören.

„Das sind die Blueeater. Offensichtlich fürchten sie sich, da wir so zahlreich in ihr Land gekommen sind“, begann Pefee:

„Außerdem werden sie solche Wesen wie Dunstmädchen, Zwerge, Dragaziner und Wölfe nicht kennen und es ist auch sehr wahrscheinlich, dass sie noch nie welche davon gesehen haben. Trotz ihrer Furcht hoffe ich, dass wir dennoch ihr Land bis zum Abend verlassen haben.“ Plötzlich raschelte es in einem Gebüsch nur ein kleines Stück vor Daphne. Der Tross blieb auf ihr Zeichen hin stehen. Es schien als würde sich das Gebüsch genau in der Mitte teilen. Tatsächlich traten aus dessen Mitte einige Gestalten hervor. Es waren elf Blueeater. Sie waren nicht besonders groß gewachsen. Anna schätzte sie auf fünfzig bis sechzig Zentimeter. Sie betrachtete sie etwas genauer. Komisch, ja, sie sahen recht komisch aus. Das war der richtige Ausdruck. Genau so sahen sie aus. Ihre Anatomie war, für Annas Begriffe, doch sehr merkwürdig. Ausgestattet mit fünf Beinen, die am Rumpf eines birnenartigen Körpers endeten, besaßen sie tatsächlich vier Arme die, im, wenn man es so sagen kann, Schulterbereich, jeweils um neunzig Grad verschoben angebracht waren. Allerdings hatten ihre Arme keinen Ellenbogen und waren viel kürzer als die der Menschen. Auf dem, was Anna als deren Hals identifizierte, war ein herzförmiger Kopf aufgesetzt. Oben in den zwei großen Bögen des Herzes befanden sich riesige Augen. Die Augenbrauen waren buschig und gingen in das Haupthaar über. Eine sehr schmale, spitze Nase wies nach unten, wo ein noch schmalerer Mund, der nur in der Mitte breiter war, den Abschluss bildete. Anna erinnerte der Mund ein wenig an einen Kussmund.

Fünf der Blueeater traten, mit immer einem halben Meter Abstand voneinander und seitlich ein wenig versetzt, nach rechts heraus. Zeitgleich machten das fünf von ihnen auf der linken Seite. So bildeten sie eine Art Korridor und standen Spalier für den letzten von ihnen. Der hatte eine Art Krone auf seinem Kopf, ging nun, ganz gemächlich, durch diesen Korridor und sprach dann in einem singenden Tonfall:

„Hallöchen meine Herrschaften. Ich bin König Happen, König der Blueeater, und ich heiße Euch willkommen. Ihr seid schon eine recht große Schar. Mein Volk ist über Euer Kommen sehr verwundert und nicht allzu sehr erfreut. Ihr bereitet den Meinigen große Furcht. Sagt: was wollt Ihr hier und wie lange wollt Ihr bleiben? Wer weiß - wenn nur einige von Euch hierbleiben wollen, dann können vielleicht ein paar Wenige von Euch zum Essen bleiben?“ Daphne wollte dieser Provokation entgegenwirken und ergriff schnell das Wort:

„Seid gegrüßt, Eure Majestät Happen. Ich bin Daphne aus Sulatin. Leider haben wir kaum mehr Zeit im Gepäck, da wir auf der Durchreise sind und eine wichtige Aufgabe zu erfüllen haben, die keinen Aufschub duldet. Euer Reich werden wir daher schon sehr bald wieder verlassen. Hoffentlich bereitet unsere Anwesenheit nicht allzu viele Umstände für Euch und Eure Untertanen.“ Pefee hatte einen hochroten Kopf. Normalerweise waren die Blueeater, zumindest tagsüber, friedliche Wesen und an den Thipfs nicht weiter interessiert. Aber dieser König war heute so, ja, so anders. Es musste an der dunklen Magie liegen, die in diesen Tagen allgegenwärtig war. Eigentlich stellten die Blueeater nur in der Nacht für die Thipfs eine Gefahr da. Ihr Blut schien dann in Wallung zu geraten. Selbst ihr Äußeres veränderte sich dann und sie zogen ruhelos durch die Nacht. Dann konnten sie ihren schier unstillbaren Durst nach dem Blut der Thipfs stillen. Jetzt verfestigte sich aber der Eindruck, dass sie schon tagsüber kaum noch die Kontrolle über sich selbst hatten. Diese Anspielung auf „ein paar Wenige von Euch können ja zum Essen bleiben" war schon sehr deutlich. Offensichtlich war es nur der Anwesenheit der „großen" Begleiter und der damit einhergehenden Furcht vor ihnen zu verdanken, dass es noch zu keinem ernsthaften Übergriff auf eine der Thipfs gekommen war.

„Nun dann, werter König Happen. Leider müssen wir weiter unseres Weges ziehen. Vielleicht kommen wir auf dem Rückweg auf Eure Einladung zum Essen zurück", antwortete Daphne dem König ein wenig spöttisch und ohne eine weitere Reaktion seinerseits abzuwarten gebot sie dem Tross jetzt weiterzuziehen. Die Thipfs flogen wie auf ein Wort auf und folgten dann über den Köpfen der Großen, also dem Fußvolk.

Sie waren den ganzen restlichen Tag stramm unterwegs und machten nur noch einmal kurz Rast, um etwas zu sich zu nehmen. Es galt dieses Land um jeden Preis noch vor Sonnenuntergang zu verlassen. Nach der Begegnung mit dem König bekamen sie keinen Blueeater mehr zu Gesicht. Das Pfeifen allerdings, dass aus allen Himmelsrichtungen zu kommen schien, war die ganze Zeit ihr steter Begleiter. Kurz bevor sie die Grenze erreichten, hörten sie es dann nur noch hinter sich. Dies und der nun langsam felsig werdende Untergrund war das sichere Zeichen dafür, dass sie das Land der Blueeater nun bald verlassen würden. Daphne beschloss aber noch ein Stück weiterzugehen, bevor sie das Lager für die Nacht aufschlagen wollten.

„Ein wenig Abstand zu diesem Reich kann wohl nicht schaden“, sagte sie.

# Im Schutz der Erde

Dunkel und kalt war es hier. Langsam erwachte der Schalatachter aus seinem Dämmerzustand. Was war geschehen? Eben noch war er im völligen Kampfesrausch und kurz vor seinem glorreichen Sieg. Nur noch der eine war über und er lag auch schon verletzt und bereit, den Tod von ihm zu empfangen, am Boden. Doch plötzlich wurde es dunkel um ihn herum. Er fühlte den Schmerz in seiner Brust. Vorsichtig fuhr er mit seiner riesigen Hand an der Stelle vorbei, an der der Schmerz saß, und er fühlte sein dickes Blut an seiner Rüstung. Was hatte ihn da nur getroffen? Er war doch geschützt durch seinen Panzer und durch die Magie, die ihn umgab, unverletzlich. Was immer es war, es steckte nicht mehr in seiner Wunde, sonst würde er nicht mehr leben - das war ihm klar. Schon einmal musste er sich für viele Jahrzehnte in der Tiefe von seinen Verletzungen erholen. Damals hatte er kurz davor gestanden, der alleinige Herrscher über diese Welt zu sein. Nach seinem gut Dünken hätte er entschieden, welche Art sich hier entfalten durfte und welche nicht. Doch dann wurde er durch eine List besiegt und alle dachten, er wäre tot. Seine Hülle hatten sie tief in der Erde vergraben. Was niemand wusste war, dass seine Magie aus ihm gefahren war und sich auf zwei Magier aufgeteilt hatte. Caecus, der eine, ein eher schlechter und untalentierter Magier, der ein Freund der schwarzen Magie war und Autvidentem, der zweite, der der weißen Magie zugewandt war. Durch die Magie des Schalatachters wurden die Beiden zu unsagbar starken Magiern. Der sehr gebildete Autvidentem ahnte, woher seine plötzliche Stärke kam, und er vermied es stets, diese anzuwenden. Er hatte auch von dem anderen dunklen Magier gehört, der beinahe zeitgleich mit ihm so stark geworden war. Daher beschloss er sogleich in aller Bescheidenheit so weit weg und so unauffällig wie möglich zu leben. Immer, wenn er merkte, dass der dunkle Magier in seine Nähe kam, versuchte er unentdeckt zu bleiben. Dadurch hatte er nie ein richtiges zu Hause, denn er war stets auf Wanderschaft.

Caecus hingegen lebte seinen Sadismus frei aus. Er genoss es, alle Wesen, die ihm begegneten in die Knie zu zwingen und sie um ihr Leben betteln zu lassen, um sie letztendlich dann doch zu töten. Niemand konnte sich ihm, so sein Gefühl, entgegenstellen. Denn er war, und da war er sich sehr sicher, unsterblich. Seine Kraft wuchs von Tag zu Tag. Je mehr Leid er den anderen zufügte, desto mächtiger wurde er. Eines Tages wurde ihm bewusst, wessen Magie er in sich trug, denn mit dem Wachsen seiner Magie hörte er auch die Stimme des Schalatachters, die in ihm immer lauter wurde. Irgendwann war die Stimme so laut, dass von Autvidentem nichts mehr übrig war. Das fiel nicht weiter auf, denn das Wesen, das Autvidentem hatte, entsprach in seiner Böshaftigkeit genau dem Wesen des Schalatachters - böse und machthungrig. Die Magie des Schalatachters war so in zwei Hüllen aufgeteilt. Jetzt galt es seinen Körper wieder zu finden. Ihn zugänglich zu machen und ihn dann mit den beiden Teilern der Magie zusammenzuführen. Viele Jahrzehnte suchte Autvidentem die Hülle, bis er sie endlich fand. Dann brauchte es noch drei Könige, um die lang ersehnte Vereinigung herbeizuführen können. Bald schon würde der Schalatachter seine Macht und Kraft zurückgewinnen, um dann den Siegeszug zu führen. Es gab nur einen, der sich ihm in den Weg stellen konnte. Einen den er letztlich töten musste, um die Macht über sein Reich zurückzugewinnen. In den alten Büchern stand sein Name. Es war Flowneklaf!

# Treffen

Flowneklaf lag immer noch kraftlos neben Deilnelees und berührte ihre Fingerspitzen. Dabei blickte er Alan hinterher, und sah, wie er mit dem fremden Mann und dem anderen Wolf durch das Tor ging. In der Verfassung, in der Deilnelees, Kiesbart und er sich befanden, konnten sie nicht länger auf Alan und Pefee achtgeben. Also war es richtig, dass sie mit dem Fremden und dem Wolf hinüber in Menschenwelt gingen. Er hatte keine Ahnung wie es weiter gehen sollte. Die freigesetzte Magie, die das Blut des Schalatachters, das aus der Wunde, die Flowneklaf ihn mit dem Dolch zugeführt hatte, lief, hatte ihnen offensichtlich das Leben zurückgegeben. Doch ein Teil ihrer Magie hatte damit dann auch den Schalatachter ein Stück am Leben gehalten. So konnte er mit seiner letzten Kraft zurück in die Erde sinken, um dort neue Kraft zu sammeln. Sie mussten ihn schnell finden und es würde bestimmt nicht leichtfallen, ihn aufzusuchen. Endlich musste sein Schicksal und damit das von ganz Dragazin besiegelt werden.

Doch im Moment fehlte allen hier die Kraft. Sein Freund Kiesbart lag ein kleines Stück von ihm entfernt und atmete flach. Schmerz, schier unsagbarer Schmerz lag auf dieser Fläche. Aber keine der tödlichen Wunden waren mehr da. Gerade als Alan im Begriff war das Tor zu durchschreiten, blickte sich die Gruppe noch einmal um. Flowneklaf erkannte, dass ihre Blicke über ihn hinweg in die Ferne gerichtet waren. Langsam drehte er seinen Kopf und folgte so ihren Blicken. Dann konnte er es auch sehen. Der Horizont färbte sich blau. Erste Hilfe war im Anmarsch, es war das Volk der Thipfs. Flowneklaf fragte sich, woher sie wussten, dass sie hier waren. Er sah, kurz bevor sich das Tor hinter Alan, Pefee, und dem Mann mit dem anderen Wolf schloss, dass sich ein wenig seitlich versetzt und etwas dahinter ein weiteres Tor öffnete.

Pefee führte den Trupp der Thipfs an und sie konnte schon die Stelle sehen, an der der Kampf stattgefunden hatte. Die Ungeduld ihn ihr wuchs immer weiter an. Da hinten, irgendwo da, lag ihre Königin, die auch ihre Freundin war. Daphne versuchte ständig sie ein wenig zurückzuhalten. Denn sie hatte arge Bedenken, auf wen sie dort stoßen würden. Sie konnte von Weitem sehen, wie sich ein Tor schloss und nun endlich konnte sie Pefee weiterziehen lassen. Torin blickte sich fragend um. Was war hier geschehen. Er kannte diesen Ort und er wusste, dass er schon einmal an diesem Ort gewesen war. Nur kam er aus einer ganz anderen Richtung und es war schon länger her. Auch Alan war erstaunt und blickte Torin und Daphne fragend an. Die versuchte dann den Beiden zu erklären, was sie schon etwas länger ahnte:

„Ich weiß, es ist sehr schwierig, das zu verstehen. Feedebora hat uns früher zurückkehren lassen. So konnten wir genau zur rechten Zeit hier ankommen, um zu helfen. Es war nur wichtig, dass ihr dabei nicht auf euch selbst trefft. Gerade eben konnte ich sehen, wie ihr durch das Tor gegangen seid und es sich danach geschlossen hat. Ich weiß nur nicht, wer oder was das andere Tor geöffnet hat. Lasst uns schnell zu den Dreien gehen. Ich denke sie sind froh, wenn wir ihnen jetzt helfen. Erinnerst du dich noch, Alan, wie du dich gefühlt hast als du zu uns gekommen bist?“.

Der Schwarm der Thipfs erreichte zuerst die Verletzten. Pefee hatte ihnen verschwiegen, dass ihre Königin Deilnelees dort lag. Als diese das erkannten, brach ein wenig Hektik aus. Sogleich versuchten die Thipfs, nicht nur ihrer Königin die Lage etwas angenehm zu gestalten. Lezruw und Zanderuska kümmerten sich um Flowneklaf und Deilnelees, indem sie ihnen einen schmerzlindernden Saft verabreichten. Herr Baltasar rannte zu dem verletzten Wolf, um zu sehen, wie es ihm wohl ging. Der blickte ihn erstaunt an und sagte mit kaum hörbarerer Stimme:

„Was machst du denn noch hier? Du solltest doch Alan und Pefee in Sicherheit bringen."

„Das habe ich sehr wohl getan. Wir sind bereits zurück und haben Hilfe mitgebracht", erwiderte Herr Baltasar. Torin versuchte auch schnell zu Flowneklaf zu gelangen. Dabei stolperte er über einen Stein, doch er hatte Glück. Alan hatte das aus dem Augenwinkel gesehen und konnte ihn gerade noch auffangen. Plötzlich hörten sie einen Ruf der direkt aus dem Inneren des noch offenen Tores zu kommen schien:

„Flowneklaf? Nemmokegna Tsi re hcildne." Fast automatisch hob Anna den Arm und dann geschah etwas sehr Merkwürdiges. Alle bewegten sich immer langsamer und dann blieb für einen kurzen Moment die Zeit stehen. Keiner regte sich mehr und dann kam wieder langsam Bewegung in ihre Umwelt. Nur bewegte sich jetzt alles rückwärts. Die Zeit hatte sich umgekehrt. Sie lief nun rückwärts. Der Ruf hallte erneut aus dem Tor. Doch nun erklang er rückwärts und Anna konnte es verstehen, es klang so:

„Endlich er ist angekommen. Falkenwolf!" Und wieder

verharrte alles um Anna herum. Die Zeit blieb erneut stehen. Anna blickte ihre Mutter ein wenig verängstigt an. Sie schien die Einzige hier zu sein, die sich, von Anna einmal abgesehen, noch zu regen schien. Alle anderen standen da wie eingefroren. Ihre Mutter wusste sofort, was hier gerade geschehen war. Sie wusste nicht, ob sie sich wirklich darüber freuen konnte und sollte.

„Also hat auch meine Tochter, obwohl sie nicht hier geboren ist, die magische Gabe", dachte sie, nahm Anna in den Arm und drückte sie. Dann blickte sie ihrer Tochter tief in die Augen, küsste sie auf die Stirn und versuchte es ihr zu erklären:

„Das ist ja unglaublich. Niemals zuvor habe ich jemanden kennen gelernt, der die Zeit ohne jegliche Übung so beeinflussen konnte. Die Kraft in dir ist stark. Du wirst nun lernen müssen, damit umzugehen. Keiner von den anderen wird etwas davon bemerken. Nur für dich und mich hat das eben stattgefunden. Für sie ist es so, als würdest du einen Film zurückspulen und ihn dann wieder laufen lassen. Du musst nur darauf achten, dass du nicht allzu viel veränderst, bevor du die Zeit wieder in seine Bahnen laufen lässt. Denke daran, mit allem, was du dann in der Vergangenheit tust, greifst du in den Verlauf der Zeit, also in der Zukunft, ein und es kann durchaus sein, dass sich dadurch einiges anders entwickelt. Ich versuche es dir zu zeigen. Schau deinen Vater an, er ist gerade kurz davor über diesen Stein dort gestolpert. Erinnerst du dich? Hast du den Vorfall eben mitbekommen?" Daphne nahm den Stein, der vor Torins Füßen lag und der ihn gleich unweigerlich zu Fall bringen würde, und zog ihn ein Wenig zur Seite. Sie ging wieder zu der Stelle zurück, an der sie eben gestanden hatte und sagte dann zu ihr:

„Und jetzt kannst du die Zeit weiterlaufen lassen." Tatsächlich. Die Zeit begann wieder normal zu laufen. Dieses Mal stolperte Torin nicht. Allerdings kam Alan ein wenig ins Straucheln, da plötzlich, wie aus dem Nichts, ein Stein vor seinen Füßen lag. Doch er hatte Glück. Torin hatte das aus dem Augenwinkel gesehen und fing ihn auf. Dann hörten sie den Ruf. Er kam aus dem immer noch offenstehendem Tor.

„Flowneklaf? Nemmokegna Tsi re hcildne." Aus dem Tor trat ein kleine Herde Pferde heraus. Sie sahen sich verwundert um. Ganz zum Schluss kam ein altes graues Pferd, dicht von einem zirka ein-jährigem Fohlen, das sich ängstlich an die alte Stute drückte. Als letztes trat ein rotes Pferd hinaus. Augenblicklich nach ihm schloss sich das Tor.

Anna erblickte das schüchterne Fohlen und ihr Herz war sofort entzückt. Auch das Fohlen sah Anna und sofort war da diese Verbindung. Ungestüm rannte es direkt vom sicheren Ende der Herde auf Anna zu und kam kurz vor Anna zum Stehen. Anna fiel, weil sie einfach nicht anders konnte, dem Fohlen um den Hals, dabei streichelte und klopfte sie es. Ein Wiehern der Freude erklang aus dem Fohlen. Auch Pefee und Herr Baltasar sahen die beiden dort stehen und sie verspürten diesen schier unbändigen Drang, sofort zum Fohlen zu müssen. Pefee flog auf dem direkten Weg zu den Beiden und setzte sich auf den Kopf des Fohlens. Auch Herr Baltasar sprang mit ein paar schnellen Schritten zu den Dreien. Er stellte sich auf seine Hinterläufe. Dabei wedelte er wild mit seiner Rute. Eine seiner Pfoten berührte dabei Anna und die andere berührte das Fohlen. Den magischen Dolch, den er immer noch auf seinem Rücken gebunden hatte, spürte er fast gar nicht mehr. Erneut wieherte das Fohlen vor Glück. Es fühlte sich so an, als gehörten die Vier schon ein ganzes Leben zusammen. Als wären sie eine Familie, die nach Jahren der Trennung endlich wieder zueinander gefunden hätten. Diese Reaktion brach das Eis und die Skepsis der Herde. Die Furcht, die bei den Pferden gerade aufkommen wollte, war augenblicklich verflogen und so ging die Herde auf die Gruppe zu. Diese Wesen mussten gut sein, sonst wäre das Fohlen nie so schnell zu ihnen gelaufen und es wäre auch nicht so beherzt aufgenommen worden.

„Sowas habe ich ja noch nie gesehen. Das nenne ich mal Liebe auf den ersten Blick“, sprach Daphne und sie wandte sich der Herde zu: „Seid willkommen, Ihr edlen Tiere. Woher kommt Ihr und was führt Euch hierher?“ Daphne hatte nur selten solch stolz wirkende Pferde getroffen. Sie ahnte, dass sie ganz besondere Geschöpfe sein mussten. Shams, eine der Beiden Anführerinnen, fand als erste ihre Fassung wieder und ergriff so das Wort:

„Wir sind die Pferde der großen Ebene. Ein Unheil ist über uns hereingebrochen. Seltsame, fiese und stinkende Wesen zogen über unsere Ebene und fraßen stinkende Kreise in unsere Landschaft. Sie brachten eine fürchterliche Krankheit über uns und unser Volk. Einst waren wir dort so viele, wie es Sterne am Himmel gibt. Ich bin Shams und das ist meine Schwester, Alqamar, wir sind die Königinnen dieser nun doch eher kläglichen Herde. Das ist Hadid, er ist, genau wie wir Beide, einer der Tormagier. Diese Magie war lange verborgen und in Vergessenheit geraten, doch nun haben wir sie erneut gefunden und nutzten sie, um hierher zu gelangen. Wir sind die letzten unserer Art, die der großen Ebene. Unsere Hoffnung und der Grund, weshalb wir hierhergekommen sind, ist die Suche nach anderen unserer Art, damit wir unsere Herde wieder vergrößern und eines Tages zurück auf unsere Ebene gelangen können." Sini, die alte, graue Stute verbeugte sich vor Daphne und sprach sie dann in ihrer unnachahmlichen Art an:

„Oh, welch eine Ehre. Ich habe viel von Euch gehört. Dass ich euch einmal persönlich kennenlernen darf, hätte ich mir in meinen kühnsten Träumen nicht ausdenken können. Ich vermute, das Kind, dass so am Hals des Fohlens hängt, ist eure Tochter?" In ihrer Stimme schwang so etwas leicht Bedrohliches, nein, es war eher etwas Wissendes, mit. Nicht, dass Sini drohen wollte, nein. Allerdings verspürte Daphne tiefe Ehrfurcht vor Sini und sie konnte das alte Wissen, das dieses Pferd innehatte, spüren. Ein klein wenig fürchtete sie sich vor dem, was nun eventuell passieren könnte. Sini fuhr ganz ruhig fort: „Wart Ihr nicht einst im Palast der Zeit und habt dort, zusammen mit einer ausgewählten Gruppe, studiert? Gab es dort nicht auch das Buch der Drachengilde? Ich hörte so viel davon und habe meinen Schülern immer davon erzählt. Zu gerne hätte ich es einmal selbst gesehen. Sagt, stand dort nicht geschrieben, dass ein mächtiges Wesen kommt, um in größter Not zu helfen? Erinnert Ihr euch noch, wie und wodurch dieses Wesen entstanden ist?" Daphne erschrak. Natürlich erinnerte sie sich jetzt wieder an das Buch und genau in dem Moment, in dem sie das erkannte, geschah das Unglaubliche. Genau wie es in jenem Buch geschrieben stand. Der erste Teil der Prophezeiung des Buches sollte sich nun erfüllen. Sini sagte:

„Habt keine Angst, ihr braucht euch nicht zu fürchten", dabei blickte sie die Gruppe um Anna an. Und dann geschah es. Plötzlich wurde es hell.

# Die Wandlung

Anna erschrak. Gerade noch hatte sie, gefesselt von diesem unheimlich intensiven Gefühl der Zusammengehörigkeit und des Glücks, den Hals dieses kleinen weißen Fohlens umschlungen und nun, nachdem auch Pefee und Herr Baltasar zu ihnen gekommen waren, fühlte es sich an als hätte sie ihre Familie wiedergefunden. Dabei hatte sie ihre Familie doch nie verloren. Plötzlich jedoch schien die Zeit um sie herum abermals still zu stehen. Allerdings hatte sie nichts dazu beigetragen. Was um Himmels Willen geschah da gerade mit ihr? Es schien, als würde sie selbst ihren eigenen Körper verlassen und als eine Art Geist oder Licht über sich und der Situation schweben. Da stand ihre Mutter, die mit der alten grauen Stute sprach. Aber auch die anderen, die um sie herumstanden. Ihr Geist schwebte genau über dem Fohlen, das sie gerade umarmte, Pefee auf dessen Kopf und Herrn Baltasar, der an ihrem Körper und dem Fohlen hochgesprungen war. Sie sah das Leuchten, dass zwischen ihrem Körper, dem Fohlen, Pefee und Herrn Baltasar entstand. Zuerst war es schwach, doch dann breitete es sich immer weiter über die Körper aus, dabei wurde es immer greller. Dann erfasste es den Dolch von Pektrulon auf Herrn Baltasars Rücken und genau in diesem Moment entstand ein weißes, gleißendes, helles Licht. Sie meinte noch erkennen zu können, wie die vier Körper unter ihr miteinander verschmolzen. Es schien, als bestünden sie nun aus einer trägen Flüssigkeit und würden langsam ineinanderlaufen. Es entstand eine wabernde, leuchtende Masse aus der dann nach einem kurzen Moment eine neue Gestalt gebar. Diese Gestalt wurde immer größer und dann, als die Gestalt die Größe eines ausgewachsenen Pferdes erreicht hatte, fuhr Annas Geist, der immer noch über dem Ganzen schwebte, hinab, in den eben neu entstandenen Körper. Sie, das Fohlen, die Thipfs und der Wolf hatten sich so vereint und waren nun nur noch ein Geschöpf. Anna wollte ihren Mund öffnen und ihre Mutter rufen, doch stattdessen bildeten sich Flammen vor ihr. Nein, das war nicht mehr ihr Mund. Nun war es ein feuerspukender Schlund. Völlig verängstigt versuchte sie an sich herab zu blicken. Sie sah zwei weiße, riesige Pranken an zwei muskulösen Beinen. Sie glichen den Tatzen eines Bären, nur waren sie viel größer. Sie versuchte ihren rechten Arm zu heben. Dabei merkte sie, dass dort kein Arm mehr war. Stattdessen hob sich eines der zwei Beine. Als sie nun ihre Hand drehen wollte, drehte sich die Pranke und sie sah fünf mächtige Krallen, die sie, wie eine Katze, ein- und ausfahren konnte. Langsam drehte sie ihren Kopf nach rechts und dabei erblickte sie die ebenfalls weiße Flanke ihres Körpers. Dort waren auch zwei ebenfalls weiße Beine mit entsprechenden Pranken und am Schluss war da dieser lange, weiße Schwanz, dessen Ende silbern und spitz wie ein Dolch war. Doch voller Erstaunen entdeckte sie die zwei Flügel auf ihrem Rücken. Ganz vorsichtig breitete sie sie aus. Nun wurde ihr einiges klar und sie erkannte, was sie war. Sie war jetzt ein Drache. Die Kraft des Fohlens, die Kunst und Flugfähigkeit der Thrips, sowie die Magie und Weisheit des Wolfes und letztlich natürlich ihre eigene Magie hatten sich mit dem Dolch von Pektrulon vereint und dieses Wesen war entstanden. Endlich ein Gegner, der im Stande war, es gegen den Schalatachter aufzunehmen. Sie blickte sich um. Alle, die in ihrer Nähe gestanden hatten, waren ein paar Schritte zurückgewichen. Auch ihre Mutter und ihr Vater, die Hand in Hand zusammenstanden, blickten erschrocken, verwundert und traurig zu Anna hinüber. Ein wenig Furcht stieg in Anna auf, doch dann hörte sie plötzlich die Stimme ihrer Mutter in ihrem Kopf:

„Du musst keine Angst haben, lass es geschehen! Finde dich zurecht und lerne deinen neuen Körper kennen. Du brauchst ein wenig Zeit. Sei vorsichtig und achtsam. Wir werden dir, wenn wir es können, dabei helfen“, doch Daphne hatte Tränen in ihren Augen. Sie zweifelte an sich und an dem, was hier gerade geschehen war. Warum hatte sie Anna überhaupt mit hierhergebracht? Sie war doch ihr kleines Mädchen, ein Mensch. In dieser Welt hatte sie doch nichts Falsches getan. Doch dann spürte sie, wie Torin seinen Arm um sie legte. Er küsste sie sanft auf die Stirn und sagte:

„Ich habe doch schon immer gesagt, dass in Anna ein kleiner Drachen steckt. Ich habe hier in den letzten Tagen so viel wundersame Dinge gesehen. Daher glaube ich, dass alles, was hier geschieht, genauso wie es geschieht, richtig ist. Wir werden ihr dabei helfen und wenn die Zeit gekommen ist, finden wir sicher einen Weg, damit sie zurück verwandelt werden kann.“ Der Drachenkopf kam ganz nah an die Gesichter ihrer Eltern heran und schnupperte vorsichtig an ihnen. Eine kleine Rauchwolke stieg aus der knuffigen Drachennase und es roch ein klein wenig nach Schwefel. Dann stieß sich Anna mit einem Ruck vom Boden ab. Sie begann kräftig mit ihren ausgebreiteten Flügeln zu schlagen. Durch den entstandenen Luftwirbel wären beinahe ihre Eltern rücklings umgefallen. Sie verspürte diese unbändige Kraft, die in ihren Flügeln war, die sich entfalten wollte und so erhob sie sich dann in die Lüfte. Es sah sehr majestätisch aus, wie der Drache langsam an Höhe gewann und dann bis hoch in die Wolken flog. Was war das für ein berauschendes Gefühl! Sie, die kleine Anna, konnte fliegen. Es fühlte sich so richtig an, so als wäre es schon immer so gewesen. Und nun sah sie zum ersten Mal Dragazin von oben. Wie klein doch alle waren. Dennoch konnte sie, wenn sie es wollte, ihren Blick auf winzige Kleinigkeiten fokussieren. So konnte sie sogar die Tränen in den Augen ihrer Eltern erkennen. Dann hörte sie plötzlich eine Stimme rufen:

„Du musst jetzt sehr viel trainieren. All das hier ist neu für dich", es war Lezruw und er fuhr fort: „Einst, vor sehr langer Zeit, habe ich den Felsendrachen Petram trainiert, ihn unterrichtet und bin ihn sogar geritten. Wir sind damals den Bund eingegangen und er war mir stets ein treuer Begleiter, bis… nun ja, bis wir getrennt wurden. Er hat sein Leben für das meine geopfert. Diesen Schmerz, den ich da fühlte, habe ich danach nur noch einmal in meinem Leben gefühlt und ich habe mir damals geschworen, nie wieder wirst du dich an einen Drachen binden. Damit du aber gegen den Schalatachter eine Chance hast, musst du trainiert werden. Es gibt keinen zweiten wie mich und niemanden hier in Dragazin, der schon jemals einen Drachen trainiert hat. Doch nur du kannst deinen Lehrer und Reiter wählen, damit gehst du den Bund ein. Dieser Bund lässt sich nicht mehr lösen. Daher frage ich dich, Drachen Anna, willst du diesen Bund und darf ich dich dann trainieren?" Sie drehte hoch oben über den Köpfen der Gesellschaft ihre Runden. Dabei blickte sie in die Tiefe. Direkt in Lezruws Augen. Nein, sie blickte nicht in seine Augen, sondern durch diese hindurch direkt bis ganz tief in seine Seele. Für einen kurzen Moment schien es, als würde eine Flamme direkt in Lezruws Pupille aufflackern. Anna legte ihre Flügel eng an ihren Körper und stürzte, wie es Falken tun, vom Himmel herab. Sie wurde irrsinnig schnell und kurz bevor sie auf dem Boden aufzuschlagen drohte, breitete sie ihre Flügel aus, bremste so den Sturzflug und ihre scharfen Krallen bohrten sich direkt vor Lezruw in den Boden. Der konnte seinerseits ihre Stimme in seinem Kopf hören:

„Kannst du das wirklich? Ich habe das Gefühl, schon alles zu können." Lezruw verbeugte sich vor ihr und antwortete ihr:

„Für mich wäre es eine Ehre, dir noch so viele Dinge beibringen zu dürfen. Du wirst jetzt sehr schnell wachsen und binnen weniger Tage zu einem großen, weißen Drachen heranwachsen. Allerdings die Erfahrung, die ein Drache in seinem Leben normalerweise so sammelt, kannst du nicht sammeln. Dafür fehlt dir die Zeit. Wenn du es willst und du es zulässt, kann ich jetzt schon auf dir reiten. Gemeinsam können wir trainieren, um uns dann dem Schalatachter stellen." Alle hier Anwesenden waren zutiefst beeindruckt, aber auch verängstigt. Niemand sonst, außer Daphne, konnte schließlich die Gedanken des Drachen oder von Lezruw hören. Trotz alledem erkannten sie, dass hier gerade ein Bund von aller größter Bedeutung geschlossen wurde. Das Schicksal meinte es nun gut mit ihnen. Schließlich stand der weiße Drache auf ihrer Seite. Noch sah der Drache eher niedlich aus, doch Daphne wusste, dass es gerade mal drei Wochen dauern sollte, bis der Drache Anna ausgewachsen sein würde. Gerade entwickelten sich die Dinge so rasant, doch sie waren immer noch an diesem trostlosen Ort. Daphne beschloss, dass es an der Zeit war, nun zu handeln und weiter zu ziehen. Daher sprach sie zu all den Anwesenden:

„Einige von uns müssen sich gesund pflegen und wir müssen eine Strategie entwickeln, wie wir uns dem Schalatachter gegenüber verhalten. Hier ist ein denkbar schlechter Ort dafür. Lasst uns in das Land der Thipfs ziehen, es ist keine zwei Tage von hier entfernt. Dort werden wir überlegen, wie wir weiter vorgehen können. Mit Anna, die sinnbildlich die Verbindung der Dragaziner, der Thipfs, der Wölfe und der Pferde verkörpert, stehen unsere Chancen, dieses Kapitel zu einem Erfolgreichen Ende zu führen, deutlich besser. Ich frage Euch, ihr edlen Pferde, wollt ihr Euch uns anschließen, um zusammen gegen den Untergang unserer Welt zu kämpfen?“, mit diesen Worten wandte sie sich Shams zu. Die tauschte, fast unbemerkt, ein paar rasche Blicke mit ihrer Schwester und Hadid aus und sagte dann:

„Wir wären zutiefst enttäuscht, wenn wir uns Euch nicht anschließen dürften.“ Dabei setzte sie eines ihrer Vorderbeine vor das andere, dadurch verbeugte sie sich ein wenig. Gleichzeitig senkte sie ein wenig ihren Kopf und sprach dann weiter:

„Wir stehen euch zur Verfügung. Auch uns wurde großes Unheil angetan und wenn wir nun etwas dazu beitragen können, dass es in Zukunft wieder friedlicher sein wird, dann sind wir, selbstredend, dabei. Wenn eure Leute es wollen, können sie auch gerne auf uns reiten.“ Sie blickte

Alqamar und Hadid an und ohne weitere Worte zu wechseln kamen diese näher. Sie berührten sich mit ihren Köpfen.

„Das Land der Thipfs“, sagte Shams und augenblicklich öffnete sich ein neues Tor.

„So können wir schneller dorthin gelangen“, sagte sie. Das Gefolge begann augenblicklich damit, durch das Tor in das Land auf der anderen Seite, das Land der Thipfs, zu ziehen.

Lezruw stand Anna gegenüber und blickte ihr tief in die Augen. Er war völlig hin und her gerissen. Anna war immer noch völlig überfordert. Ihr neuer Körper fühlte sich so großartig, aber auch so fremd an. Er war so voll mit Energie. Aber sie spürte auch die Anwesenheit von Pefee, Herrn Baltasar und dem kleinen Fohlen in sich. Es war ein beeindruckendes Gefühl. All diese Kraft, das Wissen und die Weisheit der anderen. Sie fühlte, dass auch die drei anderen glücklich waren. Sie tapste, ein wenig unbeholfen, von einem auf den anderen Fuß und blickte zu ihnen hinab. Nein, es waren ja keine Füße mehr. Es waren Pranken. Bis gerade war sie in ihren Gedanken verloren gewesen, doch nun kam sie zurück aus den Tiefen ihres Inneren. Sie hob ihren Kopf und blickte Lezruw an. Direkt in dessen Augen. Ihre Pupillen verengten sich. Sie ließ ein bisschen Qualm aus ihren Nüstern aufsteigen, doch Lezruw zeigte sich dadurch nicht wirklich beeindruckt.

„Ich kenne solche deiner Art und ich vertraue dir“, hörte sie seine Stimme in ihrem Kopf und sie dachte zurück:

„Dann lass uns doch gemeinsam losziehen!“ Lezruw nahm Zanderuska, die neben ihm stand, in den Arm und küsste sie zum Abschied auf den Mund. Diese war völlig verdutzte und lief rot an.

„Ich werde zu dir zurückkommen, denn du bist für mich das Allerwichtigste in meinem Leben“, sagte er. Für einen, doch eher emotionslosen Zwerg, war eine solche Gefühlsbekundung doch äußerst ungewöhnlich. Er blickte ihr dabei in die Augen und sagte dann zu ihr:

„Das wollte ich dir schon so lange sagen. Aber dafür fehlte mir bisher der Mut. Leider muss ich mich jetzt erst einmal um diesen Drachen kümmern.“ Er stieg auf Annas Rücken und rief dann in die Runde:

„Wenn der Drache ausgebildet ist und die Zeit reif ist, werden wir zu euch stoßen!“

# Petram

Lezruw spürte mit welcher gewaltigen Kraft der Drache durch das Schlagen seiner Flügel an Höhe gewann und für einen kurzen Moment kam es ihm vor, als säße er wieder auf seinem alten Freund Petram. Augenblicklich waren all die Erinnerungen an jene Tage wieder da.

Vor vielen Jahren war er bereits für eine lange Zeit mit einem Drachen zusammen gewesen. Bei der Suche nach Edelsteinen hatte er ihn als winziges Geschöpf in einem Schacht des Bergwerkes gefunden. Zuerst dachte er, er wäre auf zwei leuchtende, gelb-rote Edelsteine gestoßen. Als er sie jedoch aus dem Stein hauen wollte, musste er schmerzlich feststellen, dass er auf einen Babydrachen gestoßen war. Für ihn kam es nicht in Frage, den kleinen Drachen zu töten, obwohl er auf dem Markt mit Sicherheit einige der Körperteile des Drachen zu einem besonders guten Kurs hätte zu Geld machen können. Doch er entschied sich, den kleinen schwarzen Kerl zu sich zu nehmen, um sich um ihn zu kümmern. Das allerdings stellte sich als gar nicht so einfach heraus. Nicht nur, dass dieses kleine Monster an Allem kaute, nein es musste auch ständig aufstoßen und so manches Loch in seinem Rauschbart rührte von dem feurigen „Bäuerchen".

Im Großen und Ganzen verlief die Aufzucht recht schnell. Es war schon enorm, wie geschwind aus einem so kleinen Geschöpf, das eben noch nicht viel größer als eine Katze war, plötzlich ein ausgewachsener Drache werden konnte und dass, obwohl er gar nicht so viel mehr als eine Katze fraß. Das war wohl ein Stück der Magie der Drachen. Zuerst war Petram, wie Lezruw den kleinen Drachen nannte, eher schüchtern und ängstlich und verkroch sich immer in irgendwelche Ecken. Schnell aber wollte er, wenn er müde wurde, möglichst nah bei Lezruw schlafen. Am allerliebsten, selbstverständlich, auf dessen Schoß. Nach ein paar Tagen allerdings war der Drache schon so groß und schwer, dass daran nicht mehr zu denken war. Dennoch saßen sie oft abends am Lagerfeuer und Lezruw kraulte Petrams Kopf, während er ihm alles Mögliche über sein Leben erzählte.

Eines Abends, als der Drache schon lange neben Lezruw eingeschlafen war, hatte der sich gerade ebenfalls zum Schlafen neben das nun nur noch niedrig brennende Feuer gelegt, da schlichen sich drei Räuber an das Lager heran. Sie hatten Lezruw schon eine Weile beobachtet. Was war das doch für ein merkwürdiger Zwerg. Er sprach die ganze Zeit mit sich selbst. Den schlafenden Drachen hatten sie gar nicht bemerkt, da er, schwarz wie die Nacht, für sie beinahe unsichtbar schien. Sie hatten wohl gesehen, dass der Zwerg eine mächtige Axt hatte, doch die lag ein gutes Stück von ihm entfernt. Das war sehr ungewöhnlich für Zwerge. Normalerweise schliefen sie, wenn sie irgendwo allein waren, mit ihren Waffen in den Armen. Die Axt würde bestimmt einen netten Erlös einbringen. Nun war es soweit. Der Zwerg war eingeschlafen. Auf das Zeichen des Anführers sprangen die Srei gleichzeitig, mit gezückten Langmessern aus dem Gebüsch auf den wehrlosen Zwerg zu, um ihn zu töten.

„Vorsicht! Sie wollen dir ans Leben“, hörte Lezruw diese Stimme in seinem Kopf. Sie riss ihn aus dem Schlaf. Im gleichen Moment war das ganze Lager hell erleuchte. Petram war aufgesprungen und hatte seinen Körper schützend um Lezruw gedreht. Dieser nahm das alles wahr, obwohl er immer noch nicht richtig wach war. Er erkannte das Entsetzten der drei Räuber, das ihnen in ihren Gesichtern geschrieben war. Noch in der Vorwärtsbewegung wurden sie von den Flammen des Drachen erfasst. Es wurde heiß, unfassbar heiß, und einen kurzen Moment später war von den Dreien nichts mehr übrig.

„Ich musste das tun, sie wollten dich doch töten“, hörte Lezruw die verunsicherte Stimme in seinem Kopf und er wusste nun, dass es der Drache war, der mit ihm so kommunizierte. Er umarmte den Drachen fest und dachte dann zurück:

„Ich danke dir, mein Freund, nun stehe ich tief in deiner Schuld.“

„Das ist nicht wahr“, klang es und weiter: „Was du für mich bis jetzt getan hast, ist mit nichts mehr aufzuwiegen. Du bist für mich mein Vater, mein Freund und meine Familie. Nichts auf dieser Welt kann mich von dir trennen und ich werde für immer an deiner Seite sein.“

Langsam stieg der Schmerz in Lezruws Herz wieder auf, denn nach all den langen Jahren, die die beiden gemeinsam verbracht hatten, waren sie zuletzt in die Höhlen von Bagartas gegangen. Hier hatten sie gegen eine dunkle Kreatur gekämpft. Es war ein Mondo gewesen, der hier in den Höhlen hauste. Die Bewohner des Tals, das an den Berg mit den Höhlen angrenzte, hatten sie um Hilfe gebeten, da der Mondo sie immer wieder, auch in der Nacht, heimsuchte und ihnen nicht nur Vieh und Ernte raubte - nein. Er tötete und aus reinem Spaß am Vergnügen auch deren Kinder. Es war keine Frage für die Zwei. Natürlich wollten sie helfen und so waren sie in diese Höhlen gegangen, um dem Mondo den Garaus zu machen.

Als sie endlich den Mondo in den unzähligen miteinander verworrenen Gängen aufgespürt hatten, entbrannte schnell ein wilder Kampf. Lezruw kämpfte sehr elegant mit seiner Axt und das, obwohl diese ein gutes Stück größer war als er selbst. Er schwang sie so als würde sie nichts wiegen. Petram hingegen spuckte gezielte Feuersalven auf den Mondo ab und versuchte ihn mit seiner Schwanzspitze zu schlagen. Lange Zeit sah es so aus, als hätten die beiden keine Chance gegen den Mondo. Der Kampf war anstrengend und kräftezehrend. Der Mondo wusste sich mit seinem Langschwert und seinem Schild gut zu wehren. Doch endlich, nach einem mehreren Stunden andauernden Kampf, wandte sich das Blatt zu ihren Gunsten. Sie hatten es geschafft den Mondo in einem Seitengang in die Enge zu treiben. Lezruw holte mit seiner riesigen Axt zum finalen Schlag aus. Er wollte seine Axt auf den Kopf des Mondos niedersausen lassen. Der tat dann in letzter Sekunde etwas, womit niemand zu rechnen in der Lage gewesen wäre. Im letzten Moment, in dem die Axt mit tödlicher Sicherheit auf seinen Kopf traf, hieb er mit seinem Schwert in die Höhe und traf dort einen gewaltigen Stalaktit, der von der Decke herab wuchs. Petram, der den Mondo von der anderen Seite in Schach hielt, sah, wie der Stalaktit ins Schwingen geriet und dann abbrach. Er stürzte genau auf Lezruw zu. Blitzschnell und ohne großartig darüber nachzudenken stieß Petram Lezruw zur Seite. Der Stalaktit traf nun den Körper des Drachen und durchbohrte ihn. Augenblicklich sank dieser reglos zu Boden. Lezruws Axt hatte den Kopf des Mondos zerschmettert und er sah, dass dieser tot war. Doch dann sah er seinen verletzten Freund auf dem Boden liegen. Rasch sprang er zu ihm, nahm seinen Kopf in die Arme und legte ihn auf seinen Schoß. Der Stalaktit hatte Petram nicht nur durchbohrt, er hatte ihn auch auf einen Stalagmiten-Stumpf gedrückt, der sich von unten in den Körper des Drachen gebohrt hatte. Überall war Drachenblut. Lezruw blickte in die Augen von Petram. Es war wie damals im Stollen des Bergwerkes, er blickte genau in die zwei gelb-rot leuchtenden Edelsteine von damals.

„Lezruw, mein Freund. Es war mir eine Ehre, diesen Weg mit dir gehen zu dürfen“, klang es in Lezruws Kopf und weiter: „Du, Lezruw, gabst mir meinen Namen und du gabst mir deine Liebe. Ich bin dir so dankbar für diese Zeit.“

„Nein, du darfst mich nicht verlassen“, rief der Zwerg verzweifelt. Doch er wusste, dass er den Tod seines Freundes nicht aufhalten würde.

„Ich liebe dich, mein Freund. Du hast mir so viel gegeben“, sagte er weiter zum Drachen und küsste ihn genau zwischen seinen Augen. Dann streichelte er ihm die Stirn, so wie er es bei ihm als kleiner Drache immer vor dem Einschlafen getan hatte. Dabei blickte er ihm die ganze Zeit in die Augen. Er sah, wie die Flammen darin immer kleiner wurden. Doch er blickte so lange hinein, bis die kleinen Flamen erloschen waren. Er war bestimmt noch zwei Stunden bei seinem toten Freund geblieben und hatte die ganze Zeit geweint. Das war das erste Mal in seinem Leben. Ihm war gar nicht bewusst gewesen, dass Zwerge zu solchen Gefühlen überhaupt in der Lage waren. Dann endlich, legte er den Kopf des Drachen vorsichtig auf den

Boden. Behutsam streichelte er ihn ein letztes Mal über den Kopf. Dann wandte er sich von ihm ab und verließ die Höhlen. Er blickte nicht mehr zurück. So sah er auch nicht, dass sich sein Drachenfreund, als er sich abwandte, in weißen Staub auflöste, der, getragen von einem leichten Luftzug, aus den Höhlen geblasen wurde.

Lezruw schüttelte den Kopf und blickte nach unten. Da erkannte er, dass er immer noch auf Anna saß. Sie segelte ganz gemächlich über den Wolken und schaukelte immer ein wenig, ganz sanft, hin und her. Ab und an stieß sie, mal links und mal rechts, mit ihren Flügeln an den Rändern der Wolken an. Dann hörte Lezruw ihre Stimme in seinem Kopf:

„Da warst du aber ganz schön in Gedanken. Du weißt, dass ich deine und du meine Gedanken lesen kannst? Ich danke dir umso mehr, dass du mich ausbilden willst. Ich hätte deinen Freund Petram so gerne kennengelernt. Denn ich habe gesehen, welche Opfer du bereit warst für ihn zu erbringen und wie sehr du dich um ihn gekümmert hast. Doch nun bitte ich dich, Lezruw, mir als allererstes meinen Drachennamen zu geben! Den Namen, auf den ich ab sofort hören werde. “

Jetzt wusste es Lezruw wieder. Um diese Bindung einmalig und letztlich vollständig zu machen, musste der Reiter dem Drachen seinen Namen geben. Er dachte kurz nach, hörte in sein Inneres und dann war da ihr Name - so sprach er ihn zum ersten Mal aus:

„Solis, ab jetzt will ich dich Solis nennen. Dies soll dein neuer Name sein.“

# Ankunft

Das Tor schloss sich rasch hinter ihnen. Niemand hatte Zweifel daran, dass Anna und Lezruw nicht zu ihnen zurück gelangen würden. Als erstes wurden, und sowas hatte es hier noch nie gegeben, Flowneklaf, Deilnelees und Kiesbart im Palast der Thipfs untergebracht. Ihre Genesung stand nun im Mittelpunkt aller Aktivitäten. Zum Glück war Daphne hier bei ihnen. Mit ihrem schier unendlichen Wissen konnte sie allerhand Medizin und schmerzlindernde Salben zubereiten, die die Genesung der Drei rasch vorantrieben. Dabei wurde sie tatkräftig von Zanderuska unterstützt und so ging alles rasch voran. Das Dunstmädchen konnte ihr Glück immer noch nicht fassen. Hatte dieser Zwerg sie wirklich geküsst? Noch nie wurde sie jemals von jemanden geküsst. Immer wieder stellte sie Daphne dieselbe Frage:

„Hat er mich tatsächlich geküsst? Weiß er denn, was das bedeutet?“ und sie bekam immer wieder dieselbe Antwort von ihr:

„Ja, hat er und ja, er liebt dich schon lange und er wird dich bestimmt zu seiner Frau nehmen.“ Bei den ersten Malen, als Daphne das so zu ihr gesagt hat, löste sich Zanderuska jedes vor Scharm mit einem lauten „Pfffff“ in Dunst auf. Mittlerweile hatte sie das aber unter Kontrolle. Das Glück jedoch, das sie empfand, stand ihr nach wie vor ins Gesicht geschrieben.

Die Pferde blieben stets in der Nähe des Lagers und grasten im direkten Umland. Wie nicht anders zu erwarten, war der erste, der wieder auf den Füßen war, Kiesbart. Schnell hatte er seine Lebensfreude zurück und rannte, wie ein junger Wolf, durch den kleinen Bach und spritzte dabei so viel Wasser auf, dass die Thipfs, die sich am Ufer aufhielten, bis auf die letzte Flügelspitze nass wurden. Sie fanden das bei diesem Wetter gar nicht so schlimm, schließlich war es hier zurzeit Hochsommer. Aber trotzdem spielten sie eine gewisse Empörung vor. Einmal, als Kiesbart es mal wieder so richtig übertrieben hatte, stürzte sich der halbe Schwarm der Thipfs auf ihn und drückte ihn ganz tief in den Bach. Nur seine Schnauze guckte noch heraus und er hatte alle Mühe, Luft zu holen. So sehr er sich auch bemühte, er konnte sich nicht gegen diese kleinen blauen Thipfs wehren. Niemals hätte er das für möglich gehalten. Welche Kraft doch in ihnen steckte. Da lag er nun so im Bach. Seine Schnauze blickte heraus und eine der Thipfs landete direkt auf seiner Nase. Sie stemmte ihre Arme in die Hüfte und dann spuckte sie einen Strahl Wasser genau in eins von Kiesbarts Augen. Als hätte jemand den Befehl gegeben, Kiesbart loszulassen, flogen die Thipfs in alle Himmelsrichtungen auseinander. Kiesbart sprang auf und schnappte den Thipfs hinterher und tatsächlich bekam er eine mit seinem Maul zu fassen. Augenblicklich verharrten alle Thipfs in der Position, in der sie waren. Die Stimmung schien umzuschlagen. Langsam stellte Kiesbart sein Nackenfell auf und hob seine Lefzen. Diese großen weißen Zähne sahen schon sehr bedrohlich aus. Zwischen ihnen hing leblos der Arm der Thipfs heraus. Dann öffnete er das Maul und streckte langsam seine Zunge heraus. Darauf lag regungslos auf ihrem Rücken eine Thipfs. Sie hielt sich mit dem anderen Arm den Bauch fest und dann konnte sie es nicht mehr aushalten und es brach aus ihr raus:

„Hu, hu, hu, hi, hi, hi, war das lustig. Da haben wir euch aber reingelegt. Ihr solltet mal eure Gesichter sehen. Habt ihr schon mal gesehen, wie viel Platz in so einem Wolfsmaul ist?“ Kiesbart ließ sein Nackenfell wieder ab und wedelte mit dem Schwanz. Diese eine Thipfs erinnerte ihn unheimlich an Pefee. Mit einem Mal wurde ihm bewusst, wie sehr er doch diese kleine Thipfs vermisste.

Daphne sprach sehr viel mit Torin. Er machte sich immer noch große Sorgen um seine kleine Anna. Ihr war bewusst, dass in dieser Welt so manches Opfer gebracht werden musste. Ihre Erziehung und der tiefe Glaube an das Gute in dieser, nein in jeder Welt, ließ sie alles auch aus anderen Blickwinkeln betrachten. Ihre Tochter war nun ein großer Teil des Ganzen und darauf kann man stolz sein. Sollte sich der magische Drache nicht wieder zurückverwandeln können oder wollen, so hätten sie, und wer kann das schon von sich sagen, ein Drachenmädchen als Tochter. Besser als einen Drachen als Schwiegermutter, so Torins These.

Flowneklaf und Deilnelees taten sich mit der ganzen Situation am schwersten. Vor allem Flowneklaf verstand es nicht, dass Daphne hier bei ihnen war und dass sie so jung war. Alan hatte sich hingegen damit abgefunden, dass seine Hilfe derzeit nicht ganz so wichtig war. Er konnte ja nicht ahnen, wie sehr er sich da täuschte. So verbrachte er die meiste Zeit damit, durch das nähere Land zu schlendern und sich die merkwürdigen Besonderheiten der hier vorkommenden Gesteine anzuschauen. Wenn er auch nur ein paar dieser Steine mit nach Hause nehmen könnte, wäre er dort ein anerkannter Mann und jeder würde sich um ihn und seine Steine reißen. Diese geologischen Anomalien wären in seiner Welt auch nur schwer bis gar nicht zu erklären. Das allerdings war im Moment nicht wirklich sein Problem. Die Tage vergingen wie im Flug und Flowneklaf und Deilnelees kamen langsam wieder zu Kräften. Es war mal wieder faszinierend, wie Daphne aus den hier wachsenden Kräutern und Gewächsen Tinkturen, Salben und Tees zubereiten konnte. Dies alles half den Beiden, ähnlich wie es damals auch bei ihnen zuhause mit Alan gewesen war, schneller auf die Beine zu kommen. Am zwölften Abend waren die Beiden soweit wieder hergestellt, dass sie sich in einer Art Rat zusammensetzten konnten. Von den Dragazinern waren Flowneklaf, Deilnelees, Torin und Daphne anwesend. Ebenfalls nahmen Alan, Zanderuska, Kiesbart, vier von den Thipfs und Shams, Alqamar, Hadid und Sini daran teil. So zählten sie fünfzehn und die mussten jetzt erstmal auf eine Spur gebracht werden. Flowneklaf blickte durch die Runde und er war erstaunt, wie viele sie doch waren. Ganz am Anfang waren da nur er und sein Freund, der Wolf. Später dann irgendwann trafen sie auf Alan und dann auch auf Deilnelees, die die kleine Pefee bei sich trug. Und jetzt waren sie so viele. Aber wer wusste, was nun zu tun war? Wer konnte sie alle lenken? So ergriff er das Wort:

„Ich hatte gehofft, dass der Kampf gegen das Böse bereits Geschichte gewesen wäre und unser Land wieder in Frieden zur Normalität zurückfinden könnte. Einst wurde berichtet, dass die zwei Welten wieder zusammengeführt werden können. Einige von euch kennen ja bereits die andere Welt. Ja, sie ist nicht so magisch wie die unsere, aber auch dort gibt es viel Schönes und Gutes. Leider hat sich die Prophezeiung nicht erfüllt. Meine ganze Ausbildung, mein ganzes Sein, mein ganzes Leben stand nur im Zeichen der Prophezeiung. Zu Beginn sah auch alles so gut aus und es hieß, dass ich diese Welt retten würde. Leider muss ich feststellen, dass ich mich da vielleicht auch als viel zu groß angesehen habe? Ich bin sehr erfreut, dass sich hier viele meiner Weggefährten der letzten Jahre, aber auch einige neue Gesichter um mich - nein mit mir - versammelt haben." Bei diesen Worten blickte er ganz bewusst jedem einzelnen in der Runde kurz in die Augen, damit auch jeder genau wusste, von wem er gerade sprach und sich persönlich angesprochen fühlte. Dann, als er damit fertig war, sprach er weiter:

„Jetzt, da nicht mehr geschrieben steht, wie es sich erfüllen wird, müssen wir auf die Suche gehen, um einen neuen Weg zu finden. Der Dolch, der den sicheren Tod des Schalatachters bringen sollte, ist nun leider verschwunden." Daphne hob unmerklich ihre rechte Hand und signalisierte ihm damit, dass sie um das Wort bat. Flowneklaf blickte sie an und bedeutete ihr mit einem Augenaufschlag zu reden. Damit übernahm sie das Wort:

„Es wurde eine neue, sehr große, magische Verbindung geknüpft. Meine und Torins Tochter Anna, die aus der Menschwelt kommt, ein Fohlen eurer Herde, ein Wolf und eine Thipfs sind genauso Bestandteil dieser Verbindung wie der Dolch. Solch magische Verbindungen sind in der Geschichte Dragazins sehr selten und nur von wenigen weiß man, wie sie geendet haben. Dieser weiße Drache ist nicht nur unser Symbol, nein, er ist viel mehr. Gemeinsam als eine Einheit können wir, mit ihm zusammen, den Kampf gegen den Schalatachter antreten und gewinnen. Der Dolch wird nun von dem weißen Drachen getragen, also gilt dieser nicht als verschollen. Wirmüssen warten, bis Lezruw und Anna die Ausbildung beendet haben. Sie werden dann gemeinsam den Bund der Drachen geschmiedet haben. Erst dann können sie zu uns zurückkehren und auch erst dann werden wir gegen den Schalatachters kämpfen können. Der Schutz und die Kraft des weißen Drachens ist unsere größte Chance.“ Für einen kurzen Moment wurde es ein wenig unruhig, doch dann begann Flowneklaf erneut zu sprechen:

„Dennoch sollten wir anderen nicht tatenlos bleiben. Ich würde mich zusammen mit Kiesbart, Deilnelees und Alan auf die Suche begeben. Wir versuchen eine Spur zu finden, die uns zum Schalatachter führt. Noch wissen wir nicht, wohin er sich zurückgezogen hat, auch nicht, wann er sich zurück aus der Erde erheben wird und an welchem Ort wir dann gegen ihn kämpfen werden.“ Alle in der Runde blicken sich gegenseitig an und nickten sich zustimmend zu. Daraufhin übernahm Sini das Wort:

„Ich schlage vor, dass euch Shams, Alqamar und Hadid begleiten. Sie können für euch die nötigen Türen öffnen und ihr könnt dadurch schneller durch die Lande ziehen. Zuerst aber, öffnet bitte für mich, Daphne und Torin ein Tor nach Poratell. Meines Urgroßvaters Vater erzählte, dass dort, ähnlich wie es in Sulatin der Fall gewesen ist, eine große Bibliothek des Wissens in der alten Schrift existierte. Wir sollten dort nach Hinweisen über den Schalatachter suchen. Leider fehlt mir die Kraft, einen von euch auf meinem Rücken zu tragen. Vielleicht können zwei von euch uns begleiten und Daphne und Torin tragen, wenn es von Nöten ist? Würdet ihr Zwei das machen?“ Dabei blickte sie die zwei Pferde an, die direkt neben ihr standen.

Durch ein kurzes Nicken bedeuteten sie ihr ihr Einverständnis.

„Ich würde hierbleiben und mich um das Lager kümmern. Damit, wenn ihr alle zurückkehrt, auch alles soweit vorbereitet ist“, flunkerte Zanderuska. In Wirklichkeit wollte sie hierbleiben, weil sie damit rechnete, Lezruw am ehesten hier wieder treffen zu können. Niemand von den anderen hatte etwas dagegen und so blieb sie als Lagerführerin hier.

# Zusammen?

Lezruw war total erstaunt. Selbst während des Fluges schien dieser Drache ständig zu wachsen. Im Moment tat er gar nichts und ließ dem Drachen völlig freien Lauf. Sie konnte fliegen, wohin sie wollte. Solis flog mit einer solchen Eleganz als hätte sie seit zig Jahre nichts anderes getan. Ein wenig zweifelte er daran, dass er überhaupt im Stande sei, ihr noch irgendetwas beizubringen.

„Du weißt aber schon, dass ich dich denken hören kann?", hörte er ihre warme Stimme in seinem Kopf. Es war beinahe so, als sprächen sie tatsächlich miteinander. So dachte oder sagte er:

„Weißt du, wenn wir beide eine Einheit bilden, dann sollten wir dasselbe denken, dasselbe tun. Unsere Herzen schlagen dann im Einklang. Im Moment bist du nur du und so gar nicht ich. Verstehst du mich?" Ein Ruck, als wäre sie von etwas getroffen worden, ging durch Solis Körper und sie fiel taumelnd vom Himmel. Lezruw versuchte sich krampfhaft an ihrem Hals festzuhalten, dabei stürzte er völlig unkoordiniert mit ihr in die Tiefe. Kurz bevor sie auf dem Boden aufschlugen, drehte sich Solis auf den Rücken, dabei breitete sie ihre Flügel aus und bremste so den Sturz ab. Lezruw war um ihren Hals gerutscht und lag nun auf ihrem Bauch zwischen ihren großen Vorderbeinen. So segelte sie, den Rücken dem Boden zugewandt, keine zehn Meter vom selbigen entfernt weiter.

„Weißt du eigentlich, dass ich erst einen Tag über diesen Körper verfüge?", hörte er ihre Stimme. „Und weißt du auch, dass du im Moment nur du bist? Über eine Stunde bin ich mit dir über den Wolken geflogen und du warst nicht bei mir, sondern bei deinem alten Freund Petram. Bitte verstehe mich nicht falsch, das war auch gut so, denn du hast mir dabei blind vertraut. Ich finde es schön, dass du diese Erinnerungen mit mir geteilt hast. Auch dadurch habe ich schon viel von deinem Drachenfreund und dir gelernt. Aber sage niemals mehr, ich wäre nur ich. Ich bin jetzt immer auch du." Ohne, dass Lezruw noch etwas erwidern konnte, drehte sie sich wieder in die Bauchlage. Dabei schob sie Lezruw so geschickt zurück auf ihren Rücken, dass er wieder ganz normal auf ihr saß. Sie segelte noch ein kleines Stück weiter und landete dann, direkt unterhalb eines kleinen Felsvorsprungs, auf dem Boden. Lezruw, der eigentlich nicht absteigen wollte, rutschte dabei von ihrem Rücken herab und stand dann neben ihr. Solis rollte sich gekränkt zusammen. Dabei vergrub sie ihren Kopf geschickt in ihrem Körper. Lezruw hörte nicht einen Gedanken von ihr. Ihm wurde bewusst, dass er hier derjenige war, der hier noch eine Menge zu lernen hatte. Das hatte er ja ganz hervorragend hinbekommen. Lektion Nummer eins: Wie kränke ich einen Drachen auf ganzer Linie? Der Zwerg schaute sich in der näheren Umgebung um und suchte ein paar morsche Äste zusammen. Seiner Vermutung nach würden die beiden hier heute nicht mehr wegkommen. Das Schlimmste daran war, dass er wusste, dass er für den Schlamassel verantwortlich war. Aber er hatte keine Ahnung, wie er das wieder hinbiegen konnte. Er errichtete, eher schlecht als recht, ein Lager und entfachte ein kleines Feuer für die Nacht. Dann setzte er sich davor. Hunger, nein Hunger hatte er keinen. Die halbe Nacht blieb er wach vor dem Feuer sitzen. Nicht, weil er

Wache halten wollte, nein, er zermarterte sich ständig den Kopf, wie er das wieder hinbiegen konnte. Irgendwann übermannte ihn dann doch die Müdigkeit und ihm fielen die Augen zu. Das war schon ein merkwürdiges Bild. Da lag dieser Zwerg an einem Felsvorsprung. Vor sich ein kleines Lagerfeuer und neben ihm ein weißer Drache, dessen eines Auge sich genau in dem Moment geöffnet hatte, in dem der Zwerg eingeschlafen war. So hielt Solis den Rest der Nacht Wache über ihren Zwerg. Es war ihr nicht leichtgefallen, den ganzen Tag ihre Gedanken von ihm abzuschirmen und dabei gleichzeitig seinen Konflikt, den er mit sich ausfochten musste, verfolgen zu können. Aber das war ihrer Meinung nach das Mindeste, was er tun musste. Ihr war relativ schnell klar, dass er das, was er da so gedankenlos gesagt hatte, unendlich bedauert. Im Grunde hatte sie es ihm auch schon längst wieder verziehen.

Plötzlich wurde Lezruw durch einen kräftigen Windstoß geweckt. Er erschrak, denn es war schon helllichter Tag. Wie lange hatte er geschlafen? Solis, die offensichtlich aufgestanden war, hatte ihn mit einem Windstoß, den sie durch einen kräftigen Schlag ihrer Flügel erzeugt hatte, geweckt. Er blickte tief in ihre die Augen. Dabei rann ihm eine Träne über seine Wange, die, fast unbemerkt von Solis, von seinem dichten Bart verschluckt wurde.

„Es tut mir so leid", sagte er mit einer sehr knittrigen Stimme.

„Das weiß ich doch, es ist schon gut.", erwiderte sie. Ihm fiel ein riesiger Stein vom Herzen und er wollte Solis um den Hals fallen. Doch zu seinem Entsetzen musste er feststellen, dass ihr Hals für ihn fast nicht mehr zu erreichen war. Sie war in der letzten Nacht schon wieder ein großes Stück gewachsen. So schnell hatte er das noch nie gesehen. Sie senkte ein wenig den Kopf, damit er sie dennoch umarmen und drücken konnte und so sagte sie:

„Hier, lass uns jetzt etwas essen.“ Solis hatte für sie Frühstück gemacht, besser gesagt hatte sie es gefangen. Ein Kaninchen war es geworden und mit einem kurzen Feuerstoß hatte sie es fertig gegart. Lezruw ließ es sich schmecken, dennoch achtet er tunlichst darauf, dass auch Solis ihren Anteil am Mahl erhielt. Ja, dieser Drache war etwas ganz Besonderes und nun wussten sie, dass ihre Ausbildung beginnen konnte.

„Ich glaube in den alten Minen von Mortsreuef, wo ich einst den Drachen Petram fand, könnten wir unser Flugtraining beginnen. Die Minen stehen schon sehr lange leer und wir könnten ungehindert darin üben. Ich glaube, dass du bereits vieles kannst, aber wir müssen lernen zusammen zu fliegen. Nein, lass es mich anders ausdrücken, ich muss lernen mit dir zusammen zu fliegen. Wenn ich dich so anschaue, würde ich sagen, du bist nun ausgewachsen. Ich weiß auch nicht, wie du das anstellst. So schnell und mit nur so wenig Nahrung. Wenn ich überlege, was ich so zu mir nehme, müsste ich fünfmal so groß sein wie du.“, mit diesen Worten grinste Lezruw den Drachen an. Und so machten sich die Beiden auf den Weg zu den Minen. Lezruw war erstaunt. Solis flog einfach los. Es schien als würde sie den Weg kennen. Er hätte selbst lange überlegen müssen, in welche Richtung sie überhaupt fliegen müssten, um an ihrem Ziel zu gelangen. Auf dem Weg lenkten sich die beiden immer mal wieder mit Flugübungen ab. Zuerst hatte nur der Zwerg angefangen auf dem Drachen zu turnen. Doch dann hatte auch Solis sich auf das Spiel eingelassen und so kamen ihre Bewegungen immer mehr in Einklang. Dann wollte Lezruw etwas Neues probieren. Er stellte sich, die Füße in einem kurzen Abstand hintereinander, auf den Rücken des Drachen. Dann ging er in die Hocke und sprang dann hoch in die Luft. Solis drehte ihren Körper geschwind und so landete der Zwerg stehend auf ihrem Bauch.

„Und jetzt lass dich fallen", hörte er sie und er ließ sich einfach nach rechts wegkippen. Er fiel in die Tiefe. Er konnte sehen, dass er sich über einem Meer befand, denn unter ihm war nur Wasser zu sehen, das immer schneller näherkam. Doch das machte ihm keine Angst, denn er hatte ja sie. Und tatsächlich konnte er sehen, wie sie von oben wie ein Pfeil angeschossen kam. Als sie auf der gleichen Höhe waren, nahm sie ihn mit ihren Flügeln, die sie um ihren Körper wickelte, an ihre Brust und in dem Moment durchbrachen sie die Wasseroberfläche. Lezruw war hier, am Rumpf des Drachens, eingewickelt in ihre Flügel wie in einer kleinen Kammer. Kein Wasser drang hinein und Luft war auch genug vorhanden. Solis nutzte den Schwung des Falls aus und drehte so unter Wasser eine Kurve. Sie kam von unten wieder nach oben geschossen und durchbrach dann erneut die Wasseroberfläche. Jetzt waren sie wieder an der Luft. Geschickt breitete sie ihre Flügel aus, dabei drückte sie ihn auf ihren Rücken und so flogen sie weiter.

„Das war schon ein ganz schön dickes Ding", jauchzte der Zwerg innerlich. Sie waren tatsächlich eine Einheit. Jeder von ihnen hatte gewusst, was sie wann machen oder auch nicht machen mussten. Am Ende dieses Tages erreichten sie das Festland. Solis landete auf einer kleinen, vorgelagerten Insel. Dort schlugen sie dann ihr Lager auf.

In den nächsten Tagen flogen sie quer über das ganze Land. Lezruw war erstaunt und wunderte sich sogleich über die Schönheit, die er sah. Obwohl er damals auf Petram geritten war, hatte er seine Welt so noch nie zu Gesicht bekommen. Sie flogen an einer Bergkette vorbei, die aus elf Bergen bestand. Einem von ihnen fehlte allerdings die Kuppel. Vor diesem Berg lag eine große, ebene Fläche, die mit erstarrter Lava gefüllt war. Lezruw erkannte, dass er hier schon einmal gewesen war. Ja, das hier war früher das Moor Remasgnal und der Berg ohne Kuppe war der Schaltes. Augenblicklich zog sich seine Kehle zu. Sie folgten noch einer Weile dem erkalteten Lavastrom und kamen schließlich an eine Stelle, wo einst die Schlucht gewesen war, in der die großen Schlacht zwischen den Grevwaldern und den Nanus geschlagen wurde. Das Schicksal der zwei Völker wurde damals von der Lava besiegelt. Sie flogen immer weiter und querten dabei sogar die Ruinen von Practucolos. Für Lezruw war es eine Art Zeitreise und er war froh, als sie das alles hinter sich gelassen hatten. Nachts suchten sie sich immer einen sicheren Lagerplatz und tagsüber flogen sie weiter. Am vierten Tag erreichten sie endlich die Minen von Mortsreuef.

Bereits vor sehr langer Zeit wurden die Minen von Mortsreuef aufgegeben. Als Lezruw damals Petram in einem der Stollen gefunden hatte, hatte sich der Abbau des Erzes und der Edelmetalle hier schon nicht mehr gelohnt und so waren immer mehr von den Zwergen abgewandert. Auch Lezruw hatte die Minen verlassen. Ihm war es damals dort einfach zu gefährlich mit dem kleinen Drachen gewesen. Die Angst, dass einer der anderen Zwerge ihn ihm wegnahm oder ihn gar tötete, um ihn dann in kleinen Stücken zu Geld zu machen, war einfach zu groß. Als er die Minen verlassen hatte, waren höchstens noch zehn von den einst siebenhundert Zwergen in den Stollen am Arbeiten. Doch auch das war schon längst vergangen. Endlich waren die Beiden hier angekommen und so fragte Solis den Zwerg:

„Dafür haben wir den langen Weg gemacht? Was genau sollen wir hier denn lernen?“, und Lezruw antwortete ihr darauf.

„Das meiste haben wir bereits gelernt. Überlege, wie wir uns in den ersten Tagen gestritten haben. Nun verstehen wir uns beinahe blind. Ich fühle, was du fühlst und du fühlst, was ich fühle. Das Wichtigste aber ist, dass es uns auch tatsächlich wichtig ist. Draußen im Freien sind deine Flugkünste enorm und ich vertraue dir total. Hier in diesen Stollen allerdings musst du lernen, dich schnell in engen Räumen zu bewegen. Außerdem fliegst du hier beinahe blind. Einen großen Teil der Stollen kenne ich wie meine Westentasche. Wir müssen uns hier auf mein Wissen über diesen Ort und deinen Instinkt verlassen. Wenn wir hier später durch die Gänge fliegen, werde ich irgendwann von deinem Rücken springen. Du musst dann versuchen mich wiederzufinden. Das Ganze soll deine Sinne schärfen. Erschwerend kommt hinzu, dass unsere Verbindung manchmal durch das massive, mit den verschiedensten Erzen durchsetze, uralte Gestein, gestört werden könnte. So werden wir unsere Verbindung nicht immer beibehalten können. Irgendwann, wenn du lange genug übst, sollte sich vor deinem inneren Auge das Gestein zu Glas verwandeln und du wirst dann mit der Kraft deiner Gedanken hindurchblicken können. Dann hast du es geschafft und niemand mehr kann sich vor dir verbergen."

„Das klingt doch erst mal nach einer Menge Spaß. Wann möchtest du beginnen?", dachte Solis und Lezruw antwortete:

„Ich würde sagen, gleich morgen früh. Es war ein langer Tag bis hierher. Lass uns hier unser Nachtlager aufschlagen."

# Poratell

Direkt nachdem Sini, Daphne, Torin und die zwei Pferde durch das Tor geschritten waren, schloss es sich hinter ihnen. Es blieb nicht einmal die Zeit, um einen Blick zurückzuwerfen. Nun standen sie hier. Es war warm und feucht. Der Boden, auf dem sie standen, bestand aus mit den verschiedenfarbigsten Moosen überwachsenen Steinen. Die üppig behangenen Sträucher und Bäume, die hier standen, waren durch den Nebel, der sich überall festgesetzt hatte, nur schemenhaft zu erkennen. Hier und da hörte man das Wasser plätschern. Es suchte sich wohl seinen Weg durch und über die Moose. Irgendwo schien es, als sammele es sich, da man es in einem Bachrauschen hören konnte. Dieser Ort war auf seine ganz eigene Art einzigartig und wunderschön. Langsam bewegte sich die Gruppe vorwärts. Daphne und Torin verzichteten bewusst darauf, auf den Pferden zu reiten. Ihnen schien hier der Boden dafür nicht trittsicher genug.

„Dieser Ort kommt mir bekannt vor", sagte Daphne eher zu sich selbst als zu den anderen. „Aber woher kenne ich ihn?" Langsam gingen sie weiter. Plötzlich stießen sie an eine etwa kniehohe, schon etwas zerfallene, mit reichlich Pflanzen überwucherte Mauer. Sie folgten dem Weg, der der Mauer entlang verlief. Dabei fiel ihnen kaum auf, dass die Mauer von Schritt zu Schritt immer ein wenig höher wurde. Nach einer Weile war sie so hoch, dass niemand von ihnen in der Lage war, darüber schauen zu können. Doch wie aus dem Nichts war da plötzlich eine Öffnung in der Mauer. Vorsichtig blickten sie hinein. Es war eine Art

Tunnel, der über zwei Meter breit und ebenso so hoch war. Dadurch konnte bequem ein Pferd hinein gehen und so gingen sie hinein. Allerdings stießen sie nach zwanzig Schritten an eine schwere Holztür. Daphne und Torin untersuchten die Tür. Eigentlich hätten sie erwartet, dass sie verwittert wäre. Doch sie sah so aus als wäre sie gerade frisch vom Schreiner eingebaut worden. Es war eine gebogene, zweiflüglige Tür. In der Mitte war ein Griff angebracht. Er war rund und nach oben offen. Wie ein großes U, nein, er sah beinahe aus wie ein Hufeisen. Sini stöhnte auf: „Es tut mir leid, aber ich kann bald nicht mehr. Diese warme, feuchte Luft ist nicht gut für meine alten Lungen. Öffnet doch die Tür, vielleicht ist die Luft dahinter besser.“ Torin drückte gegen den Griff, doch er ließ sich nicht nach hinten drücken. Dann nahm Daphne den Griff in die Hand und drehte ihn vorsichtig nach rechts. Siehe da, man konnte ein leichtes Klacken hören und es schien als würden sich die zwei Eisenriegel, die oberhalb und unterhalb der Tür in einer Art Tasche saßen, aus genau jener heraus bewegen. Jetzt drückte Daphne gegen den Griff und schon schwang die Tür nach innen auf. Sie blickten in einen breiten, langen Gang. Er war deutlich höher als der Tunnel, durch den sie gekommen waren. Auch die Luft hier war angenehmer als draußen. Sie war frischer und nicht so drückend schwül. Links und rechts waren hohe, aus buntem Glas verzierte Fenster, die nach oben spitz zu liefen. Es schien, als würde das Sonnenlicht direkt durch sie hindurch scheinen und hinterließ die schönsten Farbspiele auf dem marmornen Boden. Komisch, denn draußen war es doch nebelig. Auch die Decke in diesem Gang lief spitz zusammen und war mit allerlei Gemälden und Stuck verziert. An den Wänden hingen ebenfalls Gemälde und einige Wandteppiche. Daphne war all das hier so merkwürdig vertraut. Sie überlegte, woher sie diesen Gang wohl kannte. In einigem Abstand voneinander standen sowohl links als auch rechts mit bunten Blumen bepflanzte Blumenkübel auf dorischen Säulen. Von einem der Blumenkübel erhob sich ein hübscher Schmetterling, der offensichtlich auf der Suche nach Nektar war. In diesem Moment traf Daphne die Erinnerung wie ein Blitz. Sie hatte das Gefühl, gleich das Bewusstsein zu verlieren. Ihre Beine wurden weich. Doch sie hatte sich schnell wieder unter Kontrolle. Dieser Gang sah genauso aus wie der hintere Teil des Palastes von Sultanine. Das war jener Teil, in dem sie damals mit ihren Schwestern als Kinder immer fangen gespielt hatte. Ihre Schritte wurden immer schneller. Konnte das sein? Der Palast von Sultanine war doch bei dem Ausbruch des Schaltes für alle Zeit vernichtet worden. Wenn dies hier der Palast sein sollte, dann müsste doch gleich hinter der nächsten Biegung ... Daphne wurde von ihren Gefühlen übermannt. Sie ging immer schneller und dann bog sie um die Ecke. Es sah genauso aus wie in ihrer Kindheit. Nun rannte sie los. Torin hatte Mühe ihr zu folgen. Die drei Pferde konnten selbstverständlich ohne Mühe mithalten. Dann kam sie in einen weiteren breiten Gang. Rechts waren die drei Tore, sie führten nach draußen. Links war die Tür zum Speisesaal. Es war genau wie im Palast von Sultanine. Schnell hastete Daphne, dicht gefolgt von ihren Begleitern, durch den Saal und dann öffnete sie voller Erwartung die Tür des Raumes, in dem einst ihre Mutter Feedünar ihr Gemach gehabt hatte. Stille, Enttäuschung. Diese Geometrie des Raumes war genau wie die des Raums in

Sultanine. Auch er war wie zu erwarten schmucklos. Ohne Prunk und Glanz. Allerdings war es, wie Daphne es erwartet hätte, kein Schlafraum, sondern eher eine Art Schreibstube. Hier stand ein alter hölzerner Tisch mit einem mindestens genauso alten, klapprigen Stuhl. Auf dem Tisch lag neben einem kleinen, ausgetrockneten Tintenfass mit einer Schreibfeder ein vergilbtes Blatt Papier, das durch zwei Steine daran gehindert wurde, sich aufzurollen. Daneben stand ein sehr alt wirkender Leuchter. Sonst war nichts auf diesem Tisch. Daphne beugte sich über das Blatt. Sie blies vorsichtig den Staub, der darauf lag, weg und begann damit zu lesen:

*Stalinia, meine geliebte Tochter.*

*Es ist schon faszinierend, wie sehr der Palast von Poratell dem von Sultanine ähnelt. Beinahe wie ein eineiiger Zwilling. Nur, dass dieser Ort nicht für das Leben bestimmt ist. Er dient lediglich zur Aufbewahrung des alten Wissens.*

*Ich hatte gehofft, dass es für Dich niemals von Nöten sein würde, diesen Ort hier zu finden. Heute schon weiß ich, welches Schicksal mich und Sultanine ereilen wird. Doch der Preis, den wir dafür zahlen lohnt, dient nur der einen, guten Sache. Ich fürchte, dass die Prophezeiung sich nicht erfüllt hat und damit auch Flowneklaf seine Aufgabe nicht zu Ende führen konnte.*

*Aber sei gewiss, die Hoffnung ist noch nicht verloren. Einst nahmst Du das Oktrawill und den Leuchter des Reklafst mit in den Palast der Zeit. Es gibt noch einen zweiten Leuchter - nämlich den, der hier neben diesem Schreiben auf diesem Tisch steht. Nun gehe mit Deinen Getreuen in die Bibliothek. Die meisten Bücher waren in Sultanine. Einige wenige sind hier. Suche und finde das richtige Buch. Nimm es mit auf Deinen Weg. Denn Du musst Deinen Teil dazu tragen, unsere Welt zu retten.*

*Sini, meine alte Freundin, ich hoffe, Du bist jetzt hier. Ich danke Dir dafür, dass Du meine Tochter hierhergeführt hast. Nun kannst Du deinen Platz hier in Poratell einnehmen. Dein Wissen würde diesen Ort um so vieles bereichern und wertvoller für die Zeit machen.*

*Jetzt macht Euch ans Werk.*

*Ich liebe Dich, meine Tochter Daphne, Deine Mutter*

*Feedünar*

Sini war gerührt: Nun wusste sie, warum sie ihr ganzes Leben immer diesen Drang hatte, so viel Wissen wie möglich aufzunehmen. Sie war sich immer bewusst, dass sie eine Sammlerin war. Andere Wesen sammelten Trophäen, Pflanzen oder andere nützliche oder unnütze Dinge. Sie aber sammelte Wissen. Wie in einem Buch gab es in ihrem Kopf unzählige Kapitel. Sortiert nach Zeiten und Orten. Nichts von all dem, was sie jemals gehört, gesehen, gelesen oder erzählt bekommen hatte, konnte sie wieder vergessen. Sie war eine lebende Enzyklopädie. Stets bereit ihr Wissen zu erweitern und mit jedem zu teilen, der es wollte. Nun endlich war sie hier angekommen. An dem Ort, den sie schon so oft in ihren Träumen besucht hatte. Doch niemals hätte sie gedacht, ihn wirklich zu erreichen.

Für ein Pferd war ihr Leben schon viel zu lang. So viele Generationen an Pferden hatte sie aufwachsen und auch sterben sehen. Ihr Schicksal war es, niemals selbst ein Fohlen bekommen zu können. Selbstverständlich hatte sie damals auch Verehrer und mit einem Hengst hatte sie auch versucht eine Familie zu gründen. Doch alle Versuche blieben erfolglos. Später ist ihr Mann dann gestorben und sie musste oder durfte noch so lange weiterleben. Das war wohl der Preis oder der Lohn für ihre Gabe. Da sie niemals Mutter wurde, musste sie auch nie ihren Ururenkeln beim Sterben zusehen müssen. Dieses Leid blieb ihr somit erspart.

Torin blickte fragend in die Runde. Er verstand das alles nicht. Was hatte das nur alles zu bedeuten. Daphne nahm behutsam den Leuchter in ihre Hand und blickte dann mit ihren von Tränen erfüllten Augen Torin liebevoll lächelnd an.

„Kommt, lasst uns in die Bibliothek gehen. Dort werden wir sicherlich unserer Antworten finden.“ Sie blickte Sini tief in die Augen, legte dabei ihre Hand auf ihre Stirn zwischen den Augen und stellte ihr dann die Frage:

„Ist es wirklich das, was du möchtest?“ Doch sie sah die Antwort bereits in den Augen des Pferdes und so flüsterte sie: „Dann wird es so sein.“ Gemeinsam gingen sie zurück, durch den großen Saal und kamen an der Tür zur Bibliothek an. In Sultanine war diese bis zum Schluss immer ordentlich und gut sortiert gewesen und der Raum war mit Licht durchflutet, weil eine große, gläserne Kuppel das Sonnenlicht hineinließ und im ganzen Raum verteilte. Überall standen Tische, auf denen aufgeschlagene Bücher lagen und viele Wesen aus allen Welten studierten deren Inhalte. Der beliebteste Platz war oben auf der Empore gewesen. Hier saß man am besten, völlig ungestört und man konnte die Größe dieser Bibliothek überblicken.

Doch als sie nun hier die schwere Holztür öffneten, blickten sie in einen Raum, dessen Architektur der Bibliothek in Sultanine glich, nur waren hier alle Regale leer. Eine dicke Staubschicht lag über allem. Selbst auf dem Boden war überall Staub und es schien, als hätte sich selbst von außen über die Glaskuppel eine dicke Schicht aus Staub gelegt und so fand kaum ein Lichtstrahl den Weg in das Innere dieses Raumes. Daher konnten die Drei auch nur ein kleines Stück in den Raum hineinblicken. Daphne hielt immer noch den Leuchter in ihrer Hand. Sie hatte das Gefühl, dass er sich in ihrer Hand erwärmte. Vielleicht war das aber auch nur die Nervosität, die langsam in ihr aufstieg. Behutsam gingen Daphne, Torin und Sini hinein. Die beiden anderen Pferde zogen es vor, vor der offenen Tür auf die Drei zu warten.

„Das habe ich mir allerdings anders vorgestellt,“, entfuhr es Sini, „heller, freundlicher und vor allem sollten hier doch überall Bücher stehen.“ Mit einem Mal begann der Leuchter in Daphnes Hand zu pulsieren und dann entflammten seine Enden und er spendete den Dreien Licht. Daphne hielt den Leuchter in die Höhe, um besser sehen zu können. Der Lichtkegel fiel ein wenig weiter in den Raum hinein. Bei jedem Tritt von Sinis Hufen auf den offensichtlich aus Marmor bestehenden Boden entstand ein lautes Pochen und das hallte von den Wänden wider. Sie waren schon ein ganzes Stück in die Bibliothek vorgedrungen, hatten aber noch kein einziges Buch gefunden. Daphne vermutete, dass sie sich nun ungefähr in der Mitte des Raumes befinden mussten. Sini konnte es nicht mehr aushalten. Unvermittelt stieg sie auf. Dabei wieherte sie laut. Es klang als riefe sie: „Zuhause!“, und dann schlug sie mit ihren beiden vorderen Hufen kräftig auf den Boden. Der dadurch entstandene Knall hallte von einer zu anderen Wand. Immer wieder, man hatte fast den Eindruck, man könne ihm dabei zusehen. Er schaukelte sich langsam auf. Und so wanderte er immer ein Stückchen höher die Kuppel hinauf. Oben angekommen gab es einen letzten lauten Knall und dann wurde es wieder leise. Jedoch löste sich kurz die dicke Staubschicht auf der Kuppel und rutschte so ein kleines Stück abwärts. Die kleine Stelle des Glases, die dadurch frei wurde, ließ so einen einzelnen Lichtstahl hindurch fallen. Dieser traf genau auf einen Tisch, den sie bis dahin noch gar nicht hatten sehen können. Denn er stand am anderen Ende des Raumes, der bis dahin von der Dunkelheit verborgen war. Auf diesem Tisch lag ein aufgeschlagenes Buch. Seltsamerweise konnte man weder auf dem Buch noch auf dem Tisch ein einziges Staubkorn sehen. Die Drei gingen auf den Tisch zu und blieben kurz vor ihm stehen.

„Was ist das für ein Buch?“, fragte Torin und er wollte danach greifen. „Nein! Fass es nicht an“, hörte er Sinis Stimme. „Du darfst es nicht berühren. Noch nicht.“ Sini blickte das Buch genau an. Es sah genau so aus, wie sie es sich immer vorgestellt hatte. Sie hatte immer davon geträumt, eines Tages hier zu stehen und mit all ihrem Wissen dieses Buch auslösen zu können. Hatte sie tatsächlich genug Wissen gesammelt? Könnte sie wirklich den Tausch einleiten?

„Ich danke euch, dass ihr mich hierhergebracht habt. Das hier ist das, wovon ich immer geträumt habe, für genau diesen Moment habe ich mein ganzes Leben gelebt. Bitte befreit mit Hilfe dieses Buches diese Welt vom Schalatachter. Vielleicht kann aus diesem Ort ein neues Sulatin entstehen und es kann sich mit Leben füllen. Nehmt das Buch mit euch, wenn der Tausch vollzogen ist.“ Mit diesen Worten ging Sini einen Schritt nach vorne. Der Lichtstrahl, der eben noch das Buch getroffen hatte, traf nun auf ihren

Hinterkopf. Das Buch, das auf dem Tisch vor ihr lag, fing selbständig an zu leuchten. Es war ein pulsierendes Leuchten. Auch Sini wurde von dem Licht erfasst und es schien als würde sie immer heller und weißer leuchten. Dann traten aus dem Buch bunte Lichtstrahlen hervor. Die Strahlen trafen auf Sini und verteilten sich dann im ganzen Raum. Überall dort, wo sie den Staub berührten, begann dieser in kleinen Wirbeln aufzusteigen. Jetzt erst konnte man erkennen, dass der Staub oben auf der Kuppel gar nicht von außen auf ihr lag, sondern von innen daran klebte. Auch dieser Staub wurde von dem Licht erfasst und es bildeten sich scheinbar unendlich viel kleine Wirbel.

Sini war jetzt gänzlich in Licht getränkt und sie schien nun die Quelle der bunten Lichtstrahlen zu sein. Die abertausenden Staubwirbel formierten sich vor den Regalen und schwebten langsam hinein.

„Oh, das ist so wunderbar. Es fühlt sich so gut an. Ich bin so glücklich. Endlich Zuhause“, hörten sie Sini fröhlich rufen. Torin und Daphne fiel es schwer, in Sinis Richtung zu blicken. Mittlerweile war sie zum Zentrum des Lichts in diesem Raum geworden. Es wurde immer heller und greller. Schließlich konnten sie nicht mehr hineinsehen und mussten sich letztlich abwenden. Plötzlich, mit einem Mal, veränderten alle Staubwirbel ihre Gestalt. Es begann ein atemberaubender Wandel. Die Staubwirbel nahmen langsam Substanz an. Sie wurden langsam immer fester. Sie bildeten rechteckige Formen jeglicher Größe, wandelten sich langsam zu Büchern und dann war das grelle Licht verschwunden.

Torin und Daphne standen nun allein in der Bibliothek. Sini war mit dem Licht verschwunden, sie hatte sich aufgelöst und war eins mit dieser Bibliothek geworden. Sie hatte die Bibliothek gefüllt. Ihr Wissen und die Asche der alten Bücher hatte diese erneuert. Das Sonnenlicht strahlte nun durch die Glaskuppel herab in die Bibliothek. Hier war jetzt diese warme Atmosphäre, so wie sie einst in der Bibliothek von Sultanine geherrscht hatte. Die Regale waren prall gefüllt mit all den verloren geglaubten alten Büchern. Doch auf dem Tisch vor den Beiden lag immer noch das Buch. Es war nun zugeschlagen. Wegen genau dieses Buchs waren sie also hierhergekommen. Daphne betrachtete es genauer. Es war gebunden in dickem, schon etwas abgewetzten, dunkelbraunem Leder mit einer goldenen Schnalle an der Seite. Damit konnte man das Buch verschließen. Aus dem Buchdeckel ragte ein goldener Drachenkopf heraus. Das war es, ihr Buch, das Buch der Drachengilde.

# Ist das der beste Weg?

Flowneklaf, Deilnelees und Alan hatten auf dem Rücken von Shams, Alqamar und Hadid Platz genommen. Kiesbart freute sich darauf, dass er nun endlich mal nicht immer auf irgendwen warten musste. Die drei Pferde steckten erneut ihre Köpfe zusammen und augenblicklich öffnete sich das Tor. Sie wollten mit der Suche dort beginnen, wo der Schalatachter nach dem großen Kampf verschwunden war. So kehrten sie auf das Plateau zurück, an dem so viele schmerzhafte Erinnerungen hingen. Kiesbart lief, die Nase dicht über dem Boden, kreuz und quer über das Plateau. Er konnte viele und vieles hier riechen. Doch waren all die Gerüche, die ihm in die Nase stiegen, alt und er fand keinen Hinweis darauf, wo sie als nächstes suchen könnten.

„Komm hier rüber zu uns, alter Freund. Hier werden wir wohl nichts mehr finden", rief Flowneklaf seinem Freund zu. Dieser hob während des Laufes, um Flowneklaf anzugucken, kurz den Kopf, da stolperte er sehr tollpatschig über etwas, das aus dem Boden lugte. Mit einem Brummen, das ungefähr so viel bedeuten sollte wie: „Musst du mich immer ablenken?", stand er wieder auf und ging zurück, um zu sehen, über was er da gefallen war. Er drehte sich um und roch an dem Gegenstand. Da traf es ihn wie der Blitz. Das war doch tatsächlich ein Schuppen aus dem Panzer des Schalatachters. Sogar ein wenig Blut von ihm klebte noch daran.

„Von wegen, wir finden hier nichts mehr. Sieh doch, was das hier ist", brummte Kiesbart zurück. „Wenn wir damit nicht auf seine Spur kommen, dann weiß ich nicht, womit wir das sonst schaffen sollten." Flowneklaf und Alan sprangen beinahe zeitgleich vom Rücken ihrer Pferde ab und gruben vorsichtig mit bloßen Händen die Panzerschuppen aus dem Boden aus. Alan betrachtete sie argwöhnisch. Er versuchte sie, sofern das ohne irgendwelche Geräte überhaupt möglich war, zu analysieren. Doch hatte er noch nie zuvor ein solches Material gesehen geschweige denn in den Händen gehalten. Wie sollte ihnen dieses Stück „Etwas" weiterhelfen? Flowneklaf ging zu Shams, dem Pferd, auf dem er eben geritten war und ließ sie daran riechen.

„Was meinst du, könnt ihr, wenn ihr euch auf dieses Teil konzentriert, ein magisches Tor dorthin öffnen?", fragte er sie. Shams blickte ihre Schwester und Hadid zweifelnd an. Doch dann ergriff Alqamar mutig das Wort und machte folgenden Vorschlag:

„Wir können es auf jeden Fall versuchen. Nur bedenkt, wenn er tatsächlich dort ist, öffnet sich die Tür wahrscheinlich in seiner unmittelbaren Nähe. Wir wissen nicht, wie sehr er sich bereits erholt hat. Eventuell ist er schneller als es uns lieb ist hier auf unserer Seite. Wir sollten nicht alle hinüber gehen. Vielleicht können wir eine Art Vorhut bilden? Allerdings müsst ihr bedenken, wenn eines von uns Pferden geht, müssen alle gehen, damit wir immer auf derselben Seite der Tür sind."

„Ich würde mit Flowneklaf gehen und nachschauen, was auf uns da drüben erwartet", fuhr Deilnelees dazwischen. Doch sie sah in Flowneklafs Augen, dass er bereits andere Pläne schmiedete und so sagte er: „Nein. Ich und Kiesbart werden gehen. Seine Nase kann uns wahrscheinlich früher warnen als irgendetwas anderes. Ihr öffnet die Tür. Wir gehen hindurch und ihr schließt die Tür direkt hinter uns wieder. Wartet eine halbe Stunde, dann öffnet ihr die Tür erneut und wir kehren, hoffentlich, zurück“, stellte er fest und so wie er das sagte, ließ es auch keinerlei Widerspruch zu. Deilnelees nahm das Stück Panzer und hielt es den Pferden hin. Die steckten ihre Köpfe zusammen und augenblicklich öffnete sich eine Tür. Die zwei Freunde gingen hindurch. Deilnelees blickte ihnen ein wenig angesäuert hinterher.

Schnell schloss sich das Tor hinter den beiden wieder und sie fanden sich in völliger Dunkelheit wieder. Jetzt hätte Flowneklaf sich sein Oktrawill aus alten Tagen zurückgewünscht. Damit konnte man stets Licht ins Dunkle bringen. Zum Glück hatte Alan sie mit diesen komischen Leuchtdingern ausgerüstet. Es waren schon recht merkwürdige Teile. Sie waren lang, schwarz und kalt. Doch wenn man auf das runde Knöpfchen an der Seite drückte, kam aus dem vorderen Teil ein Lichtkegel heraus. Damit konnte man recht weit ins Dunkle blicken. Wie sagte Alan dazu immer? Taschenlampe! Flowneklaf hörte Kiesbart neben sich hecheln. Hier unten stank es erbärmlich und die Luft war warm und feucht. Flowneklaf legte seine Hand über den vorderen Teil der Lampe, damit der Lichtkegel sie nicht verriet. Aus Vorsicht schaltete er sie auch nur gelegentlich ein, dann konnten sie sich kurz orientieren und waren den Rest der Zeit eben nicht ins Licht gehüllt. Sie befanden sich in einer Art Höhle und es schien auch eine Sackgasse zu sein. Flowneklaf konnte hier gerade so aufrecht stehen. Mit den Pferden wäre es hier mit Sicherheit recht eng geworden. Vorsichtig tastete sich Flowneklaf an der Wand entlang. Kiesbart blieb dabei an seiner Seite. Beide genossen es, endlich wieder zusammen Abenteuer erleben zu können. Kiesbart hatte hier natürlich klare Vorteile. Zum einen konnte er aufgrund seiner besseren Augen hier unten wenigsten ein wenig ohne diese Lampe sehen und zum anderen war er deutlich kleiner und musste nicht ständig darauf achten, dass er sich nicht den Kopf stieß. Sie folgten dem Gang eine Weile und waren schon ein ganzes Stück weit gekommen, da hörten Flowneklaf und Kiesbart ein leises Flüstern. Es wurde überlagert von etwas lauteren, gequälten Atemgeräuschen.

„Kannst du das auch hören? Es klingt, als würde da jemand schlafen und hätte dabei großen Schmerzen." In einiger Entfernung konnten sie sehen, das Licht in den Gang hineinschien. Auch das schmerzerfüllte Schnarchen, das aus dieser Richtung zu kommen schien, wurde immer lauter. Ab jetzt verzichtete Flowneklaf darauf, die Lampe einzuschalten und so schlichen sie vorsichtig weiter, immer bemüht nahe der Wand zu bleiben. Der Gang vor ihnen machte genau dort, wo das Licht hineinfiel, eine leichte Biegung. Flowneklaf und Kiesbart lugten vorsichtig um die Ecke und dann konnten sie es sehen.

Die Höhle, die sich vor ihnen auftat, ähnelte eher einer großen Halle. Sie war in Stein gehauen und sah eher aus wie ein Festsaal aus der alten Zeit oder wie ein Thronsaal. Merkwürdig, Flowneklaf schien es, als hätte er dieses Gebäude bereits irgendwo gesehen und dann fiel ihm ein, dass er diesen Ort aus einem Buch kannte. Er hatte es vor sehr langer Zeit gelesen. Nur richtig zuordnen konnte er es im Moment noch nicht. An den Wänden waren alle paar Meter schmiedeeiserne Halter angebracht. Darin steckten brennende, stark rußende Fackeln. Durch das Flackern der Flammen entstand ein diffuses Licht und es war schwierig, alles wirklich klar und scharf zu erkennen. Außerdem füllte sie durch ihre schlechte Verbrennung die Halle mit diesem unverwechselbaren Gestank nach Pech. Alte Wappen von Königen, deren Königshäuser schon vor unsagbar langer Zeit untergegangen waren, wurden hier einst in die Wände gemeißelt und zierten diese. In der Mitte der Halle, ganz in ihrer Nähe, sahen sie den verletzten Schalatachter. Er lag in der Nähe des, so wie Flowneklaf es einschätzte, alten Throns, einfach auf dem Boden. Flowneklaf konnte trotz des schlechten Lichts erkennen, dass am Brustpanzer des Schalatachters dickes Blut klebte. Offensichtlich hatte er dem Schalatachter doch eine recht ordentlich Wunde zugefügt. Allerdings war sie leider nicht schwerwiegend genug. Jetzt, da er hier so lag, wäre es ein Leichtes, ihn endgültig zur Strecke zu bringen. Doch hatten sie jetzt nicht die nötigen Waffen, um dies hier jetzt zu beenden. Man konnte ihn nicht einfach mit einem Speer oder Schwert erschlagen. Nein, es musste eine magische Waffe sein. Sie musste stark genug sein, um den Bann zu brechen. Der Dolch war eine solche Waffe gewesen. Ihm war immer noch nicht ganz klar, wie der Schalatachter nun getötet werden konnte. Er vertraute auf die anderen und war bereit, seinen Teil dazu beizutragen. Sie blickten sich weiter um und er überlegte gerade, ob sie zumindest kurz zu ihm gehen sollten. Vielleicht wäre es ihnen möglich, einen Teil seiner Rüstung an sich zu nehmen. Das würde ihn schließlich auch weiter schwächen. Gerade überlegte Flowneklaf in die Halle zu treten, doch er hörte noch weitere Geräusche, die ihn davon abhielten und dann, als er genauer hinsah, konnte er sie sehen.

Einen kurzen Moment früher als Flowneklaf hatte Kiesbart die sabbernden, stinkenden Wesen gesehen. Er zwackte Flowneklaf in das Hosenbein und zog ihn so ein Stück nach hinten. Kiesbart hatte erkannt, dass Flowneklaf gerade im Begriff war in die Halle zu treten. Dadurch stoppte er dessen Bewegung. Ein Schauer lief ihm über den Rücken. Es waren tatsächlich Leverdeser und garnichtmal wenige. Nach erster Schätzung konnten sie bestimmt zwanzig von ihnen ausgemacht. Das war gar nicht gut, überhaupt nicht gut. Wenn diese stinkenden Leverdeser erst einmal Witterung von ihnen bekamen, wäre es ruck zuck um die Beiden geschehen. Für einen Kampf waren sie einfach zu schlecht ausgerüstet und der Gang, aus dem sie kamen, war offensichtlich eine Sackgasse. Aber sie mussten um jeden Preis wieder in diesen Gang zurück, denn an dessen Ende würde sich die Tür wieder öffnen. Zum Glück waren sie in ihrer Deckung geblieben. Wo kamen diese Leverdeser nur her und wie um alles in der Welt konnten sie überhaupt überlebt haben? Waren sie doch, beim großen Ausbruch des Schataltes, vom Strom der Lava in ihrem Moor Remasgnal begraben worden. Flowneklaf zog Kiesbart vorsichtig zurück und klopfte ihm vorsichtig auf die Seite. Das war so seine Gewohnheit, um seinem Freund zu danken.

Flowneklaf wollte noch einen letzten Blick in die Halle riskieren. Er meinte eben im Hintergrund noch etwas anderes entdeckt zu haben und er sollte Recht damit behalten. Im hinteren Bereich der Halle war eine Art Käfig. Er war groß und gerade jetzt ging dort ein Leverdeser mit einer brennenden Fackel in der Hand vorbei. Flowneklaf erschrak als er erkannte was - oder besser wer - sich darin befand. In dem Käfig saßen und lagen tatsächlich Zwerge. Sie waren an den Händen und Füßen mit Ketten gefesselt und alle sahen sehr abgemagert aus. Keiner von ihnen schien sich zu regen. Jetzt wurde Flowneklaf einiges klar. Er hatte über diese Art von Käfig bereits etwas gelesen. Es war ein Timeiron. Solange er geschlossen blieb, stand in dessen Inneren die Zeit beinahe still. Seine Insassen alterten darin nur sehr langsam. Dennoch erholte sich ihr Körper von den Strapazen. Es war ideal dafür, um darin Sklaven zu halten. In all den Büchern, die er gelesen hatte, wurde ein solch magischer Käfig nur einmal erwähnt. Dieser Käfig soll im Thronsaal von König Abdakuss gestanden haben. Er war vor unsagbar langer Zeit einer der fünf Herrscher der alten Zeit und seine Macht soll schier unendlich groß gewesen sein. Seine blutrünstige und gnadenlose Art zu regieren brachte ihm auch den Beinamen „der Totengräber“ ein. Sein Palast soll dann mit seinem Tod buchstäblich untergegangen sein und ein großer Zauber des Vergessens wurde mit diesem Untergang ausgelöst. Niemand konnte sich an den Standort des Palastes erinnern.

Nun hatten sie ihn offensichtlich aus Versehen wieder gefunden. Doch die Anwesenheit der Leverdeser verriet Flowneklaf, dass sie nicht die Ersten waren, die den Palast entdeckt hatten. Doch die Anwesenheit der Leverdeser verriet ihm auch, wo sie sich nun befanden. Der Palast war tief versunken unter dem Moor von Remasgnal. Das wiederum wurde bereits vor langer Zeit versiegelt durch die Lava, die durch den Ausbruch des Schataltes darüber hinweg geflossen war. Wahrscheinlich hatten die Leverdeser schon früh einige Zwerge verschleppt, um sie für sich arbeiten zu lassen oder um sie später zu verspeisen. Später jedoch wurde ihre Arbeitskraft wertvoller, denn sie hatten die Hoffnung, dass die Zwerge ihnen eines Tages einen Weg hinaus aus ihrer Lage graben konnten.

Flowneklaf und Kiesbart mussten jetzt besonders vorsichtig sein, denn es galt nun, nicht doch noch entdeckt zu werden. Langsam und mit dem schlechten Gefühl, die Zwerge hier zurücklassen zu müssen, gingen sie den Weg zurück, den sie gekommen waren. Immer darauf bedacht, keine Geräusche von sich zu geben. Nun gingen sie völlig im Dunkeln. Flowneklaf wollte auf keinen Fall mit dem Licht der Lampe auf sich und den Wolf aufmerksam machen. Sie mussten darauf hoffen, dass sie, bis sich die Tür wieder öffnen würde, nicht entdeckt werden. Ihr Vorteil war es, dass der Gestank, den die Fackeln erzeugten, aber auch der Gestank, der vom Blut des Schalatachters ausging, ihren Geruch völlig überlagerte. Obwohl Flowneklaf sich das ein oder andere Mal den Kopf stieß, kamen sie schließlich an ihrem Ausgangspunkt an. Jetzt mussten sie nur noch ausharren und darauf hoffen, dass sich die Tür bald wieder öffnen würde. Doch dann konnten sie einen Leverdeser hören, der langsam näher zu kommen schien. Flowneklaf meinte ihn auch riechen zu können. Er war unentwegt in einer sehr primitiven Sprache am Fluchen, denn er stieß sich, da er ohne Fackel unterwegs war, weitaus häufiger als Flowneklaf es getan hatte, den Kopf und sein Fluchen darüber wurde immer lauter. Flowneklaf drückte sich ganz eng an die Wand. Er hoffte, dass der Leverdeser sich eines bessern besann und wieder kehrtmachen würde. Leider kam es anders. Wild fluchend kam er um die Ecke und dann sah er Flowneklaf. Sein Gesichtsausdruck änderte sich augenblicklich. Dort stand nur noch eins: Er wollte über Flowneklaf herfallen, ihn töten und seinen Hunger nach Fleisch an ihm stillen. Flowneklaf zog rasch sein Messer aus der Scheide, die an seinem Gürtel befestigt war. Ihm war klar, dass er hier unten und mit dieser Waffe im Grunde genommen gegen diese Kreatur keine Change hatte. Trotzdem ging er mutig dem Leverdeser entgegen, um ihn anzugreifen.

„Er oder ich", schoss es ihm durch seinen Kopf. Eben noch stand der Leverdeser vor ihm, doch urplötzlich verschwand der er aus seinem Blickfeld und Flowneklaf hörte einen dumpfen Aufschlag und zeitgleich ein heftiges Knirschen von Knochen oder Ähnlichem.

„Igitt! Ist das ekelig", hörte er Kiesbart leise schimpfen, dabei spuckte er ständig aus. Für einen kurz Moment ließ Flowneklaf das Licht seiner Taschenlampe aufblitzen und dann konnte er es sehen. Kiesbart war dem Leverdeser an die Kehle gesprungen und hatte diese mit einem einzigen Biss durchtrennt. Noch bevor der Leverdeser auf dem Boden aufgeschlagen war, hatte Kiesbart ihn getötet. Gleichzeitig hatte er damit verhindert, dass der Leverdeser noch irgendein Geräusch hatte von sich geben können. Nun lag er tot und regungslos auf dem Boden. Flowneklaf sah, wie sehr Kiesbart versuchte das offensichtlich widerlich schmeckende Gemisch aus Blut, Haut und Knochen aus seinem Maul zu bekommen. Schnell öffnete er seine Wasserflasche und ließ ihm Wasser durch das Maul laufen.

Neben den zwei Freunden öffnete sich eine Tür, aus der viel Licht in den Gang fiel und sie gingen rasch zurück zu Deilnelees, Alan und den drei Pferden. Flowneklaf zog den

Leverdeser mit sich hinüber. Die Tür schloss sich hinter ihm augenblicklich wieder.

„Wir müssen schnell zurück ins Land der Thipfs“, sagte Flowneklaf und er fuhr fort: „Es gibt vieles zu berichten. Wir müssen schnell handeln.“

# Die Minen

Solis und Lezruw und hatten den ganzen Tag in den Minen die spektakulärsten Flugmanöver geübt. Dabei war Solis beinahe wie in einem Rausch. Es schien ihr als gäbe es keinen noch so kleinen oder engen Gang, den sie nicht entlang fliegen hätte können. Auch als Lezruw mehrfach von ihrem Rücken gesprungen war hatte sie ihn innerhalb kürzester Zeit gefunden. Sie liebte diesen Ort und fand es unheimlich faszinierend, wie sie sich die Karten, die im Kopf des Zwerges waren, einfach so anschauen konnte. Es schien ihr als wäre ihr Geist mit dem seinen verschmolzen. Sie dachten dasselbe und sie taten dasselbe. Sie flogen vor den Eingang der Mine.

„So, meine Drachenfreundin. Ich glaube, jetzt können wir die letzte Übung angehen. Du bist einfach phänomenal. Komm, ich möchte dir die Augen verbinden." Der Zwerg nahm ein dickes festes Tuch aus Leinen und band es dem Drachen über die Augen. Zur Probe wedelte er wild mit seinen Händen vor ihrem Gesicht herum. Keine Reaktion. Für Solis war nun alles schwarz und dunkel. „Bis eben hast du mich immer und überall gefunden. Nun habe ich dir deine Sehkraft genommen. Du musst versuchen, das zu kompensieren. Schicke deinen Geist auf die Reise. Lass ihn für dich fliegen und dann spüre deine Umgebung. Ich werde jetzt in die Mine gehen. Du wartest hier eine Weile und dann versuchst du mich zu finden." Solis war ein wenig nervös. Sie hatte sich den ganzen Tag noch nicht einmal gestoßen aber jetzt, ohne zu sehen, sollte sie durch die Minen fliegen. Wenn der Zwerg doch wenigstens auf ihrem Rücken säße, dann könnte er sie lenken. Hm, ein wenig Bedenken hatte sie dann doch. Langsam wippte sie von dem einen auf den anderen Hinterlauf. Sie spürte wie die Anspannung in ihr wuchs. Nach einer kurzen Weile, die sich für sie wie eine halbe Ewigkeit angefühlt hatte, hörte sie leise seine Stimme rufen:

„Du kannst jetzt so langsam kommen.“ Das war ihr Zeichen, auf das hatte sie gewartet. Erst jetzt fing sie an, sich zu konzentrieren. Ihre Nüstern begannen sich zu weiten und auch ihre Ohren schienen ein Stück weiter offen zu sein als sonst. Sie spannte ihre Hinterläufe an und drückte sich mit einem gewaltigen Satz vom Boden ab. Mit ein paar Flügelschlägen flog sie hoch über den Eingang der Mine, blieb dort kurz in der Luft stehen, um sich dann zu drehen. Sie stürzte hinab in die Tiefe. Jetzt galt es den Eingang der Minen zu treffen. Sie dachte gar nicht groß darüber nach. Irgendwie spürte sie, wo er sich befand und wo sie hinmusste. Um sie herum war alles schwarz. Sie spürte, wie sie durch den Eingang in die Mine schoss. Die Gänge hatte sie wie in einer Karte vor ihren Augen. Sie verband sich direkt mit Lezruws Kopf und sah die Gänge vor sich. Sie konnte auch den Zwerg sehen. Er hatte sich nicht weit von hier in einem schmalen Seitengang versteckt. Plötzlich wurde alles in ihrem Kopf bunt. Sie war überrascht und stieß kurz mit einem Flügel an der Wand des Ganges an. Schnell bremste sie ab und blieb mitten im Gang sitzen. Was geschah da gerade mit ihr? Alles in ihrem Kopf wurde mit einem Mal bunt. Sie konnte noch alle Gänge sehen, doch wenn sie den Kopf drehte, drehten sich die Gänge mit ihr. Es entstand eine richtige, dreidimensionale Karte, in ihrem Kopf. Die bunte Farbe wich aus ihrem Geist und jetzt war alles glasklar. Sie konnte alles sehen und wenn sie es wollte, konnte sie sogar durch alles hindurchsehen. Dann ließ sie Lezruw zurück in ihren Geist. Auch er war völlig erstaunt von dem was und vor allem wie sie es sah. Augenblicklich setzte sie sich in Bewegung und war, keine zwei Minuten später, an seinem Versteck angekommen.

„Ich bringe dich rasch nach draußen. Dann muss ich allerdings noch einmal nach unten. Tief hinein in diese Minen. Sieh dort unten, kannst du das auch sehen?“ Sie ließ ihn durch ihre Augen den Blick in die Tiefe sehen und dann erblickte er es auch. Dort lagen dreißig oder vierzig bunte Punkte. Er wusste nicht was das sein sollte, aber es schien ihm als wäre das der wirkliche Schatz der Minen.

„Das ist ja unfassbar. Es sieht so schön aus. Was sind das für Punkte? Du hast es tatsächlich geschafft und hast nun den gläsernen Blick der Drachen. Petram hatte sich so viel Mühe damit gegeben, aber es blieb ihm verwehrt mit seinem Geist sehen zu können. Ich danke dir, dass du mich dran hast teilhaben lassen. Wenn du möchtest, kannst du jetzt auch direkt hinab fliegen. Ich finde auch allein hinaus aus den Minen.“ Lezruw hatte den Gedanken noch nicht ganz zu Ende gedacht, da fand er sich auch schon auf Solis Rücken wieder. Geschwind brachte sie ihn nach draußen vor die Mine und setzte ihn dort ab. Sie war auch schon fast wieder verschwunden. In diesem Moment löste Lezruw das Tuch von ihren Augen. Sie lächelte ihn an und sagte dann zu ihm:

„Das hatte ich schon ganz vergessen. Du hättest es auch dranlassen können. Im Moment spielt es für mich keine Rolle. Nun kann ich in der Mine auch ohne Augen sehen und tatsächliche sehe ich dadurch auch viel mehr.“

Mit einem gekonnten Sprung hob sie vom Boden ab und stürzte sich, wie ein Pfeil, erneut in die Mine. Diesmal wollte sie nach ganz unten, denn dort hatte sie die bunten Punkte gesehen. So tief war Solis noch nie zuvor in die Mine vorgedrungen. Doch dann kam sie an einen Punkt, an dem es nicht mehr weiter hinab ging. Bis hierher hatten die Zwerge nach Edelsteinen und Erzen gegraben. Doch dann war die Mine nicht mehr ergiebig genug und sie hatten sie aufgegeben. Solis blickte tiefer hinab in das Gestein unter ihr. Dort waren die unzähligen leuchtenden Punkte. Sie waren im Gestein eingeschlossen. Doch wer hatte diese Punkte dort platziert? Wie kam man an sie ran? Und zu welchem Zweck waren sie hier? Solis betrachtete die Punkte genauer und dann erkannte sie, dass die Punkte ganz langsam pulsierten. Sie konzentrierte sich noch mehr und dann gelang es ihr, ein Blick durch die Hülle eines dieser bunten, pulsierenden Punkte zu werfen. Was sie da sah, raubte ihr den Atem. Es war kein leuchtender Punkt. Sie erkannte, dass es ein Ei war und darin lag ein Drachenjunges. Es war winzig klein, doch sie konnte die Anatomie eines Drachen genau erkennen. Es lag zusammengerollt und mit geschlossenen Augen in seinem kleinen geschützten Ei. Das war so faszinierend. Nun ließ sie ihren Blick schweifen und sah die vielen anderen Punkte. Ja es waren alles bunte Dracheneier. Alle waren ebenfalls tief im Gestein eingeschlossen. So sollten und konnten sie die Zeit überdauern um dann, irgendwann zur rechten Zeit gefunden, ein neues Drachenleben starten zu können.

Lezruw hatte damals wohl, mehr aus Versehen als aus Absicht, ein solches Ei gefunden und sich dem Drachen dann angenommen und ihn aufgezogen. Solis schaute sich die Eier alle an. Jedes einzelne. Und in jedem lag ein kleines Drachenbaby und sie konnte die ganz langsam schlagenden Herzen sehen. Selbstverständlich bekamen Ungeborene nichts davon mit, dass Solis sie beobachtete. Sie waren schließlich alle in ihrem eigenen kleinen Universum, tief unten in dem Gestein. Solis konnte sich nicht vorstellen, dass sie voneinander wussten. Sie gab sich dem Gedanken hin und beobachtete weiter die kleinen Drachen. Es bereitete ihr unsagbare Freude, die Eier zu sehen. Erklären, warum das so war, konnte sie sich auch nicht. Doch mit einem Mal änderte sich etwas. Das Pulsieren um die Eier nahm zu.

Egal in welches Ei sie nun blickte, erkannte sie, dass die Babys ihre Augen geöffnet hatten, Solis konnte es sich nicht erklären, aber sie blickten Solis nun genau an. Offensichtlich versuchten sie eine Verbindung zu ihr aufzubauen. Wie konnte das sein? So wie der Zwerg ihr erklärt hatte, konnten nur wenige Drachen, und dann auch nur mit viel Übung, den gläsernen Blick einsetzten. Obwohl Lezruw bis heute ja nur zwei Drachen gekannt hatte. Gerade hatte sie allerdings den Eindruck, als könne jedes dieser ungeborenen Drachenbabys durch das Gestein direkt zu ihr hinaufblicken. Und dann hörte sie mit einem Mal tief unter ihr aus dem Gestein eine warme, weiche, weibliche Stimme, die zu ihr hinauf drang:

„Schau an, schau an. Da hat jemand meine Brut gefunden. Sag, kannst du sie wirklich alle sehen? Vor sehr langer Zeit wählte ich diesen Berg aus, um hier mein Erbe zu hinterlassen. Ich gab meinen Körper für sie her. Seit dieser Zeit wache ich über sie. Du musst wissen, dass mein Geist weiter in ihnen lebt. Ich bin sie und sie sind ich. Lass mich dich doch einmal anschauen. Oh, wie hübsch du doch bist, mein Kind. Eine weiße Drachendame. Noch recht jung, wie mir scheint. Doch ich sehe, du bist keine Geborene, sondern rein magisch. Das ist aber selten und seltsam. Es braucht drei weitere damit du dich wandeln konntest und ihr habt euch dann mit dem Dolch von Pektrulon vereint. Eine sehr magische Waffe. Ich kannte diesen Dolch aus der Zeit vor dem großen Krieg. Damals wurde er magisch zerteilt. Offensichtlich ist es jemanden gelungen, ihn wieder zu vereinen. Das lässt nichts Gutes für diese Zeit erahnen. Lass mich sehen. Vier waren es. Sogar ein Mensch? Den hätte ich wohl kaum in dir erwartet. Wie konnte das geschehen? Nun musst du mir alles erzählen."

Solis hatte keine Bedenken und ließ den Geist der Drachenstimme in ihren Kopf. Rasch hatte sie erkannt, dass diese nur Drache war, ohne jegliche Wertung. Sie war weder gut noch böse. Sie hatte nur den Erhalt ihrer Art im Sinn. Und so fuhr dieser Geist durch ihre Gedanken und nahm alle Erinnerung in sich auf. Zum Dank ließ sie all die Erinnerungen ihres Lebens in Solis' Kopf. Sie empfand pures Glück als sie erkannte, dass der Geist das Leben von Petram in ihrem Kopf fand und solche Freude darüber empfand. Dann verließ der Geist ihren Kopf wieder. Das alles war so anstrengend für Solis gewesen, dass sie daraufhin augenblicklich einschlief. Wie lange sie tatsächlich geschlafen hatte, vermochte sie nicht zu sagen. Doch mit einem Male hörte sie die doch so vertraute Stimme von Lezruw rufen:

„Solis, wo bist du? Ich kann dich nicht finden." Solis schreckte aus ihrem Schlaf auf. Sie lag hier unten tief im Berg, auf dem wohl größten Schatz, den man sich vorstellen konnte. Es kam ihr so vor, als hätten die ungeborenen Drachen Wache über sie gehalten. Und so blickte Solis hinab. Alle waren noch da und hatten ihre Augen geöffnet. Sie blickten Solis bis tief in ihre Seele.

„Lebe wohl, Solis. Es war schön, deine Bekanntschaft machen zu dürfen“, klang die Stimme in Solis Kopf und weiter: „Du trägst alles in dir, um deinen Weg zu gehen. Wir teilten gestern unser Wissen, dafür danke ich dir. Gehe nun zu Lezruw, deinem Reiter, und gib Acht auf ihn. Er ist es wert, dass man ihn achtet. Sollten wir einst deine Hilfe brauchen, sende ich dir den grünen Himmelsdrachen.“ Die Stimme in ihrem Kopf verstummte. Solis sah weiter hinab und erkannte, wie sich die Augen der ungeborenen Drachen wieder schlossen. Sie lagen wieder ganz entspannt tief unten im Gestein in ihren Eiern und ihr Herzschlag wurde wieder ganz langsam.

„Auch ich danke euch für euer Wissen“, dachte sie noch. Dabei drückte sie sich vom Boden ab und schoss durch die Stollen empor in Richtung Ausgang.

„Hier bin ich, Lezruw. Habt keine Furcht, es ist alles in Ordnung“, rief sie und schon hatte sie den Ausgang der Mine erreicht. Wie ein Pfeil schoss sie in den Himmel und dann sah sie Lezruw, der vor dem Eingang der Mine wartete. Sie drehte sich einmal um ihre eigene Achse und stürzte auf den Zwerg herab. Der blieb entspannt stehen, denn er wusste bereits, was nun kommen würde. Sie raste auf ihn zu, doch sie kollidierten nicht miteinander. Stattdessen gab es einen kurzen Ruck und im Handumdrehen saß er auf dem Rücken von Solis. Sofort war die ihm so vertraute Verbindung da. Er fühlte, dass ihr etwas unglaublich Wichtiges widerfahren war und dass bei ihr wirklich alles in

Ordnung war. Das Glück, das sie verströmte, legte sich wie eine schützende Hülle um die Beiden und Lezruw war augenblicklich auch davon ergriffen. Ihm war klar, dass, wenn die Zeit gekommen war, sie ihm von dem, was dort unten geschehen war, erzählen würde.

„Lass uns zurückkehren, ich fühle, dass ich nun soweit bin. Zusammen mit dir sind wir ein unschlagbares Team“, sagte sie und dabei klopfte Lezruws Herz vor Freude. Nun endlich waren sie zu einem wirklichen Team geworden.

# Der Weg zurück

Daphne beugte sich nach vorne und berührte vorsichtig das Buch der Drachengilde. Torin konnte es nicht fassen. Was war da gerade eben geschehen? Es verblüffte ihn immer wieder, was hier in dieser Welt so alles möglich war. All diese Bücher, die hier nun die Regale füllten, waren aus dem Staub, der hier gelegen hatte, und der Magie von Sini entstanden. Er blickte hinüber zur offenen Tür der Bibliothek und sah, dass die beiden Pferde nun doch eingetreten waren.

„Hat jemand einen Einfall, wie wir wieder zurück ins Land der Thipfs gelangen können?“, fragte Torin und genau in diesem Moment fiel aus einem Regal, das nur zwei Schritte entfernt war, ein Buch auf den Boden. So, als hätte es jemand von hinten hinausgeschoben. Torin bückte sich und hob das Buch auf. Es war ein hübsches Buch. Der Umschlag bestand aus einer Art dickem, grünen Karton. Darauf war in einer Schrift, die er nicht lesen konnte, etwas geschrieben und ein Bild war darauf. Es zeigte eine kleine, blaue Thipfs. „Das ist ja witzig. Wieso fällt ausgerechnet dieses Buch aus dem Regal?“, fragte er. Und schon wieder fiel ein Buch aus einem anderen Regal. Daphne hielt eilig ihre Hand vor seinen Mund und lächelte ihn an.

„Diese Bibliothek ist magisch. Das Wissen, das hier gelagert ist, ist schier unendlich. Sini ist eins mit dieser Bibliothek geworden. Immer, wenn du eine Frage stellst, wird sie dir diese beantworten. Du findest die Antworten in diesem Buch. Sieh her, das Buch ist gerade aus dem Regal gefallen. Es trägt den Titel: Buchauswahl in der Bibliothek von Poratell. Wenn du es liest, wirst du erkennen, dass dir immer ein Buch mit der Antwort auf deine Frage gegeben wird. Allerdings musst du diese Bücher dann auch lesen. Wenn du deren Schrift nicht kennst, musst du sie zumindest einmal durchblättern. Hier und da sind auch manche Erklärungen in Form von Bildern dargestellt. Erst, wenn du deine Antwort gefunden hast, kannst du das Buch wieder zurückstellen und erst dann kannst du diese Bibliothek verlassen. Also überlege genau, welche Fragen du hier stellst. Du darfst auch kein Buch aus der Bibliothek mit hinausnehmen. Es sei denn, etwas bleibt an dessen Stelle hier. Sini hat beschlossen, mit all ihrem Wissen, diese Bibliothek wieder zum Leben zu erwecken. Sie ist eins mit ihr geworden und bleibt für alle Zeit der gute Geist dieses Orts. Ihr letztes Vermächtnis an uns ist das Buch der Drachengilde, das ist ihr Geschenk an uns. Wir dürfen es mitnehmen, da Sini schließlich hierbleibt. Nun gib mir doch bitte das erste Buch, das, das zuerst aus dem Regal gefallen ist und stelle das zweite doch wieder zurück." Torin tat, wie ihm geheißen wurde. Ihm brannten so viele Fragen unter den Nägeln, aber er wagte es nicht, diese auszusprechen. Er reichte Daphne das grüne Buch und drückte ihr einen Kuss auf die Stirn. Sie nahm das Buch in die Hand und blickte auf den Titel. Sie musste schmunzeln. Es hatte schon etwas von einem Reiseführer. Ähnlich denen, die sie aus der Menschenwelt kannte: „Raus ins Land der Thipfs" stand da. Sie öffnete es und begann es zu lesen. Tatsächlich war es auch wie ein Reiseführer aufgebaut. Sie hatte keine Ahnung gehabt, dass es ein solches Buch überhaupt gab. Vielleicht war es aber auch gerade erst entstanden. Sie überflog das Inhaltsverzeichnis und blieb dann mit ihrem

Finger auf einer Überschrift liegen: „Der schnellste Weg von Poratell ins Land der Thipfs! Magische Reisen für Jedermann!“ stand dort und dann war da noch eine Seitenzahl zu sehen. Es war eine verschwommene Acht zu erkennen. Auf dieser Seite fand sie aber keinen Hinweis. Sie blätterte weiter. Ein kleines Stück weiter fand sie eine Skizze. Darauf waren die drei Bogentüren der Eingangshalle zu sehen. Zwei Personen, die jeweils auf einem Pferd saßen, hielten in ihrer Mitte den Leuchter des Reklafst in die Höhe. So ritten sie dann durch das mittlere Tor nach draußen. Vor dem Tor konnte sie ganz klein eine Thipfs erkennen. Daphne guckte sich die Seitenzahl noch einmal genau an und dann erkannte sie, dass sie auf der Seite 18 war. Jetzt wusste sie, dass die Acht nicht verschmiert war, sondern davor noch die Eins gewesen war. Sie klappte das Buch zufrieden zu und drückte es vorsichtig zurück, genau in den Spalt im Regal, aus dem es gefallen war. Es blieb tatsächlich darinstehen. So einfach hatte sie sich das nicht vorgestellt. „Also gut, es scheint ganz einfach zu sein. Wir werden gemeinsam durch das Tor nach draußen reiten. Lasst uns aufbrechen. Im Moment gibt es hier für uns nichts mehr zu tun.“ Sie nahm das Buch der Drachengilde unter den Arm. Torin ging zurück zu Tisch und holte den Leuchter. Sie sprangen beinahe zeitgleich auf die Pferde. Dann ritten sie gemächlich durch den Speisesaal zurück zur Eingangshalle. Torin, der links von Daphne ritt, nahm den Leuchter in den rechten Arm und hielt ihn in die Höhe. Daphne streckte ihren linken Arm aus und hielt nun auch den Leuchter fest. Sie ritten auf das geschlossene, mittlere Tor zu. Wie von Geisterhand öffnete es sich und die Vier blickten hindurch in einen dunklen Wald, der völlig im

Nebel lag.

„Schon wieder Nebel. Das sieht aber nicht aus wie das Land der Thipfs", sagte Daphne. Trotzdem ritten sie weiter in das unbekannte Land hinein. Mit dem festen Glauben, den richtigen Weg zu finden.

# Bunsold

Sie hatten, so wie sie es in den letzten Wochen häufig taten, zu dritt hier am Rande des Moores gespielt. Es war schon zur lieben Gewohnheit geworden, dass sie die große Schlacht vom Bundowei nachspielten. Natürlich waren sie immer die glorreichen Gewinner der Schlacht. Sie sprangen immer wieder in ihren Rollen hin und her. Mal war einer von ihnen ein Böser und sobald der dann niedergestreckt war, stand er wieder auf und der nächste nahm seine Rolle ein. Stundenlang konnten sie das so machen. Tatsächlich übten sie dadurch auch den Umgang mit ihren riesigen Äxten. Ein Zeichen dafür, dass sie es schon recht gut konnten, war, dass in der Regel keiner von ihnen ernsthafte Verletzungen mit nach Hause brachte. Auch heute waren sie wieder vollkommen in ihrem Element. Die Dämmerung zog bereits über das Moor in Richtung des Waldes und der Vollmond hing bereits am Himmel. Durch den Nebel, der über dem Moor lag, wurde es in ein unwirkliches Licht getaucht.

Ihre Eltern hatten ihnen immer wieder dasselbe eingebläut. Unter keinen Umständen sollte einer von ihnen allein umherziehen. In den letzten Monaten waren immer wieder mal vereinzelnd Kinder spurlos verschwunden. Selbst tagelanges Suchen nach ihnen, sogar im Moor, hatte keinerlei Spuren von ihnen aufdecken können. Sie waren wie vom Erdboden verschluckt.

Die Drei waren so in ihrem Spiel gefangen, dass sie völlig die Zeit vergessen hatten. Doch an diesem Abend war etwas anders als sonst. Bunsold roch es als Erster, diesen merkwürdigen fauligen Gestank. Er wehte vom Moor zu ihnen herüber. Allerdings dachten sich die drei Waldzwergkinder nichts dabei. Dann konnten sie beobachten, wie das Schilf am Rande des Moores anfing zu wackeln. Erst ein wenig und dann immer mehr und auf einmal standen sie da. Es waren die Leverdeser. Keines der Kinder hatte jemals einen Leverdeser gesehen und erst recht nicht hier, außerhalb des Moores. Nun kamen sie direkt auf die Drei zu. Es waren viele und immer mehr traten aus dem Moor heraus. Instinktiv hoben die drei Kinder ihre Äxte. Sie waren bereit für den Kampf. Die Leverdeser kamen immer näher und dann, als sie auf die Kinder trafen, entbrannte eine kurze heftige Schlacht. Einige von ihnen schienen sich gar nicht für diesen Kampf zu interessieren, sie zogen einfach an den Kämpfenden vorbei. Mit Schrecken erkannte Bunsold dann, wo ihr eigentliches Ziel zu liegen schien. Offensichtlich wollten sie zu ihrem Dorf, dem Dorf der Waldzwerge. Die drei Kinder hier standen ihnen dabei einfach nur im Weg.

Bunsold und seine Freunde kämpften, wie sie noch nie zuvor gekämpft hatten. Tatsächlich ging es, und das war ihnen sofortklar, um Leben und Tod. Bunsold musste mit ansehen, wie erst sein erster Freund und dann, nur wenige Augenblicke später, sein zweiter Freund fielen. Das Grauen, dass er dabei mitansehen musste, ließ den Jähzorn in ihn aufsteigen und er kämpfte noch heftiger. Er sah, wie die Leverdeser seine Freunde wie Vieh ausweideten und sich dann deren Haut wie einen Umhang über die Schultern warfen. Wie von Sinnen schlug er um sich und tötete viele der Leverdeser.

„Den nix, den nix! Der gut sein! Der stark. Nehmen

mit!", hörte Bunsold eine grunzende Stimme direkt neben sich und dann war da plötzlich dieser unglaubliche Schmerz an seiner Schläfe und es wurde ganz still und schwarz um ihn herum.

Mit einem dröhnenden Schädel kam er langsam wieder zu sich. Er wusste nicht, wie lange er das Bewusstsein verloren hatte. Der Versuch sich zu bewegen scheiterte jedoch, da er feststellen musste, dass er an Händen und Füßen gefesselt war. Mühselig wurde er äußerst unsanft von einem Leverdeser hinter sich hergezogen. Dieser hatte einfach einen langen Strick an den Füßen des Zwerges angebunden und schliff ihn so hinter sich her. Dabei schlug Bunsolds Kopf immer mal wieder auf dem Boden auf. Zum Glück gingen sie durch das Moor. Der Boden war hier doch recht weich. Dennoch war das für Bunsolds angeschlagenen Kopf eine Qual, er versuchte sich zu orientieren. Es waren viele von diesen stinkenden Wesen und sie hatten offensichtlich ganze Arbeit geleistet. Bunsold konnte erkennen, dass mindestens zwanzig von ihnen es genauso, wie sein Leverdeser es mit ihm tat, machten. Sie zogen jeweils ein Zwergkind hinter sich her. Ein großer Teil der anderen Leverdeser hatte sich, so wie er es auch mit seinen zwei Freunden beobachtete, tote, ausgeweidete Körper übergezogen. Bunsold wurde es übel und er musste sich übergeben. Wohin wollten sie die nur all die Zwergkinder verschleppen? Warum töteten sie sie nicht einfach, genauso, wie sie es ja auch mit den anderen getan hatten?

Irgendwann konnte er das Kampfgeschrei der erwachsenen Zwerge hören. Endlich, Rettung war zu ihnen unterwegs. Der größte Teil der Leverdeser, die die Körper übergestülpt hatten, machte kehrt und zog dem Kampfgeschrei entgegen. Bunsold hörte, dass es plötzlich verstummte und dann konnte er nur noch Schmerzensschreie hören. Sie wurden immer leiser und schließlich verstummten auch sie. Die Leverdeser kamen dann einige Zeit später jauchzend vor Freude zurück. Bunsold nahm das alles nur in Fragmenten und sehr gedämpft wahr. Es war, als wäre rund um ihn herum Watte. Ihm fehlte die Kraft sich zu konzentrieren und seine Augen fielen ihm immer wieder zu, da er immer wieder in die Bewusstlosigkeit abdriftete. Irgendwann dann blieb plötzlich der ganze Tross stehen. Bunsold blinzelte mit seinen Augen. Im Schein des Mondes konnte er ein Gnom erkennen.

„Wir fette Beute gemacht haben. Harsofedus können stolz sein“, krächzte ein der Leverdeser. Der Gnom schritt an den nun in Reih und Glied liegenden Zwergen vorbei, um diese zu begutachten. Ein hämisches Grinsen ging durch sein Gesicht.

„Ja, Harsofedus ist stolz auf euch. Neue Sklaven. Lasst sie uns nach unten schaffen. Dort können wir sie gut gebrauchen“, mit diesen Worten schob er einen dicken Busch aus Gräsern zur Seite. Nun fiel der Blick auf eine dahinterliegende große Steinplatte. Rasch schoben einige der Leverdeser die Platte zur Seite und der Blick auf ein großes Loch wurde frei. Bei näherer Betrachtung konnte man sehen, dass sich dort eine Treppe befand, die in die Tiefe führte. Parallel zur Treppe war eine Art Rinne zu sehen. Der Leverdeser, der dem Eingang am nächsten stand, nahm seinen gefangenen Zwerg und stieß ihn mit seinen Füßen auf die Rinne. Augenblicklich begann der Zwerg in die Tiefe zu rutschen. Er wurde nur von dem Leverdeser am Strick gehalten und so gebremst. Dann ging der Leverdeser los und ließ den Zwerg vor sich her rutschen. Der nächste Leverdeser tat es ihm gleich und so verschwand ein Paar nach dem anderen unter der Erde. Das letzte Paar war das mit Bunsold. Nun war auch er an der Reihe. Wenigstens stieß er hier auf der Rutsche nicht mehr so häufig mit dem Kopf an. Im Anschluss folgten, angeführt von Harsofedus dem Gnomen, der Rest des Gefolges. Das Gemotze und Geschnauze, was die Leverdeser ständig von sich gaben, hallte hier in diesem Gang wider. Die letzten Leverdeser zogen dann von innen die Steinplatte über dem Eingang zurück und verschlossen diesen so. Bunsold konnte nicht mit Sicherheit sagen, wie oft sie die Richtung gewechselt hatten. Diese Treppe schien sich immer weiter in die Tiefe zu winden. Ihm war immer noch hundselend zu mute. Das ständige im Kreis und bergab Gerutsche tat seinen Teil dazu bei. Er wunderte sich nur darüber, dass es hier mitten im Moor überhaupt ein Abstieg gab, der so tief in die Erde hinein reichte. Das hier, direkt im Moor, die Erde so fest und teilweise sogar felsig war. Er hätte eigentlich Schlamm, Matsch oder sogar Wasser erwartet. Wo würde diese Treppe bloß enden?

Nach einer ganzen Weile waren sie endlich unten angekommen. Bunsolds Schädel brummte immer noch. Er fand sich in einem großen, sehr alt anmutendem, Saal wieder. Diverse Banner waren wohl schon vor sehr langer Zeit, in die steinernen Wände eingeschlagen worden. Fackeln, die in eisernen, an der Wand angebrachten, Haltern steckten, tauchten den Saal in ein eher spärliches Licht. Am Ende des Saales stand ein riesiger, eiserner Käfig. Darin lagen bereits, soweit es Bunsold beurteilen konnte, einige Zwerge reglos auf dem Boden. Die Leverdeser zogen die neuen

Gefangenen neben den Käfig und ließen sie dort liegen.

„Ihr Kinder der Zwerge, seht her und hört mir gut zu! Ich möchte mich nur sehr ungern wiederholen. Man nennt mich Harsofedus und bin der Herrscher des Moores von Remasgnal. Dies hier wird nun für eine Weile euer neues Heim werden“, bei diesen Worten wies der Gnom auf den Käfig und er öffnete dessen eiserne Tür. Dann fuhr er fort:

„Wenn ihr uns zu Diensten seid, dann könnt ihr, nach erbrachter Leistung selbstredend, als freie Zwerge diese Halle wieder verlassen. Ich werde auch das erbärmliche Leben eurer Eltern verschonen, wenn ihr genau das tut, was wir euch sagen. Diese Entscheidung obliegt allein euch. Geht hinein und ich werde Wort halten.“ Mit einer Handbewegung wies er die Leverdeser an, die Fesseln der Zwerge zu lösen. Bunsold glaubte diesem Gnomen kein einziges Wort, doch er war zu schwach sich zur Wehr zu setzen und so ging er, wie auch all die anderen, mit gesenktem Kopf hinein in den Käfig. Harsofedus rieb sich die Hände vor Freude. Jetzt hatten sie endlich genug Sklaven. Nachdem alle Zwerge in den Käfig gegangen waren, schloss Harsofedus die Tür und begann laut zu lachen. Die Zwerge bekamen von all dem jedoch nichts mehr mit. Sie waren in seinem Timeiron, dem Zeitenkäfig, gefangen.

Der Zufall hatte damals einen kleinen Trupp von sieben Leverdesern in diesen Treppenabgang hinab geschickt. Sie waren nach Jahrhunderten die ersten, die den Thronsaal betraten. Schnell hatten sie den ganzen Saal nach brauchbaren Dingen durchsucht. Einer von ihnen hat dann den Käfig, der dort stand, geöffnet und somit unwissentlich den letzten Gefangenen von König Abdakuss befreit. Das war der Gnom Harsofedus, damit hatte er seine Freiheit wieder. Der brauchte einen Moment, um sich neu zu orientieren. Schnell erkannte er aber, dass diese stinkenden Wesen ihm durchaus dienlich sein konnten, und so machte er sich seine eigene Intelligenz zu Nutzen und unterwarf sie. Schnell hatte er sie so eingewickelt, dass sie ihn als seinen König anerkannten. Er wusste um die Reichtümer, die hier irgendwo im Palast versteckt oder vergraben waren, doch waren diese Leverdeser einfach zu dumm, um ihm bei der Suche zu unterstützen. In ihm wuchs der Gedanke sich andere Hilfe zu organisieren. Er lehnte an dem Käfig und er erkannte dabei, dass das der perfekte Ort war, um Sklaven darin zu halten.

## Die Nebel des Bodachs

Daphne und Torin waren nun schon eine ganze Weile durch dieses äußerst seltsame Land geritten. Alles schien hier von diesem Nebel umschlossen zu sein. Dadurch war hier auch alles von einer Feuchtigkeit überzogen. Das Plätschern des Wassers schien von überall an ihre Ohren zu gelangen. Es sammelte sich an den Blättern und Blüten und irgendwann fiel es dann zu Boden. Torin schätzte, dass man ungefähr fünf Meter weit gucken konnte. Er wunderte sich, dass sie nicht ständig irgendwo gegen ritten. Doch die beiden Pferde hatte einen guten Instinkt und ritten beinahe automatisch immer den rechten Weg entlang. Plötzlich erkannte Torin auf einem riesigen, grünen Blatt, das ihnen in den Weg hineinragte, ein Tier. Es sah aus wie eine überdimensional große Nacktschnecke. Sieh ähnelte genau denen, die er aus seinem Garten in Grevenbroich kannte. Nur war diese hier wesentlich größer. Wäre Herr Baltasar jetzt bei ihnen, hätte er sich ganz bequem hinter dieser riesigen Schnecke verstecken können. Er schätzte ihr Gewicht auf gute fünfzig Kilogramm. Ihre Augen waren an zwei langen Stängeln, die direkt an ihrem Kopf saßen, angebracht. Sie wippten die ganze Zeit ein wenig hin und her und blickte die Vier interessiert an.

Erschrocken blieben die beiden Pferde stehen. Ganz langsam glitschte die Schnecke von ihrem löchrigen Blatt herab. Als sie das Blatt beinahe verlassen hatte, schnellte dies, befreit von dem Gewicht der Schnecke, in die Höhe. Dabei schleuderte ein Gemisch aus Wasser und Schleim umher. Die einzige Verbindung, die zwischen Boden und

Blatt blieb, war ein ganz feiner Faden, der aus Schleim zu bestehen schien.

„Welch befremdlich anmutende Wesen doch hier meinen Weg kreuzen“, begann die Schnecke ganz langsam an zu sprechen. „Ihr wisst schon, dass hier Wesen wie ihr nicht sein dürfen?“, fragte sie darauf. Dabei kam sie langsam aber stetig näher. Man konnte kaum erkennen, wie sie sich bewegte. Lediglich eine kontinuierliche Wellenbewegung, die durch ihren Körper lief, war zu sehen. Die beiden Pferde machte das allerdings, angesichts der Größe dieser Schnecke, langsam nervös und Daphne und Torin hatten alle Mühe sie ruhig zu halten. Die Schnecke erkannte die aufsteigende Furcht der Pferde und blieb daraufhin sofort stehen. Es schien, als führte sie ihre Augen noch ein Stück weiter in die Höhe. Dann blieben diese wippend stehen und fixierten die Vier.

„Oh ha. Ich wollte euch keine Angst einjagen. Vor mir braucht ihr euch mit Sicherheit nicht zu fürchten“, fuhr sie fort. „Ich kann euch, wenn ihr das wollt, von hier wegführen. Allerdings müsst ihr uns dann schon vertrauen. Vielleicht könnt ihr uns sogar helfen.“ Daphne blickte Torin an. Der zog die Schultern leicht nach oben, aber er nickte ihr dennoch zustimmend zu.

„Was genau können wir für euch tun? Was bedeutet uns?“, fragte Daphne an die Schnecke gewandt und die erwiderte darauf:

„Oh, das klingt doch gut. Folgt mir und ich werde euch zu den anderen führen. Dann werdet ihr sehen, was ihr für uns tuen könnt.“ Die Schnecke drehte sich um und ging, wobei das nicht der richtige Ausdruck für ihre Fortbewegung war, es war eher ein Gleiten, direkt in das Grün am

Wegesrand hinein. Merkwürdigerweise schien es so, als würden ihr die einzelnen Gewächse Platz machen. Sie wichen hinter ihr auch nicht wieder zurück, so dass die Zwei, die mittlerweile von den Pferden abgestiegen waren, um sie hinter sich her zu führen, folgen konnten. Hinter den Pferden schloss sich dann das Grün wieder wie ein Vorhang, aber immer so, dass genügend Abstand zu der Gruppe blieb. Es dauert eine Wenig, doch irgendwann fanden dann auch die Pferde ihre Ruhe wieder.

Für eine Schnecke kam sie recht schnell voran. Während der ganzen Zeit brummelte sie etwas in ihren, wenn man das so sagen konnte, Bart hinein. Ab und zu konnten die Zwei ein paar Wortfetzen verstehen. Allerdings ergaben sie keinen wahren Sinn:

„… welch Freude … können uns helfen … zu viel Salz …“ Rund um sie herum hatte sich der Nebel in den Kronen festgesetzt und überall tropfte stetig das Wasser von den Blättern. Das hatte eine durchaus entspannende Wirkung auf die Gruppe. Nach einer Weile begann die Schnecke dann erneut:

„Wir sind gleich da. Erschreckt bitte nicht. Wahrscheinlich sind einige von uns am Sammelplatz. Wir sind sehr wissbegierige und neugierige Genossen. Von uns geht für euch keine Gefahr aus. Bitte lasst uns ein wenig Zeit und dann werde ich euch alles erklären.“ Dann bogen sie um eine Ecke und vor ihnen tat sich eine große Ebene auf. Auf ihr wuchs nichts mehr. Kein Wunder, hie wimmelte es von diesen merkwürdig großen Schnecken. Eine dicke Schicht von Schleim lag hier auf dem Boden. Als die Schnecken die Gruppe kommen sahen, drehten sich alle in ihre Richtung um und alle fuhren ihre Augen in die Höhe, damit sie die

Gruppe besser erkennen konnten. Hinter der Ebene konnten sie einen breiten weißen Streifen erkennen und dahinter lag ein üppig bewachsener Berg, aus dessen Grün eine Art Burg herausragte. Auf dem einen Turm war eine Fahne gehisst. Auf ihr war eine Schecke zu erkennen.

„Das Weiße, was ihr da seht, ist eine dicke Schicht aus Salz.“, begann die Schnecke, die sie hierhergeführt hatte. Dann fuhr sie fort: „Diese Schicht ist rund um das Land, auf dem die Burg steht, gezogen. Niemand weiß genau, an welchem Tag sie dort aufgetaucht ist und wer sie warum dort platziert hat. Doch können wir Schnecken seit jenem Tag nicht mehr zu unserer Königin gelangen. Viele haben es versucht, doch sobald wir mit dem Salz in Berührung kommen, lösen wir uns unter größten Schmerzen auf. Nun hoffen wir doch sehr, dass ihr uns bei unserem Problem behilflich sein könnt.“ Daphne blickte Torin fragend an. Hatten sie die Zeit, diesen Schnecken hier zu helfen? Torin grübelte schon die ganze Zeit und dann hatte er den zündenden Einfall. Er hatte so viele verschiedene Pflanzenarten auf dem Weg hierher gesehen. Damit sollte sich doch etwas konstruieren lassen. Er nickte Daphne zu und sprach:

„Ich glaube, da können wir tatsächlich behilflich sein. Allerdings müsstet ihr uns dabei unterstützen.“ Torin ging durch den Schleim hindurch. Die Schnecken wichen zur Seite und ließen ihn passieren. Am Salz angelangt, trat Torin vorsichtig darauf auf. Es war hart und stabil. Der Schleim, der unter seinen Schuhen klebte, löste sich als er mit dem Salz in Berührung kam auf und versickerte im Salz. Auf ungefähr zehn Meter schätzte er die Breite des Salzstreifens. Vorsichtig machte er drei,vier Schritte auf das

Salz. Es trug ihn, das war gut. Er drehte sich um und sprach zu den Schnecken:

„Auf unserem Weg hierher sind wir an großen Bambusstangen vorbeigekommen. Davon brauchen wir einige. Könnt ihr diese vielleicht unten am Boden abkauen? Ich brauche auch einige von den großen Blättern und einiges von dem Schilfgras zum Binden. Über die großen Blätter könnt ihr dann gleiten. Es wäre großartig, wenn die keine Löcher hätten. Wenn wir die Sachen bündeln, können wir sie mit den Pferden hierherziehen. Ich will für euch und für uns eine Brücke bauen.“ Daphne war erstaunt. Sie wusste um die handwerklichen Fähigkeiten ihres Mannes. Dass er nun alles so straff organisierte, gefiel ihr gut. Sie setzte sich an den Rand der Ebene, nahm das Buch der Drachengilde und begann darin zu Blättern. Denn sie suchte immer noch nach Hinweisen.

An diesem Abend schafften sie es noch, einen üppigen Berg der verschiedenen Baumaterialien kurz vor dem Salzstreifen anzuhäufen. Torin begutachtete die Materialien und beschloss dann, erst am nächsten Tag mit dem Bau zu beginnen. Die Vier gingen ganz an den Rand der Ebene, um dort ihr Lager aufzubauen. Allerdings dauerte es eine Weile, bis sie einen Platz fanden, auf dem nicht so viel Schleim herumlag. Sie nahmen zwei der großen Blätter und benutzten sie als eine Art Bett.

„Es war gut, dass wir beschlossen haben, den Schnecken zu helfen“, begann Daphne. Sie nahm das Buch in die Hand, blätterte es auf, und zeigte dann auf eine Stelle. Dann fuhr sie fort: “Schau mal hier, das sieht doch genauso aus wie diese Burg. Ich glaube dort werden wir einen Hinweis erhalten, wie wir in das Tal der Thipfs gelangen.

Natürlich könnten wir auch einfach über das Salz in die Burg reiten, aber ich denke es ist wichtig, dass wir dem Volk der Schnecken wieder einen Zugang zu deren Königin ermöglichen." Torin stimmte ihr zu. Sie lagen noch nicht lange da, da hatte sie ihre Müdigkeit auch schon übermannt und sie waren eingeschlafen.

Am nächsten Morgen begann Torin damit, eine Lage aus dicken, langen Bambusstäben in einem Abstand von einem halben Meter quer über den Salzstreifen zu legen. Danach legte er jeden halben Meter eine Bambusstange längs darüber. Er verschnürte mit dem Schilfgras die einzelnen Stäbe an allen Stellen, an denen sie sich kreuzten, fest miteinander. Dadurch entstand ein ordentliches und vor allem sehr stabiles Fundament. Im Anschluss daran legte er noch einmal, in einem halben Meter Abstand, eine Lage quer zum Salz oben auf und befestigte diese, genau wie vorher, mit Schilfgras an der darunter liegenden Lage. Jetzt legte er in die Zwischenräume einfach lose weitere Bambusstangen. Am Schluss befestigte er diese jeweils an den Enden locker mit den festen Stangen. Jetzt legte er die großen Blätter, die - und das rechnete er den Schnecken tatsächlich hoch an - keine Löcher hatten, oben auf. Insgesamt legte er vier Lagen. Ganz ordentlich, die erste von vorne nach hinten, die zweite von links nach rechts. Bei den andere zwei Lagen wiederholte er das. Schon, keine vier Stunden später, war die grüne Brücke über das Salz fertig und vor allem stabil und begehbar.

Die Schnecken hatten das die ganze Zeit beobachtet und standen jetzt in einer Art Halbkreis vor der Brücke. Einige von ihnen waren damit beschäftigt, die Reste des Baumaterials zu verspeisen. Torin stellte sich auf die Brücke. Er war stolz. Sie war stabiler geworden als er dachte und sie sah dabei auch noch richtig gut aus. Er blickte die Schnecken an und sprach zu ihnen:

„Nun könnt ihr endlich zurück zu eurer Burg und eurer Königin. Wir sind froh, dass wir euch helfen konnten. Ich kann euch nicht sagen, wie lange diese Brücke hier halten wird. Ihr solltet gelegentlich die Blätter darauf erneuern. Leider müssen wir bald schon weiterziehen. Allerdings würden wir gerne in das Innere eurer Burg, um dort nach Hinweisen zu suchen, die uns zurück ins Land der Thipfs bringen."

„Begleitet uns doch bitte in unsere Burg. Ich denke, dass unsere Königin eurem Wunsch entsprechen wird", begann die Schnecke. Es war die, der sie damals auf dem Weg begegnet waren. Torin wusste auch nicht wie, aber er konnte sie tatsächlich unter all den anderen erkennen. So überquerten die Schnecken die Brücke. Angeführt wurden das Rudel der Schnecken, wenn man es so nennen mochte, von Torins Schnecke, die neben ihm und Daphne, die auf den Pferden saßen, daher glitt.

Die Ebene leerte sich allmählich und nun sah es so aus, als wäre dort ein See, der allerdings aus Schleim bestand. Auf dieser Seite der Brücke war die Vegetation üppig. Hier hatten offensichtlich schon länger keine, oder nur sehr wenige Schnecken etwas von dem Grün abgefressen. Torin fand es äußerst interessant, wie diese Schnecken, während sie, sollte er sagen, gingen, fraßen. Er blickte zurück und war erstaunt. Hinter ihnen entstand eine breite Schneise, die sich jetzt durch das Grün zog. Es war unvorstellbar, welche Mengen diese Schnecken vertilgen konnten. Zurück blieb nur dieser Schleim.

Von den Ebenen aus hatte die Burg doch recht nahe gewirkt. Jetzt merkten sie allerdings, dass sie bestimmt einen Tagesmarsch brauchen würden, um dorthin zu gelangen. Hin und wieder, wenn „ihre“ Schnecke mal nicht an irgendetwas herum fraß, versuchte sie mit Torin und Daphne Konversation zu treiben. Allerdings hatte Daphne schon all ihre Informationen, die für ihr Weiterkommen wichtig zu sein schienen, aus dem Buch herausgeholt. Sie wollte nur noch in diese Burg denn dort würden sie bestimmt ihrem Ziel ein wenig näherkommen. Denn, sind wir ganz ehrlich, obwohl die Schnecken sehr freundlich zu ihnen waren, so richtig wohl fühlte man sich in ihrer Gegenwart nicht.

Spät am Abend machten sie Rast. Die Schnecken zogen weiter Richtung Burg, nur „ihre“ Schnecke blieb bei ihnen.

„Ich werde euch morgen, wenn es euch recht ist, unserer Königin vorstellen“, sagte sie und ohne eine Antworte abzuwarten, kroch sie unter einen morschen Baumstamm, um dort die Nacht zu verbringen. Daphne und Torin bereiteten sich auch ein Lager. Die beiden Pferde blieben, so wie sie es immer taten, einfach neben ihnen stehen. Nach einer kurzen Zeit wurde das schleimige Knatschen und Knabbern immer leiser den die Armada aus Schnecken zog, alles Grüne auffressend, weiter in Richtung Burg. Am nächsten Morgen wachte Torin, geweckt von den Sonnenstrahlen, die ihm ins Gesicht fielen, vor Daphne auf. Er richtete sich auf und blinzelte genau in die Sonne. Die ging gerade in der Ferne genau über der Schneckenburg auf. Der Anblick war gigantisch. Gestern noch konnten sie die Burg so gerade über dem Grün erkennen. Heute war da eine Schneise. Kahl gefressen von den Schnecken, die zu ihrer Königin wollten. Es wirkte so, als hätten sie extra für sie diesen Weg angelegt. Mit einem sanften Kuss weckte Torin seine Frau.

„Sieh nur. Wir haben ihnen gestern den Weg bereitet und nun haben sie in der Nacht uns den Weg frei gemacht", sagte er mit einem Lächeln auf den Lippen. Circa 20 Meter vor ihnen saß, voller Ungeduld ihre Schnecke. Sie hatte ihre Fühler weit ausgestreckt und blickte sehnsüchtig in Richtung Burg. Die Beiden machten sich rasch reisefertig und stiegen dann auf die Pferde. Erneut waren sie davon beeindruckt, wie schnell diese Schnecke doch sein konnte, wenn sie es denn nur wollte.

Es war erstaunlich, wie wenig Schleim auf diesem Weg lag und so kamen sie nach einiger Zeit am Eingang der Burg an. Vor der Burg wimmelte es von Schnecken. Es schien, als würden sie darauf warten, dass ihre Königin bald erschien. Ohne auch nur ein Wort zu sprechen, wichen die Schnecken zur Seite und machten so Platz für die zwei Reiter auf ihren Pferden. An der Burg angekommen stiegen Daphne und Torin von den Pferden ab. Sie wollten der Schnecke durch das große steinerne Tor in das Innere der Burg folgen. Die Schnecke blickte kurz zurück und sagte dann:

„Nehmt eure Pferde ruhig mit. Ich sehe, dass sie sich ohne euch dort nicht wohl fühlen." Tatsächlich wirkten die beiden Pferde sehr nervös und so nahmen die Beiden die Pferde und führten sie mit in das Innere der Burg. Zuerst gingen sie durch eine Flur. Er war eher schmucklos. Schließlich gingen sie auf eine schwere, doppelflügelige Holztür zu. Als sie diese erreichten, öffneten sich diese wie von Geisterhand. Vor ihnen lag ein großer, sehr hoher

Raum. Dies war offensichtlich der Thronsaal. Denn am anderen Ende stand ein großer Thron. Hinter ihm sahen sie drei hohe Fenster. Durch die beiden äußeren Fenster drang das Tageslicht in den Saal hinein. An den beiden Flanken des Raumes waren jeweils vier Fenster mit bunten Gläsern darin, sie liefen nach oben spitz zu. Durch die vielen Fenster war der Raum erfüllt von einem sehr wechselhaften Licht. Torin erinnerte das doch sehr an eine Kirche. Nur das Fenster, das direkt hinter dem Thron war, war dunkel und undurchsichtig. Es schien so, als wäre schwarzes Glas darin verbaut wurden. Daphne war völlig fasziniert davon, denn sie hatte jetzt eine Ahnung was dieses Fenster in Wirklichkeit sein konnte. Dann auf einmal begann die Schnecke, die auf dem Thron saß, zu sprechen. Sie sagte:

„Seid gegrüßt Fremde. Noch nie haben solche wie ihr es seid diese Burg betreten. Wenn ich genau nachdenke, waren auch noch nie solche wie ihr in unserem Land. Dennoch habt ihr, ohne zu zögern, meinem Volk geholfen und es wieder zu mir geführt. Ihr habt uns einen Weg aufgeführt, wie wir dieses Salz überwinden können. Daher möchte ich euch dafür von ganzem Herzen Dank sagen. Gibt es vielleicht einen Wunsch, den ich im Stande bin, euch zu erfüllen?“ Daphne blickte der Schnecke in ihre Fühleraugen und begann dann ehrfürchtig zu sprechen:

„Ich kann mir vorstellen, dass es für euch nicht einfach ist, uns hier zu empfangen. Unser Wunsch ist es, zurück in ein anderes Land zu gelangen. Doch wissen wir nicht wie. Genau wie euer Volk den Weg nicht kannte, genauso kennen wir den Weg nicht. In diesem Buch“, bei diesen Worten zeigte Daphne auf ihr Buch „dem Buch der Drachengilde steht, dass dieses schwarze Fenster hinter euch uns dahin führen kann. Leider steht dort nicht, wie es uns dabei behilflich sein kann. Vielleicht könnten eure Majestät uns dabei helfen?“ Die Königsschnecke fuhr ihre Fühler ein wenig weiter aus und ihre Augen begannen dabei leicht zu wippen. Für einen Moment schien es so, als würde sie das Buch in Daphnes Hand fixieren, als könne sie es, mit ihrem Blick allein Daphne es aus der Hand entreißen. Doch dann sprach sie sanft:

„Nun gut. Ich kenne das Buch, denn es stammt aus meinem Reich. Hier wurde es vor langer Zeit erschaffen. Es ist seit Jahrzehnten verschollen und ich weiß nicht, woher ihr es habt. Ich denke jedoch, dass ihr es zu Recht erlangt habt. Gerne würde ich es hier bei uns behalten, doch es ist nicht mein Recht, es euch zu entwenden. Ich kann und möchte euch helfen. Bitte legt das Buch dafür hier auf dem Pult vor mir ab und schlagt es auf der siebzehnten Seite auf. Dann tretet bitte zurück. Ich werde die Magie für euch entfalten. Denk daran, du musst, egal was auch passiert, als letzte von euch gehen. Bevor du gehst, nimm auch das Buch an dich. Denn es ist in eurem Besitz und so soll es auch bleiben.“ Daphne ging langsam auf die Königin zu. Sie hatte so ein Bauchgefühl und war sich sicher, dass sie der Königin vertrauen konnten. Behutsam legte sie das Buch vor sie auf das Pult. Sie schlug es auf und blätterte zur gewünschten Seite. Sie blickte hinein. Auf dieser Seite war ein Bild des Thronsaals abgebildet. Daphne war erstaunt. Sie sah auf dem Bild die Königin auf ihrem Thron, vor ihr ein Pult, auf dem ein Buch lag, dann waren da noch eine Frau, ein Mann, zwei Pferde und, etwas weiter hinten im Raum, eine Schnecke zu sehen. War dieses Bild gestern auch schon so? Daphne konnte sich nicht genau erinnern. Nein, gestern Abend war auf diesem Bild mit Sicherheit nur die Königin im Thronsaal zu sehen gewesen. Doch nun war das Bild so wie heute war. Lediglich eins stimmte auf diesem Bild nicht mit dem hier und jetzt überein, Daphne erkannte den Unterschied sofort. Es war das schwarze Fenster. Denn auf dem Bild war es …

Die Königin öffnete ihren Mund und es erklang ein merkwürdiger Gesang, der den Raum augenblicklich ausfüllte. Es wurde ein wenig heller.

## Aufstellung

Flowneklaf stieg rasch auf sein Pferd und drängelte so Deilnelees und Alan, es ihm gleich zu tun. Dann nahmen sie in mittlerweile gewohnter Manier ihre Aufstellung auf. Die Pferde stellen sich mit ihren Köpfen zueinander und Kiesbart stellte sich direkt neben die Gruppe. Er konnte es kaum erwarten, zurück ins Land der Thipfs zu kommen. Deilnelees und Alan blickten Flowneklaf fragend an.

„Ich werde es euch gleich erklären, wenn wir im Land der Thipfs angekommen sind. Es ist doch einiges anders, als ich es vermutet hatte“, sagte Flowneklaf mit ruhig Stimme und fuhr dann fort: „Ein Beweis dafür liegt hier direkt vor euch. Es ist ein toter Leverdeser, seine Gattung ist mit dem großen Ausbruch untergegangen und gilt seitdem als ausgestorben. Doch sind wir erstaunlicherweise auf einige von ihnen gestoßen. Sie machen mit dem Schalatachter gemeinsame Sache und pflegen ihn offenbar gesund. Wir brachten seinen Leichnam mit hierher, damit die Seinigen ihn nicht finden. Ich glaube nicht, dass sie ihn dort unten vermissen werden. So stellen wir sicher, dass sie keine Ahnung davon haben, dass wir von ihrem Aufenthaltsort wissen. Geschweige denn, dass wir bei ihnen waren. Hier können wir ihn liegen lassen, denn hierher gelangen sie nicht. Bitte seid doch so nett und öffnet uns ein Tor zum Land der Thipfs. Wir haben gute Neuigkeiten für Lezruw.“ Die drei Pferde berührten sich an ihren Köpfen und augenblicklich öffnete sich ein Tor.

Kiesbart überlegte nicht lange. Er machte einen gewaltigen Satz durch das Tor, um dann mit ein paar riesigen Sätzen direkt in den Bach hinein zu springen. Dort riss er sein Maul auf und ließ das Wasser hindurch laufen. Langsam ließ dieser ekelige Geschmack in seinem Maul nach und er entspannte sich wieder ein wenig. Schon viele verschieden Wesen hatte er in seinem Leben zwischen seine Lefzen bekommen. Manche als Nahrung und andere wiederum während diverser Kämpfe. Dieser Leverdeser allerdings war so ziemlich das ekeligste, was er jemals hatte schmecken müssen.

„Sind Lezruw und Anna oder die anderen schon zurück?", rief Flowneklaf Zanderuska zu. „Ich glaube ich habe gute Nachrichten für ihn." Zanderuska hatte beobachtet, wie sich das Tor geöffnet hatte und zuerst Kiesbart und im Anschluss die Drei auf den Pferden hindurch geritten kamen. Ein wenig traurig musste sie diese Frage verneinen. So allmählich machte sie sich dann doch Sorgen über den Verbleib von Lezruw. Das Tor schloss sich hinter den ihnen und Zanderuska antwortet mit Lächeln:

„Nein, leider nicht. Ich habe noch von niemanden etwas gehört. Ihr seid die ersten, die zurückkommen. Sag, was sind das für gute Nachrichten, die ihr mitbringt?" Die Drei stiegen von ihren Pferden ab. Dann bedankten sie bei ihnen. Sie wandten sie sich Zanderuska zu und Flowneklaf berichtete von dem Erlebten. Zanderuska freute sich sehr über diese Nachrichten, allerdings kam auch gleichzeitig Sorge in ihr auf. Was, wenn Lezruw sich nun wieder seiner Art zuwandte? Doch das warme Gefühl von Sehnsucht und Liebe versuchte diese Sorge im Keim zu ersticken.

# Reise, Rast und Freiheit?

Solis und Lezruw flogen einige Stunden einfach über den Wolken dahin. Dabei ließ sie ihn all ihre Gedanken lesen. Und so erkannte er, dass tief unter den Minen ein riesiger Schatz begraben lag. Die wahre Größe und Tragweite dessen, was dort im Verborgenen schlief, konnte er nicht erfassen. Er wusste aber, dass dieses Geheimnis niemals zu Tage kommen durfte. Er spürte ihr Glück und ihre Freude, aber auch die Sorge, die dieses Wissen mit sich gebracht hatte. Nun teilte er diese Sorge mit ihr und ihm war klar, dass auch er diesem Geheimnis bis an sein Lebensende verpflichtet sein würde. Für die Schönheit der Welt hier oben über den Wolken und dem sagenhaften Lichtspiel, das die untergehenden Sonnen gerade für sie aufzuführen im Begriff war, hatte keiner der Beiden ein Auge zur Verfügung. Irgendwann spürte Solis, das Lezruw fröstelte. Sie rappelte sich kurz einmal und kam dadurch aus ihrem tranceartigen Zustand zurück ins Hier und Jetzt. Sie erschrak - es war schon beinahe dunkel. Sie wusste nicht einmal mehr, wo sie überhaupt waren. Auch Lezruw war bis zu diesem Moment in seinem Tagtraum gefangen gewesen. Ihm war kalt. Er drückte sich noch fester an Solis, die bereits nach einem geeigneten Platz zum Übernachten Ausschau hielt.

Die Landschaft hier war ein wenig hügelig und zum Großteil bewaldet. Allmählich wurden die gerodeten, meist rechteckigen Flächen immer häufiger. Offensichtlich wurde hier Ackerbau oder Viehzucht betrieben. Lezruw entdeckte die Lichter hinten am Horizont als erster. Dort war bestimmt ein Dorf oder eine Stadt. Leider konnte er nicht abschätzen, ob ihnen hier die Bewohner wohlgesonnen gegenüberstanden. Drachen waren in den letzten Jahrzehnten äußerst selten geworden. Die meisten der Bewohner kannten sie nur noch aus Erzählungen oder hielten sie schlicht weg für Ammenmärchen. Aber bei einem waren sich viele einig: Drachen waren schon immer böse und gefährlich. Direkt unter ihnen lag auf einem Hügel ein kleiner Wald. An dessen Rand stand ein kleines, aber sehr solide gebautes Bauernhaus. Direkt daneben war eine große Scheune angebaut und wiederum daneben waren einige abgezäunte Weiden zu sehen. Auf der großen Weide direkt vor der Scheune standen einige Pferde.

„Vielleicht sollten wir hier unser Glück versuchen?", fragte Lezruw. Solis glitt leise zu Boden und landete sanft vor der Tür des Wohnhauses. Lezruw blickte durch ein Fenster hinein.

Warmes Licht kam aus der Wohnstube und er sah eine dreiköpfige junge Familie, die ungezwungen beim Essen zusammensaßen. Die junge Frau streichelte gerade ihrem Buben über das blonde, strubbelige Haupt und blickte dabei ihren Mann an, der ihr gegenübersaß. Man konnte sehen, dass alle von der harten Arbeit hier gezeichnet waren, aber Lezruw erkannte auch die Freude am Leben und die Liebe, die diese Familie verband. Er bat Solis, sich ein wenig im Schatten des Stalles aufzuhalten und dann klopfte er mit seiner Faust an die Tür des Hauses. Er hörte, wie das freundliche Lachen in der Stube augenblicklich verstummte. Dann hörte er die Stimme der Frau, die ihren Mann leise fragte:

„Erwartest du noch jemanden? Wer kann das sein? Zu

einer solchen Uhrzeit? Ich habe die Hunde nicht gar nicht gehört“, hörten sie von innen, dann öffnete sich die Tür und der Mann, der gut zwei Köpfe größer war als Lezruw, stand im Türrahmen.

„Was kann ich für euch tun?“, fragte er höflich. Lezruw erkannte die Furcht in den Augen seines Gegenübers. Er war sich seines furchteinflößenden Aussehens bewusst. So nützlich es auch manchmal sein konnte, gerade störte es ihn doch erheblich.

„Verzeiht die späte Störung. Ich hätte nicht gewagt, euch zu dieser späten Zeit zu stören, aber ich, also wir zwei, bräuchten einen Schlafplatz für die Nacht. Wir fallen auch nicht weiter zur Last und euer Schaden soll es auch nicht sein“, versuchte Lezruw freundlich zu eröffnen. Bei diesen Worten zeigte er hinter sich, damit der Mann Solis sehen konnte. Der Blick des Mannes folgte seiner Geste und dann sah Lezruw für einen kurzen Moment die Panik in den Augen des Mannes. Genau in diesem Moment stürmte der Bub, der bis dahin hinter seinem Vater gestanden hatte, an ihm vorbei. Er versuchte noch seinen Sohn aufzuhalten, doch hatte keine Chance. Geschwind wie ein Wiesel huschte er auch an dem Zwerg vorbei und ruck zuck stand er vor Solis.

„Komm sofort da weg!“, rief der Vater mit ängstlicher Stimme und weiter: „Du weißt nicht, was das ist.“ Er versuchte hinter seinem Sohn her zu eilen, um ihm zu helfen. Dabei stieß er Lezruw zur Seite. Nun konnte Lezruw durch die Tür auf die Mutter sehen. Er erkannte ihren sorgvollen Gesichtsausdruck.

„Ihr habt nichts zu befürchten, wir suchen nur einen sicheren Platz für die nächsten Nächte. Seht, eurem Sohn geschieht nichts", als Lezruw das sagte, senkte Solis langsam ihren Kopf und der kleine Bub berührte Solis vorsichtig mit seinen Händen.

„Boa. Die ist ja total hübsch und ganz weich. Seht, ihre Haare sehen genauso aus wie die von unseren weißen Pferden. Darf ich sie behalten?" Langsam ging der Vater zu seinem Sohn. Er wollte ihn vorsichtig zur Seite ziehen und damit in Sicherheit bringen. Als er bei den zweien ankam sah er, warum seine vier Wachhunde nicht angeschlagen hatten. Sie standen neben Solis, blickten sie erwartungsvoll an und wedelten freundlich mit ihren Schwänzen. So, als wollten sie ein Rudelmitglied begrüßen. Auch die vielen weißen Pferde, die auf der benachbarten Koppel standen, drängelten sich am Zaun, beinahe so als würden sie zu dem Drachen gehen wollen. Solis drückte den Jungen mit ihrem Kopf vorsichtig ein Wenig nach hinten, dann ging sie behutsam die paar Schritte zur Koppel. Als sie dort ankam begrüßten die Pferde sie mit wildem, freudigem Gewieher. Lezruw war sich nun ganz sicher: Das müssen die Nachkommen der Pferde von der großen Ebene sein. Sie spürten wohl das Fohlen in Solis, das ja schließlich ein Teil von ihr war. Solis drehte sich wieder um und ging dann zum Jungen zurück. Lezruw rief von Weitem:

„Und jetzt halte dich mal gut fest kleiner Mann." Bei diesem Worten machte Solis eine geschickte Bewegung, so dass sich der kleine Junge im Handumdrehen auf ihren Schultern wiederfand und dann hob sie auch schon ab. Der kleine Junge quietschte vor Freude und so drehte Solis mit ihm eine kleine Runde durch die Luft. Nicht zu weit, damit sie nicht gesehen wurden und nicht zu hoch, damit der

Junge keine Angst bekam.

„Wo will der Drache mit meinem Jungen hin?“, hörte Lezruw die verzweifelte Stimme der Mutter. Der Vater kam nun schnell herbeigeeilt, um bei seiner Frau zu sein.

„Ich sagte doch bereits: Ihr habt nichts zu befürchten“, erwiderte Lezruw und er fuhr fort: „Der Drache ist ein Mädchen und heißt Solis. Sie ist noch sehr jung und möchte eurem Jungen eine kleine Freude machen. Solis hat die reine Seele eures Jungen gespürt. Habt keine Angst. Seht da, sie sind schon wieder zurück.“ Genau in diesem Moment landete Solis sanft vor dem Haus. Der kleine Bub rutschte von ihren Schultern und rannte freudig zu seinen Eltern zurück. Dabei rief er laut:

„Das war so toll. Habt ihr das gesehen? Vater, komm her, du musst den Drachen auch mal streicheln.“ Die Mutter legte Lezruw eine Hand auf die Schulter, blickte ihm tief in die Augen und sagte:

„Verzeiht. Ihr und euer Drachen seid hier willkommen. Versteht unsere Angst. Wann trifft man zu diesen Zeiten schon mal auf einen echten Zwerg? Und dann ist er auch noch in Begleitung eines Drachens. Ihr müsst mir schon recht geben, dass der Ruf von euch Zwergen nicht wirklich besser als der Ruf der Drachen ist. Wir sehen jetzt, dass ihr nichts Böses im Schilde führt. Daher möchten wir euch Beiden helfen. Es war an der Zeit, dass ihr zu uns kommt.“ Den letzten Satz verstand Lezruw nicht.

„Wenn Solis und ich vielleicht ein oder zwei Nächte in eurem Stall verbringen könnten. Wir müssen uns ein wenig ausruhen bevor wir unsere Reise fortsetzten“, sagte Lezruw und dann sprach er weiter: „Wir wollen euch nicht groß zur Last fallen. Es wäre nur wichtig, dass niemand von unserm Aufenthalt hier erfährt. Viele handeln aus Angst und aus Furcht vor dem Fremden, lasst es mich so sagen, äußerst ungewöhnlich. Wir brauchen auch nicht viel. Nur ein wenig Ruhe."

„Gerne könnt ihr in der Scheune bleiben", begann der Vater und er sagte in einem lustigen Ton: „Ich würde euch auch gerne in unser Haus bitten, doch leider passt der Drache da nicht hinein." Der Vater öffnete das große Tor der Scheune, sodass Solis hinein gehen konnte. Sie war entzückt. Hier standen bestimmt noch zwanzig weitere weiße Pferde in ihren Boxen und alle streckten zur Begrüßung neugierig ihre Köpfe daraus hervor.

„Es ist so furchtbar. Sie sind alle hier gefangen", hörte Lezruw Solis Stimme in seinem Kopf. „Eingesperrt und nicht in der Lage nach Hause zurück zu kehren. Ich glaube, die Zwei sind im Grunde ehrliche und nette Leute. Dabei wissen sie gar nicht, dass ihre Pferde niemandem gehören können außer sich selbst. Was können wir nur tun?" Lezruw blickte dem Drachen nachdenklich in die Augen. Er zermarterte sich schon die ganze Zeit seinen Kopf. Wie sollten sie nun vorgehen? Eines war klar. Selbst, wenn sie diese Herde ohne weiteres mitnehmen könnten, würde der Weg mit ihnen zusammen zurück ins Land der Thipfs viel zu viel Zeit in Anspruch nehmen.

„Es gibt nur die eine Möglichkeit", begann er, „zunächst müssen wir zu unseren Freunden zurückkehren. Wenn wir dort sind, können wir vielleicht ein Tor öffnen, das uns hierher, beziehungsweise die Herde, dorthin bringt. Allerdings werden wir sie nicht einfach mitnehmen können. Es scheint mir, als wäre der ganze Hof hier und somit auch das Auskommen der Leute, auf das Halten dieser Pferde ausgerichtet. Wir müssen ihnen also die Herde abkaufen oder gegen etwas tauschen, das ihnen die Chance auf eine sichere Zukunft bietet. Wir sollten das morgen mit ihnen in Ruhe besprechen. Ihnen ist bestimmt nicht klar, welche Pferde hier in ihrem Stall stehen.“

Es wurde eine sehr kurze Nacht. Die Pferde auf der Weide waren alle unruhig und drängten zum Stall. Da die Frau durch das ständige Schnaufen und Stampfen der Pferde nicht in den Schlaf fand, ließ sie die Herde dann irgendwann von der Weide in den Stall. Dann endlich wurde es ruhig auf dem Hof. Sie blickte von außen durch das Fenster in den Stall und sah dabei, wie sich die Pferde alle um den Drachen drängten. Offensichtlich wollten sie in dessen Nähe sein. Irgendwann dann blieben sie alle einfach stehen und es kehrte Ruhe ein. Die Frau ging nachdenklich, aber auch mit einem freudigen Gefühl ins Haus zurück und legte sich neben ihren Mann ins Bett. Sie spürte, dass hier heute etwas Besonderes geschehen war und das sie, was auch immer bald geschehen würde, nichts an dem Lauf der Dinge würden ändern können. Dennoch fühlte es sich das alles gut an.

Solis hatte gesehen, wie die Frau sie und die Pferde durch das Fenster beobachtet hatte und sie hatte eine Ahnung des Erkennens in ihren Augen gesehen. Nach kurzer Zeit fiel sie dann in einen unruhigen Schlaf. Sie träumte davon, wie sie als kleines, weißes Pferd mit einer großen Herde über eine mit grünem Gras bewachsene Ebene lief. Alle Tiere bewegten sich völlig im Einklang und es schien als würde die Herde über die Ebenen fließen. Das Wetter war schön, es duftete nach frischem Heu und die Sonne schien. Doch plötzlich wurde es am Horizont finster und eine gigantische Wand aus Feuer kam auf sie zu. Panisch versuchten die vorderen Pferde zu stoppen doch die hinteren Pferde drängten sie unweigerlich voran. Solis versuchte sich dagegen zu wehren, denn sie wollte nicht in diese Wand aus Feuer gedrängt werden und so schlug sie wild um sich. Plötzlich schreckte Solis auf und mit einem Mal war ihr Traum beendet, sie war hellwach. Die ganze Herde stand um sie herum, so als wollten sie sie beschützen. Lezruw stand vor ihr und redete beruhigend auf sie ein.

„Solis, wach auf, es ist nur ein böser Traum. Beruhige dich", rief er ihr zu. Langsam begann sie sich etwas zu beruhigen. Sie blickte Lezruw an. Ein riesiger Kratzer war quer über seiner Brust und Blut trat aus ihm hervor. Er sah ihren Blick und sprach: „Das ist halb so wild. Du hast im Schlaf um dich getreten. Geht es dir jetzt wieder besser?" Doch dann brachen die Tränen aus Solis heraus. Wie konnte das geschehen. Sie hat ihren Reiter verletzt. „Alles ist gut. Auch ich konnte deinen Traum sehen. Es war fürchterlich. Jetzt bin ich für dich da", als er das sagte, strich er behutsam die Drachentränen aus ihrem Gesicht.

# Neubeginn

Am nächsten Morgen war Leopold früh aufgestanden und bereitete das Frühstück für seine Familie vor. Seit der Begegnung mit dem Drachen spürte er eine Euphorie in sich und er wusste nicht einmal warum. Heute Morgen wollte er Lotte, seine Frau, und Lennard, seinen Sohn, mit einem außergewöhnlichen Frühstück überraschen. Er packte alle Sachen, die er bereits fertig gemacht hatte, in einen großen Korb. Dabei sagte er zu sich selbst:

„Mal sehen: Ich habe Brot, Butter, Wurst und Käse. Hier sind die gekochten Eier und da das Rührei. Bretter zum Anrichten und Messer sind da. Hier noch ein paar Getränke, dazu Tassen und Gläser. Ach, stimmt ja. Fast hätte ich es vergessen. Das Tischtuch darf nicht fehlen. Ich denke, jetzt kann es gleich losgehen.“ Leise ging er hinüber ins Schlafzimmer zum Bett. Darin lagen seine Frau und sein Bub, der sich, wie er es gerne manchmal einfach so tat, irgendwann in der Nacht in ihr Bett geschlichen hatte. Er wollte seine Frau wach küssen. Allerdings war sie, wie es eigentlich immer der Fall war, bereits wach und schmunzelte ihm, als er auf sie zu kam, verliebt entgegen.

„So, werte Familie“, begann er förmlich, er drückte seiner Frau einen dicken Kuss auf die Lippen und fuhr dann fort: „heute frühstücken wir standesgemäß bei unseren Gästen im Stall. Ich glaube unser Besuch wird dem bestimmt nicht abgeneigt sein. Ich habe schon den Korb mit reichlich Essen gepackt und wir können direkt hinüber gehen. Mal sehen, ob wir auch einen Drachenhunger stillen können.“ Dann setzte er sich kurz auf das Bett, denn er hatte gesehen, dass sein Sohn nur so tat als würde er schlafen. Geschwind begann er damit seinen Sohn von oben bis unten zu kitzeln. „Komm schon, du alte Schlafmütze. Raus aus den Federn!“, rief er und sein Sohn krümmte sich dabei vor Lachen. Seine Frau schlüpfte geschwind in ihre Kleidung. Im Vorbeigehen drückte sie noch ein Buch seitlich in den Frühstückskorb. Dann gingen die drei gemeinsam hinüber zum Stall. Sie öffneten die Stalltür und blieben dann wie angewurzelt stehen. Was sie dort sahen verschlug ihnen den Atem.

Es war ein Bild der völligen Harmonie. Solis hatte sich eingerollt. Die Spitze ihres Schwanzes endete an ihrem Kopf. Lezruw kniete vor ihr und schien ihr durch das Gesicht zu streichen. Hinter den Beiden standen, völlig ruhig, die weißen Pferde in einem Halbkreis nebeneinander. Die ganze Herde beobachtete die Beiden und man konnte den Eindruck gewinnen, als wollten alle Solis trösten. Vorsichtig räusperte sich der Mann und begann dann:

„Entschuldigt die Störung. Wir hätten euch gerne zum Frühstück geladen. Doch da der Drache nicht in unser Haus passt, dachten wir, dass wir einfach mit dem Frühstück zu euch kommen. Wir hoffen, es ist euch genehm.“ Lezruw blickte Solis tief in die Augen und dann sagte er:

„Das ist zu freundlich von euch. Gerne möchten wir mit euch speisen. Allerdings wollten wir euch keinerlei Umstände bereiten.“ Der Mann legte das große Tischtuch direkt auf das Stroh. Mit der Hilfe seiner Frau wurde ruck zuck daraus eine ansehnliche Frühstücksdecke. Lennard war kurzerhand rüber zu Solis gegangen und hatte damit begonnen, sie hinter den Ohren zu kraulen. Er fand diesen Drachen, wie sagte er immer - einfach nur toll und wenn es nach ihm ginge, würde er den Drachen am liebsten auch für immer behalten. Ob er vielleicht noch einmal auf ihr fliegen durfte? Lotte ging hinüber zu den beiden.

„Solis, was möchtest du essen?“, fragte sie den Drachen. Dabei berührte sie vorsichtig Solis Kopf. In diesem Moment geschah etwas, womit weder Solis noch die Frau gerechnet hatten. Sie hörte Solis sanfte, beinahe traurige Stimme in ihrem Kopf:

„Das ist sehr nett, gute Frau. Obwohl das meine Größe kaum erahnen lässt, brauche ich kaum etwas zu essen. Ich bin schließlich ein magisches Wesen. Vielleicht kannst du mir später, wenn die anderen fertig sind und etwas übriggeblieben ist, eine kleine Portion von dem Rührei reichen? Wusstest du eigentlich, dass nur sehr Wenige meine Gedanken hören können. Natürlich muss ich das auch zulassen. Bei der Verbindung mit Lezruw ist das etwas anders. Er ist mein Reiter. Wir können immer unsere Gedanken hören, selbst, wenn wir weit voneinander entfernt sind. Ihr Drei seid gute Wesen, das spüre ich. Daher lasst uns erst mal in Ruhe frühstücken. Danach komm doch bitte wieder zu mir zurück. Ich möchte dir eine Geschichte erzählen, von der ich glaube, dass sie euer Leben ändern wird.“ Die Frau blickte Solis tief in die Augen und setzte sich dann neben die anderen vor die Frühstücksdecke. Sie blickte Lezruw an und sagte dann:

„Ich möchte uns nur kurz vorstellen. Das ist mein Mann, Leopold und das mein Sohn Lennard und mich nennt man Lotte. Ihr seht so aus, als wärt ihr, genau wie mein Mann, hungrig bis unter die Arme. Bitte, fangt doch an und bedient euch. Wir sind froh euch als unsere Gäste willkommen heißen zu dürfen. Sollte das Essen hier nicht ausreichen, haben wir noch reichlich drüben in unserem Vorrat. Bitte, fangt doch an.“ Mit einer einladenden Geste wies sie alle an, mit dem Frühstück zu beginnen. Lezruw lief das Wasser im Munde zusammen. Das Essen der letzten Tage war doch eher spärlich gewesen und musste immer gejagt und zubereitet werden. Er konnte sich kaum noch daran erinnern, an einer solch reichlich gedeckten Frühstückstafel gesessen zu haben. Obwohl, hier im Stroh hatte es eher den Charakter eines Picknicks. Er nahm das herrlich riechende Brot und schnitt sich ein ordentlich dickes Stück davon ab. Danach schmierte er eine fingerdicke Schicht Butter darüber, um das Ganze dann mit vier, ebenfalls viel zu dicken Scheiben Salami zu bedecken. Lotte beobachtete ihn dabei und musste schmunzeln. Unwillkürlich lächelte sie ihn an. Genauso mochte Leopold seine Brote am liebsten. Man könnte denken, dass die zwei Brüder wären. Auch Leopold hatte das ganz genau beobachtet und er war froh - jetzt musste er sich nicht mehr zurückhalten und so tat er es dem Zwerg gleich. Lotte nahm sich als Erstes einen Teller mit Rührei und stellte ihn neben sich ab. Dann machte sie einen zweiten Teller fertig und reichte ihn Lennard, denn sie wusste genau, wie sehr er Rührei liebte. Sie selbst aß eine, wie sagte sie noch, „normale“ Scheibe Brot mit etwas Butter und einem klein geschnittenen, gekochten Ei darauf. Ihr Mann hatte auch eine Flasche roten Wein mitgebracht, den er und Lezruw genussvoll tranken. So aßen, tranken und lachten sie gemeinsam eine ganze Weile und langsam gingen die Speisen auf dem Tuch zur Neige.

„Geliebte Frau. Wenn du das Rührei neben dir nicht essen möchtest, weil du vielleicht einen Gedanken daran verlierst, du könntest zu dick werden, dann könnte ich da

Abhilfe schaffen und das gerne für dich übernehmen“, frotzelte Leopold in ihre Richtung.

„Dies, mein Mann, ist für den Drachen. Ich habe es, in Kenntnis deiner unglaublichen Gefräßigkeit, vorsorglich auf Seite gestellt“, begann sie gespielt zornig und dann fuhr sie lächelnd fort: „Wer an dieses Rührei möchte, muss erst an dem Drachen vorbei.“ Augenblicklich fingen alle an zu lachen. Das Eis war nun endgültig gebrochen. Solis, die sich bis zu diesem Zeitpunkt darauf beschränkt hatte, das Geschehen zu beobachten und sich am Essen nicht zu beteiligen, drehte ihren Kopf und streckte ihn neben Lotte hervor. Ein tiefes Grummeln, das tief aus ihrem Inneren hervor kam war zu hören und dann ließ sie, für den winzigen Bruchteil einer Sekunde, ihre Zunge aus dem Maul schnellen. Mit diesem kurzen Schlecken war das gesamte Rührei von dem Teller verschwunden. Danach ließ sie zwei kleine Rauchschwaden aus ihren Nüstern aufsteigen. Diese schienen eine Form anzunehmen und für einen kurzen Moment entstand aus der einen eine Art Ring und aus der anderen ein paar Pferde. Es sah so aus, als würden die Pferde durch den Ring springen und darin verschwinden. Dann lösten sich die Formen auf und wurden wieder zu einer Rauchschwade, die sich dann kurze Zeit später selbst auflöste.

„Boa, das war aber mal cool“, platze es aus Lennard heraus, „Beinahe wie in unserem Buch, Mama.“ Leopold blickte seine Frau an. Die zog nun das Buch, das sie eben erst in den Korb gesteckt hatte, hervor und setzte sich direkt neben Solis.

„Dieses Buch wird bei uns von Generation zu Generation weitergegeben. Es ist ein sehr altes und, wie ich mittlerweile weiß, ein magisches Buch. Zuerst dachten wir, es wäre nur ein Kinder- oder Märchenbuch, doch eines Tages legte ich es auf meinen Schoß und die Magie darin wurde zum Leben erweckt. Als ihr nun gestern hierherkamt, wusste ich, dass es nicht nur alte Geschichten erzählt, sondern es scheint auch die Zukunft zu kennen. Doch nun seht selbst", bei diesen Worten nahm sie das Buch und legte es vor sich in ihren Schoß. Auf dem Buchdeckel war eine weite, offene Wiesenlandschaft zu erkennen. Es gab keinen Titel oder gar einen Autor. Lediglich ein weißes, stattliches Pferd war darauf abgebildet. Es schien, als würde es den Betrachter direkt anschauen. Bewegte man das Buch, gewann man den Eindruck, dass der Blick des Pferdes einen verfolgte. Auch die Mähne schien sich vom Wind der Ebene zu bewegen. Lotte strich beinahe zärtlich über den Buchdeckel, um es dann zu öffnen. Alle konnten das Wiehern hören, das aus dem Buch zu kommen schien. Die Pferde im Stall rückten näher heran. Lottes Augen verdrehten sich und wurden trüb, so als würde sie selbst Platz für etwas anders machen. Etwas oder jemand schien die Macht über ihren Geist zu übernehmen. Leopold blickte die anderen an und sagte:

„Ihr braucht euch keine Sorgen machen. Mit ihrer Magie erweckt sie das Buch zum Leben und es wird uns gleich seine Geschichte erzählen." Tatsächlich begannen sich die Bilder im Buch zu bewegen. Sie sahen eine weite Ebene, auf der scheinbar schier endlose viele weiße Pferde friedlich grasten. In Trance blätterte Lotte weiter. Auf den nächsten Seiten sah man, wie sich einige Pferde zusammenrotteten, um dann ein magisches Tor zu öffnen, das sie in eine andere Welt bringen sollte. Auch die Zerstörung, das Sterben der vielen Pferde und den beinahe Untergang dieser Rasse konnten man beobachten. Lotte blätterte immer weiter. Auf den folgenden Seiten sah man, wie sich die letzten Pferde von überall aus der Ebene trafen. Wie sie dann, mit Hilfe von Drei von ihnen, ihre ungewisse Reise durch ein Tor in eine andere Zukunft antraten. Dann, als Lotte wieder weiter blätterte sahen sie diesen Hof hier. Mit den vielen Pferden. Auch Lottes Familie war zu sehen. Sie pflegten die Pferde und es kamen immer mehr von ihnen hierher. Beim Umschlagen auf die nächste Seite kamen, beinahe singend, aus Lotte die Worte:

„Das war gestern noch nicht da." Ein weißer Drache mit einem Zwerg auf dem Rücken landete vor dem Hof und dann, kurze Zeit später, ritt der kleine Lennard auf dem Drachen. Schnell blätterte Lotte weiter, denn sie merkte, dass ihr allmählich keine Kraft mehr blieb. Sie saßen alle beisammen im Stall und aßen. Lotte hatte ein Buch auf dem Schoss als von hinten ein schwarzes und ein rotes Pferd zum weißen Drachen drängten. Sie berührten ihre Köpfe und im Hintergrund öffnete sich ein Tor.

Lotte sackte vor Erschöpfung zusammen. Leopold wollte sie auffangen, doch Solis stützte sie behutsam mit ihrem Flügel. Lezruw, der vor Lotte gestanden hatte blickte sich das Szenario an. Tatsächlich standen hinter Solis alle Pferde. Auch sie hatten gebannt in das Buch geblickt. Ein Schnauben ging durch die Herde und die Gruppe teilte sich. Von hinten versuchten ein rotes und ein schwarzes Pferd nach vorne zu gelangen. Die Herde ließ sie passieren.

„Schon mein Urgroßvater hat im ganzen Land diese Pferde gesucht und hierhergebracht", begann Leopold. „Alle sagten immer, was willst du mit diesen weißen Pferden, die sind doch für nichts gut. Zum Glück hatten wir immer genug Geld, sodass unser Hof, außer das nötigste zum Leben, nichts erwirtschaften musste. Wir sahen es immer als unsere Pflicht an, diesen Pferden eine Obhut zu bieten und so waren diese Pferde, die da draußen als dickköpfig und für nichts zu benutzen bekannt waren, hier immer friedlich und, wenn wir sie mal vor einen Pflug spannten, auch tatsächlich hilfsbereit. Leider wussten wir bis heute nicht, welcher Sinn tatsächlich dahintersteckt."

## Vereint

Hier herrschte schon seit Tagen wildes Treiben. Alle waren mit Vorbereitungen beschäftigt, denn jeder einzelne wollte möglichst gut für den bevorstehenden Kampf gewappnet sein. Flowneklaf und Kiesbart vertrieben sich die meiste Zeit damit, im näheren Umfeld durch das Land zu streifen, immer in der Hoffnung einen Hinweis auf den Verbleib der anderen zu erlangen. Deilnelees hatte sich in den letzten Tagen ein wenig zurückgehalten. Ständig schwirrten zig Thipfs um sie herum, von denen sie betüddelt wurde. Flowneklaf nervte das, denn sie hatten dadurch nur ganz selten Zeit für sich. Doch wenn sie dann endlich mal allein waren, war sie meist mit irgendwelchen wichtigen Dingen beschäftigt oder ihr ging es einfach nicht gut. Flowneklaf fühlte sich dadurch abgewiesen und die Sorge in ihm wuchs. Zum Glück war da sein alter Freund Kiesbart, der ihn bei ihren Streifzügen von all dem ablenkte.

Zanderuska hielt sich die meiste Zeit in dem, was sagten die Thipfs dazu - Palast - auf. Sie schwebte immer noch im siebten Himmel und freute sich auf die Rückkehr von Lezruw. Immer wieder ging sie den Moment durch, in dem er sie geküsst hatte und ihr Herz machte jedes Mal einen kleinen Satz. Nun waren schon bald vier Wochen vergangen. Wann würde er endlich zurückkehren? Vorgestern hatte sie, bei einem Spaziergang zur nördlichen Grenze des Landes, einen großen, merkwürdigen Baum entdeckt. Er war an die zwanzig Meter hoch. Es bräuchte mindestens drei Männer, die sich gegenseitig an den Händen fassten, damit sie den Stamm umarmen könnten. In der Mitte des Stammes war ein bestimmt ein Meter breites und zwei Meter hohes, dunkles Loch. Allerdings war es mit einer dunklen, glitschigen, klebrigen Masse verstopft. Bei dieser Größe hätte man vermutet, dass das Loch durch den ganzen Baum ragte. Als sie dann allerdings um den Stamm herum ging, konnte sie sehen, dass er auf der anderen Seite geschlossen war. Sie hatte versucht mit einem dicken Ast hinein zu drücken, doch war diese Masse so hart und zäh, dass das nicht gelang. Sie wollte, nachdem sie hier mit dem Aufräumen fertig war, direkt wieder zum Baum gehen, denn sie wollte ihm unbedingt sein Geheimnis entlocken. Alan sollte sie, weil sie ihn darum gebeten hatte, begleiten. Als sie endlich angekommen waren blickte Alan sie fragend an. Er begann augenblicklich damit den Baum und dieses Loch akribisch es zu untersuchen. Dann sagte er:

„Ich weiß auch nicht, was das sein könnte. Es hat eine klebrige, schleimige Konsistenz. Gestern, sagtest du, es wäre eine Art dunkles festes Harz von diesem Baum. Doch welcher Baum erzeugt so viel Harz? Und jetzt ist es deutlich dünner und nicht mehr schwarz, eher hell. Ein bisschen wie…, ja wie der Schleim von Schnecken." Dabei versuchte er ebenfalls einen Ast hinein zu drücken. „Hm, das ist ja mal komisch."

„Gestern war es noch viel fester. Mir schein es fast, als wird es langsam dünner. Sieh!" Mit diesen Worten wies Zanderuska auf einen schleimigen Fleck, der auf dem Boden vor dem Baum zu sehen war. „Das war gestern noch nicht da. Es scheint aus dem Loch heraus zu laufen." Plötzlich hörten sie ein lautes Blubbern. Es schien direkt aus dem Baum zu kommen. Sie konnten beobachten, wie die Masse immer durchsichtiger wurde. Alan ging vorsichtig näher heran und dann winkte er Zanderuska zu sich heran.

„Hör doch mal. Kannst du das hören?“ Es klingt wie Gesang.“ Zanderuska nickte Alan zu und zog ihn dabei ein wenig vom Baum weg. Das glibberige Etwas wurde immer heller und ganz glatt. Für einen Moment sah es aus wie ein Spiegel, doch dann konnten die Beiden durch dieses etwas hindurchschauen, wie durch ein Fenster. Zuerst war der Blick verschwommen, wie durch eine beschlagene Scheibe in der Dusche. Doch allmählich wurde die Sicht immer klarer und der Gesang wurde deutlich lauter. Dann plötzlich hörten sie den Gesang so laut, als ständen sie direkt neben der Quelle. Da wo vorher das klebrige Loch gewesen war, war nun nichts mehr zu sehen. Es war, als blickten sie durch ein offenes Fenster oder ein offenes Tor, direkt in einen großen Saal. Darin standen Daphne und Torin mit zwei Pferden. Vor ihnen saß eine riesige Schnecke auf einer Art Thron. Aus ihr schien der Gesang zu kommen.

Daphne gab Torin ein Zeichen und der nahm dann die beiden Pferde und kam auf Alan und Zanderuska zu. Er kam einfach aus dem Baum heraus zu ihnen herüber. Dann beobachteten sie, wie Daphne etwas, das vor der Schnecke zu liegen schien, in die Hand nahm. Sie bedankte sich noch bei der Schnecke und kam dann auch direkt durch den Baum auf sie zu. In genau dem Moment, in dem sie durch den Baum schritt, war das Loch wieder mit der dunklen, glitschigen, klebrigen Masse gefüllt. „Pffff“ - das war nun wirklich zu viel für Zanderuska. Im Nu hatte sie sich aufgelöst. Eigentlich hatte sie in letzter Zeit daran gearbeitet, dass ihr das nicht ständig passiert. Leider, das musste sie gerade mal wieder feststellen, funktionierte das nicht immer, doch sie wusste, dass ihr niemand darüber böse war.

„Hallo ihr Vier“, begann Alan stotternd und weiter: „damit hätten wir jetzt allerdings nicht gerechnet. Ich bin immer wieder erstaunt über einige Dinge, die hier so passieren können. Zanderuska wo bist du?“ Mit einem „Pfffff“ war sie auch schon wieder da.

„Hallo ihr beiden. Ihr glaubt gar nicht, wie froh wir sind euch hier zu sehen. Endlich sind wir da, wo wir hinwollten. Wir haben viel zu erzählen. Bitte bringt uns doch zum Lager. Ich denke, wir könnten ein Bad und vielleicht auch etwas Vernünftiges zum Essen vertragen.“, sagte Torin, dabei drückte er erst Alan und dann Zanderuska. Auch Daphne begrüßte die Beiden mit einer herzlichen Umarmung. Sie war müde und auch sie würde sich über ein Bad, eine Mahlzeit und dann ein weiches Bett sehr freuen. Zanderuska ging zu den zwei Pferden und klopfte sie an deren Flanke.

„Soll ich euch zum Rest der Herde bringen? Geht ihr doch schon mal zum Lager“, sagte sie zu den Dreien und dann wandte sie sich wieder den Pferden zu: „Kommt mit mir. Die anderen freuen sich bestimmt schon, euch zu sehen.“ So setzten sie sich in Bewegung. Den ersten Teil der Strecke gingen sie noch gemeinsam. Kurz vor dem Lager bog Zanderuska dann nach links ab, um die zwei Pferde zum Rest der Herde zu bringen. Es war nicht allzu weit vom Lager entfernt. Noch eine letzte Biegung und direkt hinter dem Hügel war eine große weite Weide, auf der die Herde stand und graste.

Shams, Alqamar und Hadid standen hier, inmitten ihrer Herde. Sie hatten ihr Training für heute bereits abgeschlossen und waren nun zum gemütlichen Teil übergegangen. Sie standen hier und grasten ganz entspannt, als sich ganz plötzlich ein Tor, nicht weit von ihnen entfernt öffnete. Verwundert blickten sie sich an, denn sie hatten ihre Magie zum Öffnen eines Tores nicht angewandt. Vorsichtig und ein wenig ängstlich blickten sie hindurch. Dabei blickten sie in einen Stall aus dem ihnen, just in diesem Moment, eine ganze Menge weißer Pferde entgegenkam. Dicht gefolgt von einem Mann, der an seiner Hand eine Frau und an der anderen Hand einen Jungen führte. Direkt dahinter ging Solis und neben ihr ging Lezruw. Zum guten Schluss folgte dann ein rotes und ein schwarzes Pferd. Direkt, als sie das Tor passiert hatten, schloss es sich, genau so schnell wie es sich geöffnet hatte.

„Seht, wen wir gefunden haben“, begann Lezruw. „Dies sind die Nachkommen der Pferde, die einst die große Ebene der Pferde verlassen haben, um eine neue Heimat zu finden. Diese Leute und deren Vorfahren haben es sich zur Aufgabe gemacht, sie wieder zusammenzubringen damit sie wieder mit den ihrigen vereint sein können“, dabei zeigte er auf Lennard, Lotte und Leopold.

Alle strömten herbei, jeder wollte die Neuankömmlinge begrüßen. Auch Flowneklaf und Kiesbart, die heute mal nicht im Umland herumzogen, hatten Zanderuska gesehen und waren zu ihr gegangen. Auch Deilnelees stand bei ihnen. Zanderuska beobachtete, wie sich die beiden Herden vermischten und wie sie sich gegenseitig begrüßten. Es war eine wahre Freude, das mit ansehen zu dürfen.

Endlich entdeckte Lezruw Zanderuska. Sie stand von ihm aus gesehen ganz hinten, am anderen Ende der Herde. Ohne ein Wort zu sagen oder groß darüber nachzudenken, warf Lezruw seine Axt beiseite und rannte, so schnell er konnte, auf sie zu. Alle Pferde, die ihm im Wege standen, wichen zur Seite damit er durchkam und dann war er endlich bei Zanderuska angekommen. Er blieb, völlig außer Atem, einen Schritt vor ihr stehen. Sie lächelte ihn verlegen an und eine Träne der Freude rann über ihre Wange. Sie erkannte, dass auch der Zwerg mit den Freudentränen kämpfte. Plötzlich hörte Lezruw Solis' Stimme:

„Wann nimmst du sie endlich den Arm, du Narr! Sie wartet schon so lange darauf." Als wenn er die Aufforderung seines Drachen dafür bräuchte. Und dann fielen sich die beiden in die Arme und küssten sich wild, bis sich Zanderuska plötzlich mit einem lauten „Pfffff" auflöste.

„Ach nein, nicht schon wieder", hörte Lezruw sie sprechen. „Das wollte ich so nicht, ich dachte ich hätte es unter Kontrolle, aber du, du ...", und wieder ertönte ein „Pfffff" und sie war wieder da. Immer noch in Lezruws Armen. Er lächelte sie verliebt an und flüsterte ihr dabei leise ins Ohr:

„Ich kenne dich nun schon so lange, als ob mir das noch etwas ausmachen würde. Ich bin so froh, dass du hier auf mich gewartet hast. Es gibt so viel zu erzählen, aber du fängst zuerst an, was gibt es hier Neues?"

„Was soll ich sagen. Wie du siehst, sind wir alle gut vorbereitet. Wir hatten schließlich auch genug Zeit und haben eifrig für den großen Kampf trainiert. Allerdings stellt sich heraus, dass nicht alle mit uns in den Kampf ziehen können." Alle Umstehenden blickten Zanderuska verwundert an. Was redete sie da? Keiner wusste, wenn sie wohl meinte. Zanderuska blickte Deilnelees liebevoll in die Augen und sagte dann:

„Könnt ihr es denn nicht sehen? Es reift ein Kind unter

ihrem Herzen heran. Ihr wollt mir doch nicht im Ernst sagen, dass ihr das nicht wusstet." Deilnelees Gesicht lief rot an. Sie hatte gedacht, dass es niemand bemerkt hatte. Sie war sich im Grunde selbst nicht sicher gewesen und hatte es deshalb auch vor Flowneklaf geheim gehalten. Nur die Thipfs wussten es natürlich. Allerdings wussten sie es schon, bevor Deilnelees sich selbst darüber im Klaren gewesen war. Flowneklaf traf diese Nachricht wie ein Blitz. Weshalb hatte er das nicht gemerkt? Zärtlich nahm er Deilnelees in den Arm. Er musste gegen diese Freude, die aus ihm hinauswollte, ankämpfen. Auch ihm rannen nun die Freudentränen durch das Gesicht. Er sagte mit zittriger Stimme:

„Das erklärt, warum du in letzter Zeit so, ich sag mal, so merkwürdig warst. Warum hast du es mir denn nicht gesagt? Ich liebe dich und damit machst du mich so unsagbar glücklich", dann rief er laut: „Leute, hört her, es ist fantastisch, ich werde Vater!" Er küsste Deilnelees zart auf den Mund und in diesem Moment waren bei Beiden alle Zweifel der letzten Tage verschwunden. Bei Flowneklaf blieb einzig das Gefühl der Sorge, denn nun war er für ein weiteres Leben verantwortlich. Ein Leben, das nicht die Wahl hatte, ob es sich an diesem Kampf beteiligte. Nein, hier diese Entscheidung trafen nun er und Deilnelees.

# Befreiung

Flowneklaf, Kiesbart, Lezruw und Solis hatten nach langen Diskussionen beschlossen, sich alleine in die unterirdischen Gänge auf zu machen. Um dorthin zu gelangen, öffneten die drei Pferde wieder ein Tor und tatsächlich, es öffnete sich exakt an der gleichen Stelle, an der es sich beim letzten Mal geöffnet hatte. Dieses Mal allerdings ließen sie es offen. Aus Sicherheitsgründen postierte sich der Rest des Trupps auf der anderen Seite. Alan begann augenblicklich damit, sich Notizen zu machen. Irgendwann wollte er, die Logik, die selbst hinter diesen ganzen magischen Toren steckten musste, begreifen und dann auch kartografieren.

Drüben angekommen, schlich sich Kiesbart leise voran. Überall hier in den Gängen rochen es nach diesen ekeligen Leverdesern. Allerdings war es nur alter Geruch, kein frischer. Trotzdem war bei Kiesbart augenblicklich die Erinnerung an diesen ekeligen Geschmack wieder da. Er hatte das Gefühl als schmecke er den Leverdeser tatsächlich. Vor Ekel stellte sich sein Nackenfell auf. Lezruw trieb die Sehnsucht, einige der seinen wieder sehen zu können, doch gleichzeitig achtete er auf Solis. Sie war im Grunde viel zu groß für diese Gänge und kam nur sehr mühsam voran. Das ein oder andere Haar und sogar die ein oder andere Schuppe fielen dieser Mission zu Opfer. Sie blieben einfach an den Wänden und Decken dieser Gänge hängen. Solis merkte davon nicht viel. Nur das es hin und wieder ziepte.

„Es ist nicht mehr all zu weit. Wir müssen nur leise sein,

damit sie uns nicht hören“, flüsterte Flowneklaf und da, endlich erreichten sie die Öffnung, die in die große Halle führte. Vorsichtig lugte Flowneklaf um die Ecke. Voller Erschrecken musste er feststellten, dass er den Schalatachter nicht mehr in der Halle sehen konnte. Ganz leise hörten sie eine krächzende Stimme. Sie schien beinahe zu singen. Es klag ein wenig wie ein Kinderlied:

„So lange schon gewartet, jetzt endlich folgt mein Lohn.
Ich stahl so viele Seelen, und manches Mannes Sohn.
Nun lebst du Schalatachter, beginne jetzt das Spiel.
Egal auch was es kostet, du musst zu deinem Ziel.
Er tötet Wolf und Falke, doch einen nur er sucht.
Es ist Flowneklaf der Große, sein Leben ist verflucht.
Weil ich dir half ist eins gewiss, in meiner Schuld du stehst.
Drum zahle sie, das rat ich dir, und zwar bevor du gehst.“

Es war Harsofedus, der da sang. In Lezruw erwachte unendliche Wut und das Verlangen, ihn augenblicklich zu töten. Auch er blickte um die Ecke und dann sah er den Käfig. In ihm lagen viele Zwerge. Sie sahen erbärmlich aus und bewegten sich nicht, aber es waren Zwerge. Niemals hätte er sich erträumen lassen, dass er nochmals auf einen der seinen treffen würde. Seine Ungeduld wuchs an. Mit beiden Händen hielt er die Axt fest umschlossen. Er war bereit, sofort los zu stürmen und Alles und Jeden niederzumachen, der sich ihm in den Weg stellen würde. Doch auf ein Mal hörte er die beruhigende Stimme von Solis:

„Langsam. Wenn du jetzt losstürmst, gewinnst du nichts. Siehst du die Kette da auf dem Boden? Nimm sie dir und wirf sie mir um den Hals. Dann bietest du dem Gnom mich zum Tausch gegen die Zwerge an.“ Lezruw blickte

Solis verwirrt an. Doch sie fuhr fort. „Sage ihm, die Leverdeser sollen die Zwerge aus dem Käfig tragen und mich dann an der Kette hineinziehen. Vertrau mir. Wenn ich dann im Käfig bin, schließt du die Tür. Und jetzt mach." Die letzten Worte waren so scharf. Sie ließen keine Widerrede zu. Lezruw packte sich die Kette, warf sie Solis um den Hals und rief, zum Erstaunen von Flowneklaf und Kiesbart, mit lauter Stimme:

„He da, Gnom. Bist du Harsofedus, der König der Moore?", wie auf Befehl drehten sich Harsofedus und alle Leverdeser um. Sie waren bereit zu kämpfen, doch konnte keiner von ihnen begreifen, woher diese Stimme kam und wie hier jemand herabgekommen war. Doch Lezruw nahm das Moment der Überraschung mit und trat aus dem Schatten heraus. Er zog Solis mit ins Licht. „Ihr Zwei bliebt erst einmal in Deckung.", flüsterte er Flowneklaf zu. Der wollte noch etwas erwidern, denn er war mit dem Ablauf so gar nicht einverstanden. Doch der Zwerg rief dann:

„Ich will dir einen Handel anbieten. Sieh her. Dies ist ein weißer Drachen. Ich habe ihn mit dieser magischen Kette gefangen. Durch sie habe ich die absolute Kontrolle über dieses Vieh.", er ruckte an der Kette und rief dann laut: „Spuck Feuer du Mistviech!" Augenblicklich stieß Solis eine gigantische Fontäne aus Feuer aus ihrem Maul. Sie ragte bis fast zu dem Käfig und der Raum wurde dadurch in Licht getränkt. Gleichzeitig dachte Solis:

„Übertreib es nicht, mein Freund, über das Mistviech unterhalten wir uns später noch", doch Lezruw spielte weiter seine Rolle. „Ich will den Drachen gegen diese Zwerge da im Käfig eintauschen. Also der Drache für dich und die Zwerge für mich. Allerdings musst du sie aus dem Käfig lassen. Dann können deine Gutzums den Drachen dort einsperren." Sie hatten genau das erreicht, was sie wollten. Harsofedus war mit der Situation völlig überfordert. Er sah nur den Drachen und die Chance, wieder etwas mehr Macht zu erlangen. Er könnte sich von diesen stinkenden Leverdeser verabschieden oder noch besser, er könnte sie, zusammen mit dem Drachen in den Käfig sperren und wenn er sie oder den Drachen bräuchte, ständen sie ihm zur Verfügung. Gier, es war nur noch Gier nach Macht in ihm und so sagte er:

„Der Handel gilt! He, ihr Stinker, habt ihr ihn nicht gehört? Tragt die Zwerge hinaus wir brauchen den Platz für unseren neuen Gast." Die Leverdeser begannen augenblicklich damit, die Zwerge aus dem Käfig zu holen. Lezruw musste sich zusammenreißen. Am liebsten hätte er augenblicklich damit begonnen, den Zwergen zu helfen. Denn ihr Zustand war mehr als schlecht. Völlig unterernährt und krank. Selbst jetzt, da sie außerhalb des Käfigs waren, bewegten sie sich kaum, da sie zu schwach waren. Endlich waren die Leverdeser fertig und Lezruw begann erneut:

„Hier Harsofedus, nimm die Kette und führe den Drachen zum Käfig. Deine Diener können ihn dann hineinführen. Unser freier Abzug ist selbstredend Teil des Handels." Der Gnom nahm die Kette und ruckte einmal daran. Er grinste Lezruw gemein an als wolle er sagen: Du bist schon so gut wie tot. Denn alles was du hast, hast du mir gerade in die Hände gelegt. Er führte Solis zum Käfig, gab einem Leverdeser die Kette in die Hand und sagte:

„Ihr alle, bringt den Drachen in den Käfig. JETZT!" Laut motzend und widerwillig setzten sich die Leverdeser in

Bewegung. Als der letzte von ihnen im Käfig war trat Harsofedus die Tür des Käfigs zu. Augenblicklich nahm der Timeiron seine Arbeit auf und nichts und niemand darin bewegte sich.

„Gleich kannst du ihm seine gerechte Strafe zukommen lassen", Solis' Stimme klang ein wenig gedämpft in Lezruw Kopf aber dennoch verstand er sie deutlich. „Lass ihn zuerst noch zum Käfig sehen." Mit einem schnellen Satz war der Zwerg zum Gnom gesprungen und mit einer geschickten Bewegung warf er ihn zu Boden. Mit seinem Knie klemmte er ihn so fest, dass er sich nicht mehr wehren konnte. Sein Gesicht war auf die Seite gedrückt, sodass er zum Käfig blickten musste. Harsofedus war völlig überrumpelt. Er sah in den Käfig und er sah, dass die Augen des Drachens darin zu leuchten begannen. Wie konnte das sein? Im Käfig stand die Zeit doch beinahe still. Dann öffnete der Drache sein Maul und es kam eine Flamme heraus. Die Flamme konnte aber, Aufgrund der Magie des Käfigs den selbigen nicht verlassen und so wurde sie immer größer und sie füllte dann das ganz Volumen des Käfigs aus. Sie schien immer heller und greller zu werden. Bald konnte man nichts mehr im Käfig sehen, außer dieses grelle, weiße Licht. Nach einer kurzen Zeit erlosch die Flamme. Zurück blieb der Käfig. Sein Gestänge glühte rot. Von den Leverdesern war nichts als Asche übriggeblieben. Solis aber stand darin, als wäre nichts geschehen. Mit einem Bein trat sie die Tür des Käfigs auf, schüttelte die Kette ab, die immer noch um ihren Hals lag, und kam hinaus. „Jetzt kannst du ihn töten", klang es in Lezruws Kopf. Harsofedus war kurz davor, seinen Verstand zu verlieren. In was für eine Falle war er da hineingeraten? Mit einem gekonnten Hieb sauste Lezruws Axt herab. Harsofedus‘ Kopf rollte ein Stück zur Seite. In den weit aufgerissenen Augen war noch immer das Erstaunen zu erkennen.

Auch Flowneklaf und Kiesbart waren völlig überrumpelt. Sie kamen aus ihrer Deckung, denn jetzt war ja niemand mehr hier, vor dem sie hätten in Deckung gehen müssen.

„Ein kleiner Hinweis, wohin der Schalatachter gegangen ist, wäre schon schön gewesen“, entfuhr es Flowneklaf, doch er verstand, dass Lezruw nicht länger warten konnte. Jetzt mussten sie so schnell wie irgend möglich die Zwerge hier herausschaffen. Einige waren dem Tod so nahe, dass Flowneklaf befürchtete, sie nicht alle retten zu können. So sagte er: „Ich laufe zum Tor und hole die Pferde. Dann können wir sie schneller hinausbringen.“ Doch dann hörte er eine Stimme in seinem Kopf. Es war Solis:

„Nein, hole nur das Schwarze und das Rote aus der neuen Herde. Wir öffnen direkt hier ein neues Tor. Das geht schneller.“ Flowneklaf war durchaus überrascht, dass der Drachen so Kontakt zu ihm aufgenommen hatte, aber das war ja nicht das erste Mal in seinem Leben, dass jemand auf diese Weise mit ihm Kontakt aufnahm. Er drehte sich zu Solis, verbeugte sich, und sagte dann:

„Ja, ich bin schon unterwegs.“ Er rannte los und rief Kiesbart zu: „Komm alter Junge, wir holen die zwei Pferde.“ Kiesbart, der überhaupt nicht wusste was hier gerade geschah, folgte ihm einfach. Fragen konnte er später.

Lezruw begann sich um die Zwerge zu kümmern. Er erkannte alle von ihnen, obwohl sie zum Teil arg gezeichnet waren. Allesamt waren aus seinem Stamm. Nach einer Weile kam Flowneklaf mit den zwei Pferden zurück und geleitete sie zu Solis. Die drei steckten ihre Köpfe zusammen und tatsächlich öffnete sich augenblicklich ein Tor zum Land der Thipfs. Alle kamen hindurch, um die Zwerge auf die andere Seite zu bringen. Auch Zanderuska war unter ihnen. Dann plötzlich hörten sie einen lauten Schrei. Alle drehten sich erschrocken um und sahen Lezruws mit Tränen überströmtes Gesicht. Er hielt einen leblosen Körper in den Armen und dann schrie er erneut. Alle konnten hören was er schrie.

„Zanderuska, sieh doch, es ist Bunsold, mein tot geglaubter Sohn."

## Genesung

Das Land der Thipfs glich einem großen Lazarett. Nachdem sie alle Zwerge hierhergebracht hatten, waren alle damit beschäftigt zu ihrer schnellen Genesung beizutragen. Vor allen aber Daphne und Zanderuska wuchsen über sich hinaus. Sie brauten allerlei Medizin aus Kräutern und Wurzeln zusammen und wenn ein Kraut hier nicht aufzutreiben war, schickten sie einen Trupp los, um diese, wo auch immer, zu besorgen. Da war es schon extrem hilfreich, dass sie, mit der Hilfe der Pferde, schnell in andere Länder reisen konnten.

Von den vierzig Zwergen hatten es bis auf einen alle geschafft. Sie waren mittlerweile alle wieder so stabil, dass eigene sogar wieder damit begannen, ihre Kampfkunst zu erproben. Nur ein paar wenige, darunter auch Bunsold, waren noch so schwach, dass ihr Zustand nach wie vor kritisch war und sie noch intensivere Pflege benötigten. Die Thipfs, die ja eigentlich keine männlichen Wesen in ihrem Land duldeten, machten einen regelrechten Wandel durch. Es war unter ihnen eine Art Wettbewerb ausgebrochen. Wer war am nettesten zu den Zwergen?

Lezruw war so stolz auf seine Zanderuska. Sie arbeitete wie eine Wahnsinnige und hatte fast keine Zeit für irgendetwas anderes. Doch immer, wenn sie zu seinem Sohn kam, schien es so, als hätte sie für ihn ein paar extra Minuten aufgespart. Endlich ging es Bunsold etwas besser und er konnte bereits aufrecht in seinem Bett sitzen.

„Sag Vater, wie lange waren wir weg? Was ist seither geschehen? Und wo sind die anderen Zwerge?“, begann er eines Abends, als Lezruw neben ihm saß. Lezruw blickte ihn traurig an.

„Unser ganzes Volk ist untergegangen. Diese stinkenden Viecher haben uns alle getötet. Außer mich. Wir dachten, dass sie auch euch alle getötet hätten. Ich war so verzweifelt, doch dann traf ich Zanderuska in diesem Sumpf. Sie rette mich damals und letztlich bin ich durch sie hierhergekommen, um euch retten zu können. Du kannst dir gar nicht vorstellen, wie glücklich ich gerade bin", bei diesen Worten legte er seine Hand auf die seines Sohnes. Zanderuska, die gerade im Begriff war ihre letzten Runde zu drehen, sah die Beiden von weiten und wollte schnell vorbei gehen. Doch Lezruw erkannte ihre Absicht und rief ihr zu:

„Zanderuska, sei so lieb und komm zu uns." Er wartete, bis sie bei ihnen war. „Komm, setze dich zu uns." Als sie Platz genommen hatte sagte er: „Ich möchte dir danken. Du hast dich um all diese Zwerge gekümmert und ganz besonders um Bunsold." Sie machte eine abwehrende Bewegung. Lezruw nahm vorsichtig ihre Hand, führte sie zu seinem Mund und küsste sie vorsichtig. Dann kniete er sich vor sie auf den Boden und sprach:

„Zanderuska. Heute ist der Tag gekommen, an dem ich dir die schon längst überfällige Frage stellen möchte. Ich hoffe, du weißt, dass ich dich liebe. Daher möchte ich dich nun bitten meine Frau zu werden?" Für einen kurzen Moment blieb Zanderuskas Herz stehen, als wolle es einmal tief Luft holen, um dann heftig los zu rasen. Sie hatte befürchtet, dass jetzt, wo es wieder Zwerge gab, er sich wieder den seinen zuwandte. Mit aller Kraft kämpfte sie dagegen an, sich aufzulösen und es gelang ihr. Doch sie konnte nicht reden. Sie blickte ihm tief in die Augen und nickte, erst ein wenig und dann ganz heftig. Durch das Lachen von Bunsold wurden die beiden zurück in die Welt geholt. Er blickte sie an und sagte dann immer noch vor Freude lachend:

„Oh Vater, ich würde das gerne bezeugen." Plötzlich wurde der Abendhimmel über ihnen taghell. Eine riesige Flamme stand über ihren Köpfen. Solis spie die Flamme aus, während sie über sie hinwegflog.

„Ich will es auch bezeugen. Warum hast du so lange damit gewartet? - Jungs halt", erklang ihre Stimme in Lezruws Kopf. Nicht nur wegen dieses Auftritts verbreitete sich die Nachricht über die bald bevorstehende Hochzeit wie ein Lauffeuer im Lager.

Trotz dieser freudigen Nachricht war Flowneklaf besorgt. Er machte sich einerseits Sorgen um Deilnelees, denn mittlerweile konnte man schon sehr gut erkennen, dass sie ein Kind von ihm erwartete. Andererseits hielt er auf den Besorgungsreisen immer Ausschau nach Hinweisen, wo sich der Schalatachter aufhalten könnte. Doch er fand sie nicht. Ihm war klar, dass der Schalatachter von Tag zu Tag stärker, und dass der Kampf mit ihm dadurch nicht leichter, werden würde. Auch konnte er nicht absehen, wen oder was der Schalatachter diesmal um sich scharte, denn eins war gewiss: Dieses Wesen war ein mächtiges und magisches Wesen. Es stammte aus uralter Zeit und es wird alles in seiner Macht stehende tun, um seine alte Macht zurück zu erlangen.

Was Flowneklaf allerdings mutiger werden ließ, war die Tatsache, dass sich die Zwerge allesamt erholten und sich nicht nur als starke Bodenkämpfer, sondern auch als hervorragende Reiter erwiesen. Auch unter den Pferden entwickelte sich ein richtiger Wettstreit: Wer von ihnen konnte sich am geschicktesten und schnellsten mit einem Reiter durch das Gelände bewegen und wer hielt seinen Reiter am besten auf dem Rücken, wenn dieser damit beschäftigt war, zu kämpfen? Bereitwillig trainierten sie mit den Zwergen und es entstanden feste Verbindungen zwischen den einzelnen Zwergen und Pferden.

Endlich, nach weiteren drei Wochen, waren Bunsold und die letzten Zwerge so weit, dass auch sie am normalen Leben teilhaben konnten. Bunsold streifte gerne durch die Gegend. Langsam begann er wieder damit, sein Schwert zu führen. Lange hatte er keins mehr in den Händen gehabt. Schnell war das Gefühl für das Schwert und die Erinnerungen, wie man damit umgeht, wieder da. Es gibt Sachen, die verlernt man einfach nicht. Doch ihm fehlte noch die Kraft. Er musste seine Muskeln wieder trainieren, denn sie waren fast nicht mehr da. Eine junge rote Stute hatte Kontakt zu ihm gesucht und wich ihm nicht mehr von der Seite. Offensichtlich hatte sie beschlossen, dass er ihr Reiter werden sollte. Bunsold hatte jedoch, und das durfte niemand wissen, Angst vor den Pferden. Für ihn waren sie so groß und er fürchtete sich nicht nur vor ihren Hufen, sondern auch davor, herunter zu fallen. An diesem Tag hatte er sich ein wenig weiter vom Lager entfernt und lag, am Rand eines kleinen Waldes, in dessen Schatten im hohen Gras. Ein Bein hatte er über das andere geschlagen und auf einer Hand lag sein Kopf. In der anderen Hand hatte er einen Grashalm auf dem er, während er gedankenverloren in den blauen Himmel schaute, herumkaute. Was war das für ein schöner Tag. Wie lange hatte er diesen Himmel nicht mehr sehen, die frische Luft nicht mehr riechen und das Leben nicht genießen können?

Aus dem Nichts heraus vernahm er ein Rascheln hinter sich im Wald. „Wahrscheinlich“, so dachte er, „verfolgt mich wieder dieses Pferd. Was es wohl von mir möchte.“ Er machte sich nicht die Mühe nachzusehen, da ihm das Tier schon seit Tagen folgte. Plötzlich nahm er einen Schatten wahr, der sich von hinten aus dem Wald löste und schnell auf ihn zu kam. Es war nicht das Pferd. Etwas stürzte sich auf ihn und versuche ihn zu würgen.

Dieses Wesen war deutlich größer und entsprechend schwerer als er. Dummerweise lag er mit seinem Kopf auf seiner Hand und konnte so nur wenig Gegenwehr leisten. Er hatte schlichtweg keine Chance. Er versuchte nach Luft zu schnappen, doch die Klauen an seiner Kehle drückten weiter gnadenlos zu. Ihm wurde schummrig. Sollte er all die Jahre unter der Erde überlebt haben, um jetzt hier so sterben zu müssen? Sein Blickfeld trübte sich langsam, so als würde es von außen nach innen langsam dunkler. Er sah gerade noch, wie ein zweiter Schatten von der Seite hinzukam und dann gab es mit einem Mal einen Ruck. Das Wesen, das gerade noch auf ihm gesessen hatte, flog zur Seite. Luft, endlich bekam er wieder Luft und nun erkannte er den zweiten Schatten. Es war das rote Pferd. Es sah so aus, als habe das Pferd das Wesen mit voller Kraft mit seinen Hinterläufen getreten und Bunsold so von seinem Gegner befreit. Das Wesen lag nun einige Schritte von ihm entfernt und krümmte sich vor Schmerzen. Bunsold vermutete, dass all seine Rippen gebrochen waren. Das rote Pferd stellte sich neben Bunsold, senkte ihm seinen Kopf entgegen und schnaubte. Bunsold hatte es geschafft sich aufzusetzen, allerdings keuchte und hustete er immer noch.

Er griff an den Kopf des Pferdes und streichelte es vorsichtig. Dabei sagte er keuchend:

„Danke, das werde ich dir nie vergessen.“ Das Pferd war nicht allein gekommen. Über seinem Kopf schwebten zwei Thipfs. Aufgeregt schwirrten sie über der Gestalt, die auf dem Boden lag und blickten ängstlich umher, denn sie hatten das Wesen erkannt.

„Das kann doch nicht sein, es ist ein Nettar“, sagte eine der Thipfs ängstlich, „doch seht in seine Augen. Sie leuchten grün.“ Bunsold erkannte direkt die große Chance, die darin lag und schickte eine der Thipfs ins Lager zurück. Offensichtlich lag hier ein Spion des Schalatachters vor ihnen. Jetzt galt es dem Spion die richtigen Informationen zukommen zu lassen. Bunsold fesselte den schwer verletzten Nettar und baute sehr langsam aus dem umliegenden Holz eine Art Trage, die er dann hinter das rote Pferd spannte. Er legte seine Hand auf den Kopf des Pferdes und flüsterte ihm etwas ins Ohr. Das Pferd schien mit dem Kopf zu nicken, so als habe es ihn verstanden und wieherte. Dann begannen sie langsam damit, zurück zum Lager zu gehen. Auf halbem Weg kam ihnen die Thipfs, die sie vor einiger Zeit losgeschickt hatten, entgegen. Sie landete auf Bunsolds Schulter, legte die Hände an den Mund und sprach leise in sein Ohr:

„Flowneklaf sagt, dass alles bereit sei und ihr sollt nicht erschrecken.“ Bunsold musste schmunzeln. Er war gespannt, was sie nun erwarten würde. Sie gingen noch eine Weile und kamen dann zum Lager zurück. Sie waren erstaunt darüber, was sie hier sahen. Hier waren viele Hügel auf denen hölzerne Kreuze standen. Sie sahen nur zwei Pferde und die sahen sehr alt aus und dann waren da noch die verletzen Zwerge auf den Tragen. Zwanzig waren es bestimmt und alle stöhnten vor Schmerzen und waren verbunden. Viele der Verbände sahen so aus als käme das Blut durch sie hindurch. Überall im Lager stank es widerlich. Auf zwei Tragen lagen Flowneklaf und Deilnelees. Bunsold ging zu ihnen. Unbemerkt blinzelte Flowneklaf Bunsold an und dann sprach dieser mit zittriger Stimme:

„Hast du Kräuter gefunden? Ich glaube, dass auch ich bald sterben muss.“ Und dann fiel Flowneklaf in Ohnmacht.

„Bin ich denn der Einzige, der hier noch laufen kann? Kommt ihr Thipfs. Wir bringen diesen Nettar an die Grenze eures Landes, Dort überlassen wir ihn seinem Schicksal. Ich denke, er stellt keine Gefahr mehr für uns da.“ So brachte Bunsold mit seinem Pferd und einige der Thipfs den Nettar an die Grenze, befreiten ihn dort von seinen Fesseln und ließen ihn einfach liegen. Sie drehten ihm den Rücken zu und gingen zurück zum Lager. Der Nettar konnte sein Glück kaum fassen. Er hatte nur noch einen Gedanken. Irgendwie musste er zu seinem Herren gelangen um ihm die Neuigkeiten zu unterbreiten. Dabei hatte dieser das schon alles gesehen, denn durch seine Magie, die jeder seiner Untertanen in sich trug, war er in der Lage, durch deren Augen zu sehen. Voller Freude hatte er diesen erbärmlichen Haufen seiner Feinde gesehen. Jetzt, so war er sich sicher, konnte er diesen Fluch endgültig brechen. Sein Ziel, Flowneklaf zu töten, war so nah. In einem Anflug von Euphorie, sendete er dem Nettar einen Schub seiner Magie, damit der die Kraft besaß, zurückzukehren.

Der Schalatachter war in seiner arroganten und überheblichen Art gar nicht in der Lage zu erkennen, dass der eattar nur deshalb noch lebte, damit er Flowneklaf und seinen Verbündeten den Weg zu dessen Lager zeigte. In sicherem Abstand hatte Kiesbart die Fährte des Nettars aufgenommen und folgte ihm so bis zum Lager des Schalatachters. Der wichtigste Schritt war getan. Schnell eilte Kiesbart zurück ins Lager, um dort zu berichten. Jetzt konnten sie die Vorbereitungen abschließen, um den Kampf gegen das Monster aufzunehmen.

# Vollmondnacht

Aufgeregt flogen die Thipfs hin und her. So lange hatten sie kein Fest mehr gefeiert. Heute durfte nichts schief gehen. Das ganze Lager war blitzeblank aufgeräumt. Überall hingen kleine Sträußchen Blumen herum und wirklich alles und alle waren geputzt und gestriegelt. Sogar die Zwerge waren alle gebadet und rochen gut. Es war schon erstaunlich, was so ein Schwarm Thipfs alles fertigbrachte. Wie auf ein Kommando hatten sie sich über die Herde Pferde hergemacht. Im null Komma nix waren Schweif und Mähne gekämmt und geflochten. Flowneklaf ging Hand in Hand mit Deilnelees durch das Lager. Er musste schmunzeln, wie sauber hier doch alles war. Deilnelees ging mittlerweile schon recht langsam und sie rieb immer wieder ihren ganz ordentlichen Bauch. Als die beiden am Lager von Zanderuska ankamen, versperrte ihnen eine ganze Schar von Thipfs den Zugang. So sehr sie sich auch bemühten, es gab keine Möglichkeit an das Dunstmädchen heran zu kommen. Den Mond konnte man schon eine Weile am Himmel sehen, doch nun endlich ging auch die Sonne am Horizont unter und der Mond schien all sein Licht nur für diesen Abend aufgespart zu haben und es nun zu spenden. Jetzt konnte das Fest beginnen.

Auf einer großen Weide hatten die Zwerge eine Art Altar aufgebaut. Auch dieser war mit bunten Blumen geschmückt. Vor dem Altar standen Lezruw, Bunsold und Solis. Lezruws Rüstung war glänzend und er roch nach Rosenöl. Das war wohl die größte Aufgabe für die Thipfs gewesen. Direkt neben Solis standen Daphne und Torin.

Torin erwischte sich immer wieder dabei, wie er sich an Solis anlehnte. Er wusste, dass Anna in Solis steckte und er vermisste sie so sehr. Auch Alan, Flowneklaf, Deilnelees und Kiesbart standen in der Nähe des Altars. Auf der einen Seite standen die Zwerge und auf der anderen die Pferde. So standen sie Spalier und jetzt fehlte nur noch eine. Nämlich Zanderuska.

Alle blickten in die Richtung des Lagers und dann erschien sie. Unzählige Thipfs, die in kleine weiße Gewänder gekleidet waren, flogen um sie herum. Jede von ihnen hatte ein Glimlich gefangen. Das waren kleine Insekten, die, wenn sie gestreichelt wurden, vor Freude leuchteten. Zuerst konnten alle nur das Licht sehen, dass um und vor Zanderuska schien. Doch langsam flogen die Thipfs, die vor dem Dunstmädchen flogen, nach oben und zur Seite weg. Dadurch wurde Zanderuska von allen Seiten angeleuchtet und alle konnten sie sehen. Lezruw stockte der Atem. Da kam seine zukünftige Frau und sie war schöner denn je. Auch sie hatte ein weißes Gewand an und sie strahlte wie der hellste Stern am Himmel und das nicht nur, weil sie von allen Seiten angeleuchtet wurde.

Langsam ging der Tross an den Zwergen und Pferden vorbei. Mit dem Lächeln, das Zanderuska ausstrahlte, fing sie allesamt ein. Sie wurde begleitet von einem Raunen und leisem Gewieher. Lezruws Herz schlug ihm bis zum Hals. Was hatte er getan, dass ihn eine solche Frau haben wollte? Bunsold und Solis gingen ihr entgegen. Als sie sich trafen nahm Bunsold Zanderuskas linke Hand und Solis ging auf ihre rechte Seit. So gingen die Drei das letzte Stück gemeinsam. Am Altar angekommen ergriff Bunsold die rechte Hand seines Vaters und zog ihn so vor sich, um die

Hände des Paares zu vereinigen. Lezruws Herz schlug immer noch wie wild, doch als Bunsold dann Zanderuskas Hand in die seines Vaters legte, wurde sein Herzschlag ruhiger. Jetzt war er in Sicherheit. Er drehte seinen Kopf nach rechts und blickte Zanderuska direkt in die Augen. Da war nur eins, Liebe. Daphne trat hinter den Altar und breitete ihre Arme aus. Sie begann in einer sehr alten Sprache zu singen. Außer Flowneklaf war niemand der Anwesenden in der Lage, die Wörter zu verstehen. Dennoch wussten alle Anwesenden um deren Bedeutung. Und so hörten alle aufmerksam zu. Als dann der Altar gänzlich vom Licht des Vollmondes überflutet wurde, stellte Daphne die Frage, auf die alle den ganzen Abend gewartet haben:

„Möchtest du, Zanderuska, den Zwerg Namens Lezruw zu deinem Mann nehmen?“ Zanderuska antwortete mit einem lauten: „Ja!“ Dann fuhr Daphne fort: „Und möchtest du, Lezruw, das Dunstmädchen mit dem Namen Zanderuska zu deiner Frau nehmen?“ Und auch er rief laut: „Ja!“ „Dann soll es so sein. Nichts und niemand soll dieses Band, das wir heute Nacht hier knüpfen und bezeugen, wieder trennen. Wollt ihr das alle?“ Als Daphne diese Frage stellte, begann Bunsold mit seinem Schwert auf den Boden zu stampfen. Alle Zwerge taten es ihm gleich. Die Pferde begannen mit ihren Hufen zu stampfen. Es entstand so ein rhythmisches Trommeln. Kiesbart hob den Kopf und begann zu heulen. Lezruw musste es einfach tun und so küsste er Zanderuska auf den Mund. Solis spie eine riesige Flamme in den Himmel. Torin streckte seine Arme in den Himmel und rief laut:

„Jaaa!“ Genau in diesem Moment schossen aus jedem

seiner Hände ein Blitz. Diese kreuzten den Feuerstrahl des Drachen und es fielen zwei glühende Tropfen auf den Altar. Erstaunt blickte Torin seine Hände an. Nur wenige hatten das offensichtlich bemerkt. Denn niemand schien zu reagieren. Lezruw beendete den Kuss. Sie blickten auf den Altar. Das Glühen der Tropfen erlosch und zurück blieben zwei Ringe. Daphne nahm die Ringe und schob sie dem Brautpaar auf die Finger. Dann flüsterte sie Torin ins Ohr:

„Sieh an. Was mein Mann so alles kann." Dabei sie küsste ihn sanft auf die Wange. Sie feierten und tanzen die ganze Nacht hindurch. Lezruw war nun der glücklichste Zwerg. Auch Solis war glücklich, denn sie spürte wie dieses Gefühl auch ihr Kraft gab. Irgendwer hatte es sogar geschafft, ein Bier zu brauen. Es war tatsächlich ein Bier, das und da waren sich alle einig, diesen Namen auch verdiente. Die Thipfs waren ganz hervorragende Gastgeber. Es war immer ein Trupp von ihnen, wie sie es selbst sagten, im Dienst. Dadurch konnte der größte Teil von ihnen feiern. Zanderuska und Lezruw zogen sich am folgenden Mittag kurz zurück. Schließlich sollte das Fest in der nächsten Nacht weiter gehen und irgendwann mussten sie sich auch ausruhen.

„Du weißt, dass ich auch noch andere Verantwortungen habe? Bunsold kann auf sich selbst Acht geben. Solis selbstverständlich auch. Nur bin ich ihr Reiter.", begann Lezruw ein wenig traurig.

„Mach dir doch keine Gedanken, mein Mann. Ich liebe dich schon so lange und ich möchte nicht, dass du meinetwegen deinen anderen Verpflichtungen fernbleibst", erwiderte Zanderuska. „Du sollst immer acht auf die geben, die du liebst. Ich weiß, dass das Band zwischen dir und Solis ein besonderes ist und ich stehe dem nicht im Wege. Trotzdem bist du mein Mann."

Sie sprachen noch eine Weile weiter, dann schliefen sie ein. Am Abend gingen sie dann wieder zurück zur Feier. Alle freuten sich mit den Beiden und so ging das Fest bis tief in die Nacht. Zanderuska und Lezruw lagen auf dem Gras und blickten in die Sterne als sich plötzlich das Bild eines grünen Drachen am Himmel abzeichnete. Augenblicklich stand Solis bei Lezruw und sagte:

„Es tut mir leid, mein Freund. Wir müssen jetzt gehen Sie sind in Gefahr." Zanderuska verstand es und nahm traurig Abschied.

# Unausweichlich

Mit Erschrecken mussten sie erkennen, dass der Schalatachter eine große Streitmacht um sich geschart hatte. Er selbst stand in kompletter Kampfausrüstung bereit. Vor ihm eine ganze Horde von Nettars mit ihren grün leuchtenden Augen. Sie waren nun willenlose Kämpfer, Gefangene der dunklen Magie und nicht mehr Herr ihrer Sinne. Das machte sie deutlich gefährlicher, denn nun kannten sie weder Furcht noch empfanden sie viele Schmerzen. Sie würden so lange kämpfen, bis das Leben sie verlässt und damit dann auch die Magie. Ihre Aufstellung war in fünf Reihen vor ihrem Meister. Jede Reihe zählte, so Flowneklafs Schätzung, ungefähr achtzig Nettars. Die ersten vier Reihen begannen nun, sich mit dem Schild in der einen und dem Schwert in der anderen Hand in Bewegung zu setzten. Da die Reihen ein wenig versetzt standen, konnte man durch die Lücken der vorderen immer einen Nettar der hinteren Reihe sehen. Dadurch wirkte ihre Anzahl auf den ersten Blick deutlich größer. Sie schlugen nun rhythmisch mit ihren Schwertern auf ihre Schilder. Die letzte, also die fünfte Reihe, bestand aus Bogenschützen. Diese folgte den anderen Reihen mit ein wenig Abstand. Sie hatten alle bereits einen Pfeil aus ihrem Köcher gezogen und hielten diesen, abschussbereit, in ihrem Bogen.

Flowneklaf stand hier mit Kiesbart, Alan, Daphne, Torin und unzähligen Thipfs am Rande des Lavafeldes. Deilnelees, deren Niederkunft nun kurz bevorstand, war mit Zanderuska und einigen Thipfs im Lager geblieben. Es wäre für sie zu riskant, sich an diesem Kampf zu beteiligen. Denn sie selbst war, obwohl sie das nie zugeben würde, einfach nicht mehr beweglich genug, um mit ihnen zu kämpfen. Außerdem wäre Flowneklaf dann ständig, getrieben von der Sorge um sie abgelenkt.

Auf den ersten Blick sah es schon so aus, als hätten sie dieser Übermacht nichts entgegenzustellen. Auch Flowneklaf war sich der Stärke der Arme seines Gegners bewusst. Allerdings hatte auch er das ein oder andere Ass im Ärmel. Der Schaltachter wusste nichts von den kampferprobten Zwergen und er ahnte auch nicht, dass diese zu Pferd unterwegs waren. Ganz bewusst ließ er sie außerhalb der Sichtweite seines Gegners stehen. Auch vom weißen Drachen wusste der Schalatachter nichts. Wobei der Drache im Moment noch nicht ins Gewicht fiel, denn Flowneklaf wartete bereits ungeduldig auf Solis‘ und Lezruws Rückkehr. Er hatte nicht verstanden, warum die Beiden so plötzlich aufbrechen mussten. Plötzlich, völlig unvermittelt, blieben die Angreifer stehen und das blecherne Trommeln der Schilder verstummte.

„Ich hätte mit mehr von Euch gerechnet“, ertönte eine tiefe, sehr krächzende Stimme in ihren Ohren. Es folgte ein sehr langgezogenes Lachen: “Ha, Ha, ha, ha.“ Dann sprach der Schalatachter weiter: „Sei's drum, was genau wollt ihr mit diesen Mücken?“ bei diesen Worten flogen einige der Thipfs aufgeregt umher. Flowneklaf war darüber erstaunt, wie arrogant und siegessicher dieser Schalatachter war.

„Wenn diese Überheblichkeit nicht mal sein Untergang ist“, dachte er. Dann erklang die krächzende Stimme erneut:

„Ihr alle habt die Wahl. Ich gebe Euch mein Wort. Wenn ihr jetzt geht, lasse ich euch am Leben und ihr dürft mir dienen. Einzig der, den ihr Flowneklaf nennt, muss hier heute sein Leben lassen, damit die Prophezeiung nicht erfüllt wird. Daher fordere ich euch auf: Kniet vor mir nieder und schickt Flowneklaf zu mir, damit er mein Schwert empfangen kann."

Auf ein Zeichen von Flowneklaf zogen seine Begleiter die Waffen und gingen ein wenig auseinander, damit sie nicht so ein leichtes Ziel boten. Gleichzeitig flogen die Thipfs in die Höhe und griffen die Nettars an. Als der Schaltachter das sah, machte er ein Zeichen in Richtung der felsigen Wand, vor der er stand und es mit einem Mal lösten sich unzählige Krähen von der steilen Felswand. Sie alle hatten grün leuchtende Augen und sie sollten sich gegen die Thipfs stellen und sie vom Himmel pflücken. Flowneklaf schätzte, dass es an die hundert Krähen waren. Sie mittels der Bogenschützen vom Himmel zu holen war keine Option. Damit würde er all seine Bogenschützen und auch all seine Pfeile für diese Aufgabe verschwenden. Daher rief er laut:

„Leinad, jetzt ist Euer Geschick gefragt." Leise konnte man den Ruf eines Falken hören. Dann rief ein zweiter und es wurden immer mehr. Aus dem Wald hinter ihnen löste sich ein ganzer Schwarm von Falken. Leinad hatte ganze Arbeit geleistet und so viele seiner Art um sich versammelt. Sie stürzten sich auf die Krähen, um die Thipfs zu schützen. Überrascht von diesem Angriff, versuchten die Nettars mit ihren Pfeilen sowohl die Falken als auch die Thipfs zu treffen. Schnell jedoch waren all ihre Köche leer und sie hatten alle ihre Munition verschossen und tatsächlich nicht einen Treffer gelandet. Viel zu geschickt waren die geflügelten Angreifer. Es dauerte auch nicht lange und alle Krähen waren den Falken erlegen. Der Schalatachter war außer sich vor Wut. Wie dumm mussten diese Nettars nur sein. Wild brüllend machte der Riese ein paar Schritte und mit ein paar gekonnten Hieben seines riesigen Schwerts fegte er die Reihe der Bogenschützen, hinweg. Sie waren nun nutzlos für ihn geworden. Deren Körper, oder das was davon übriggeblieben war, fielen dabei auf einem großen Haufen neben ihm. Das grüne Leuchten in deren Augen erlosch und die, die nicht schon tot waren, blieben sterbend liegen. Flowneklaf war erneut darüber verwundert. Das war die merkwürde Art eines Schalatachters zu kämpfen. Jetzt war dieser Stapel Leichen automatisch auch seine Begrenzung der Reichweite. Er war nun gezwungen all seine toten Gegner darauf abzulegen. Vielleicht konnte ihnen das zum Vorteil werden.

„So viel zu den Mücken. Sie haben dafür gesorgt, dass wir uns um die Pfeile der Gegner keine Sorgen mehr machen müssen“, dachte Flowneklaf. Laut, voller Wut und entschlossen, es jetzt endlich zu Ende zu bringen, erschallte die eiskalte Stimme des Schalatachters über dem Kampffeld:

„Tötet sie alle oder treibt sie zu mir. Jetzt!“ Wie ein Mann setzten sich die vier Reihen der Schwertkämpfer erneut in Bewegung. Dabei schlugen sie wieder mit ihren Schwertern auf ihre Schilder. Der Rhythmus, der dabei entstand, wurde immer schneller und auf einmal begannen sie damit, wild schreiend auf ihre Gegner loszustürmen. Flowneklaf gab das Zeichen für die Zwerge zum Angriff. Im vollen Galopp kamen diese von hinten heran geritten und stießen auf die überraschten Gegner. Die Zwerge hatten ihre Pferde auch durch Brustpanzer geschützt, sodass die Schwerter der Nettars den Pferden fast nichts anhaben konnten. Zwischen ihnen rannte ein ganzes Rudel Wölfe. Sie wurden angeführt von Arkrobar, Sohn des Kiesbarts. Stolz erfüllte des Vaters Brust. Die Armee der Nettars war innerhalb kürzester Zeit deutlich reduziert und die Magie in deren Augen erlosch. Der Schalatachter war völlig außer sich, wütend rannte er Flowneklafs Armee entgegen. Es entbrannte ein fürchterlicher Kampf. Viele der Pferde und Zwerge starben. Die Thipfs sammelten schnell die Pfeile ein und brachten sie den Bogenschützen unter den Zwergen. Der Panzer des Schalatachters schien undurchdringlich zu sein, doch Flowneklaf erkannte das sie zwischen den Schuppen des Panzers steckenblieben und so, langsam aber sicher eine verletzbare Stelle zurückließen. Er wusste, dass sie ihn nur dort verletzen, beziehungsweise töten konnten. Die Verluste in seiner Umgebung wurden immer größer. Bunsold hatte ihnen durch das Kampffeld einen Keil geschlagen. Es war beeindruckend, zu welcher Einheit er mit seinem roten Pferd verschmolzen war. Jetzt kämpfte er an Flowneklafs Seite mit Kiesbart, Alan, Daphne und Torin direkt gegen den Schalatachter. Aus dem Augenwinkel sah Flowneklaf wie das Schwert das rote Pferd streifte und eine große, klaffende Wunde in dessen Flanke riss. Augenblicklich ging das Pferd zu Boden und Bunsold flog über dessen Kopf hinweg. Panisch brüllte Flowneklaf ihn an:

„Schnell, du musst es aus der Reichweite des Schalatachters bringen." Alan und Torin waren sofort zur Stelle und sie versuchten zu dritt, das Pferd ein Stück zurückzuziehen.

Tatsächlich gelang es ihnen. So konnte der Schalatachter es nicht mehr erreichen. Eiligst kamen ein paar Thipfs herbeigeflogen. Sie waren mit Nadel und Faden bewaffnet und begannen augenblicklich damit, die Wunde zu schließen und die Blutung zu stillen. Das Pferd blickte Bunsold tief in die Augen. Der legte seine Hand auf die Stirn seines Pferdes. Tränen schossen ihm in die Augen dann hielt für einen Augenblick inne und dachte dabei:

„Dafür wird er jetzt büßen. Vertraue den Thipfs, sie werden dich versorgen.“ Rasch blickte er sich um. Von den Nettars ging keine Gefahr mehr aus. Die berittenen Zwerge und die Wölfe hatten, zwar unter großen Verlusten, beinahe alle der Nettars getötet. Die wenigen die noch übrig waren, stellten nun keine Gefahr mehr da. Sie würden in den nächsten Minuten fallen. Bunsold blickte Flowneklaf an und rannte, blind vor Wut, auf den Schalatachter zu. Die Verzweiflung stieg in Flowneklaf auf. Auch er hieb immer wieder mit seinem Schwert auf den Schalatachter ein. Sthts darum bemüht, nicht von dessen Schwert getroffen zu werden. Immer wieder blickte er seinen Gefährten in die Augen, und immer wieder konnte er die Entschlossenheit darin sehen. Sie würden bis in den Tod für ihn kämpfen. Wo blieb nur Solis und wo blieb Lezruw? Kiesbart sah nun seine Chance und setzte alles auf eine Karte. Mit einem gekonnten Satz sprang er in die Richtung des Halses seines Gegners, um den tödlichen Biss anzusetzen. Er sah für einen kurzen Moment eine nicht geschützte Stelle. Dann passierte alles ganz furchtbar schnell. Mit einer gekonnten Drehung durchbohrte das Schwert des Schalatachters den Körper des Wolfes. Dann hob er das Schwert über den Kopf und ließ den toten Körper hinter seinem Rücken auf den Haufen rutschen. Genau in diesem Moment konnte Flowneklaf die Stelle unter dem Arm des Schalatachter sehen, die nicht mehr vom Panzer geschützt wurde. Doch schon flog der Arm und damit das Schwert hinab. Zuerst speiste es Alan auf, dessen Augen, kurz bevor das Leben aus ihnen wisch, erstaunt blickten. In einem Schwung traf es Bunsold und direkt danach Torin. Der konnte noch zwei Blitze in die Richtung des Schalatachters schicken, doch verfehlten sie ihr Ziel. Alle drei hingen nun leblos an der Klinge des Schwerts und der Schalatachter beförderte sie, genau wie er es mit Kiesbart gemacht hatte, über seinem Kopf auf den Haufen. Dann machte er etwas Ungewöhnliches. Er trat einen Schritt vor und begrub Daphne unter seinem linken Fuß. Flowneklaf stand kurz davor, wahnsinnig zu werden. Wie konnte das sein? Eben noch waren sie eine Übermacht und nun stand er hier ganz allein diesem Monster gegenüber. Er versuchte noch einmal sein Schwert in die Höhe zu stoßen, um die verletzbare Stelle zu finden, doch es hatte keinen Sinn. Er spürte den Schmerz erst in seinem Rücken und dann an seinem Bauch. Sein Blick senkte er dabei und er sah an sich herab. Aus seinem Bauch ragte das Schwert des Schalatachters und rundherum färbte sich seine Kleidung rot. Er versuchte noch nach der Klinge zu greifen, sein Wille war diese aus seinem Bauch zu ziehen und den Schmerz damit zu beenden, doch all seine Kraft hatte ihn verlassen. Er war nicht mehr in der Lage sich zu bewegen und dann wurde alles schwarz und er verlor das Bewusstsein. Mit einem Mal war alles still.

# Die Brut

Lezruw hatte nicht mal mehr Zeit gehabt das Nötigste zu packen. Er sprang auf Solis Rücken und sie flogen so schnell sie konnten in die Richtung der Mine. Niemals hätten sie gedacht, dass ihr Einsatz überhaupt von Nöten sein würde. Solis zermarterte sich den Kopf, was wohl geschehen war. Wer hatte diesen grünen Lichtdrachen nur geschickt. Es zerriss ihr fast das Herz, dass sie ihrem Freund Lezruw noch nicht einmal seine Hochzeit zu Ende hatte feiern lassen können. Natürlich war allen klar, dass auch der Kampf gegen den Schalatachter in naher Zukunft bestritten werden musste, aber ein wenig gemeinsame Zeit wäre doch schon wünschenswert gewesen.

„Zerbrich dir nicht den Kopf, Solis." Versuchte der Zwerg den Drachen zu beruhigen. „Ich mache mir mehr Sorgen über das, was wir an oder in der Mine vorfinden werden. Es nützt nichts, wenn wir uns jetzt verrückt machen. Wir fliegen so schnell es geht und dann schauen wir weiter", so der Vorschlag von Lezruw. Doch so recht beruhigen lassen wollte sich Solis nicht. Sie flog ohne Pause bis zu den Minen. Zwei Tage und zwei Nächte brauchten sie dafür. Lezruw hatte versucht, sie davon abzubringen, aber sie ließ sich auf nichts ein. Er konnte zumindest kurzzeitig während des Fluges schlafen. Am dritten Morgen trafen sie an der Mine ein. Leise landete Solis ganz in der Nähe. Ganz vorsichtig schlichen sie sich an. Doch konnten sie hier draußen keine Gefahr erkennen.

„Lass uns vorsichtig hinein gehen. Wenn die Brut uns den Drachen gesandt hat, könnte es sein, dass, was auch immer hier nicht sein soll, unten in der Mine ist.", dachte Solis und so gingen die beiden vorsichtig in die Höhle. Lezruw erschrak als sie die Höhle betraten. Dieser Geruch, der ihnen entgegenkam, war ihm nur all zu bekannt. Es roch nach den Hinterlassenschaften eines Mondos. All die schrecklichen Bilder und der Schmerz über den Verlust seines Drachenfreundes Petram waren mit einem Schlag wieder da. Da hörte er die Stimme von Solis in seinem Kopf:

„Heute wissen wir, du und ich, gegen wen oder was wir kämpfen. Du musst die Ruhe bewahren und einen klaren Kopf behalten. Warte hier auf mich, ich halte Ausschau, wo er sich befindet. Dann können wir ihn gemeinsam aufspüren und zur Strecke bringen." Sie hatte den Gedanken noch nicht ganz zu Ende gedacht, da war sie auch schon verschwunden. Gerne hätte Lezruw widersprochen, doch nun versuchte er sich zu sammeln und seine Sinne zu schärfen. Jetzt durfte er Solis nicht mit schlechten Gedanken ablenken. Der Drache flog ganz leise so tief hinab, wie es eben ging. Dann setzte Solis sich auf einen Felsen und konzentrierte sich. Es dauerte nicht lange und ihr Blick setzte ein. Sie sah einige Dracheneier. Aber aus keinem blickte sie etwas an. Vermutlich waren sie still, damit sie nicht gefunden werden. Dann sah sie gar nicht weit von ihr entfernt ein kaputtes Ei. Tatsächlich konnte sie den Mondo sehen, der sich gerade an dem Ei labte. Zorn stieg in ihr auf und sie wollte sich sofort auf den Mondo stürzen und ihn töten, doch dann hörte sie Lezruws Stimme:

„Warte, nicht im Zorn, hole mich hinzu. Gemeinsam können wir ihn sicherlich schlagen. Sieh doch, wenn wir ihn von der anderen Seite angreifen, dann treiben wir ihn in den Gang direkt hinter dem kaputten Ei. Da sitzt er in der Falle und kann nicht mehr hinaus. Dort können wir ihn sicherlich bekämpfen und erlegen.“ Sie wusste, dass der Zwerg Recht hatte und so hob sie beinahe geräuschlos ab und war im Handumdrehen wieder oben bei dem Zwerg. Der hatte schon drei angespitzte Balken besorgt und dann gingen die Beiden noch einmal ihren Angriffsplan durch. Die Balken wollten Lezruw hinter sich und dem Drachen, in dem Angriffsgang anbringen. Sollte der Mondo sie doch besiegen und dann an ihnen vorbeikommen, wäre er trotzdem in diesem Teil der Mine gefangen. Er würde kein weiteres Ei des Drachen mehr zerstören können und würde dann wahrscheinlich irgendwann hier unten verhungern. Aber das war ja eigentlich keine Option. Schließlich wurden sie ja noch dringend bei einer anderen Schlacht gebraucht. Langsam und beinahe geräuschlos flogen die Beiden in die Richtung. All die Angst, die Anspannung und auch der Zorn waren weg. Das Einzige, was geblieben war, war die völlige Konzentration auf das Wesentliche. Solis beobachtete durch die Wand den Mondo. Er war sich keiner Gefahr bewusst und gab sich völlig seiner Mahlzeit hin. Lezruw befestigte die Balken so an einer Stollenstütze, dass sie von innen nicht mehr zu entfernen waren. Dann kroch er hindurch. Ein wenig beklemmend war das schon. Denn auch Solis wäre jetzt ohne seine Hilfe nicht in der Lage das Gebälk von dieser Seite aus zu entfernen.

„Ich denke doch“, so Solis „aber das wird ja nicht Nötig sein. Dann lass uns mal diesen Mondo zur Strecke bringen.“ Mit diesen Gedanken saß der Zwerg auch schon auf dem Drachen und sie flogen langsam in die Richtung des Mondo. Der drehte ihnen beim Plündern des Eis den Rücken zu und so konnte Lezruw seinen ersten Schlag mit seiner Axt setzen. Brüllend vor Schmerz drehte sich der Mondo um. Angst flammte in seinen Augen auf, denn mit einem Drachen und einem Zwerg hatte er nicht gerechnet. „Erst den Zwerg", dachte er und stürzte sich auf Lezruw. Dieser hatte mit dem Angriff gerechnet und so wich er dem Hieb, den der Mondo mit seinem gewaltigen Langschwert versuchte, aus. Dann schlug er erneut mit seiner Axt zu. Er traf den Mondo so hart, dass dieser sein Schild fallen ließ. Solis sah das, ergriff es und schleuderte es gekonnt mit einem Fußtritt weit hinter sich. Jetzt sollte der Kampf deutlich einfacher werden. Der Mondo kochte vor Wut, doch noch ehe er überlegen konnte wen oder was er als Nächstes schlagen sollte, traf ihn die Axt von Lezruw erneut. Anschließen machte der Zwerg fünf, sechs Schritte nach hinten und eine gewaltige Flamme aus Solis Maul füllte den Stollen. Lezruw spürte die unheimliche Hitze, die sich im Stollen ausbreitete und er hörte das schmerzvolle Geschrei des Mondos. Plötzlich schoss aus den Flammen die Schwertspitze des Mondos auf ihn zu. Er hatte sie nicht kommen sehen, doch er war mit dem Geist von Solis verbunden und die hatte ihn gewarnt. So duckte sich der Zwerg ab und mit einer gekonnten Drehung schlug er erneut zu. Er traf den Mondo mit voller Wucht.

Bei dem Mondo wisch die Wut und der Zorn aus seinem Kopf und es machte sich, zum aller ersten Mal ein seinem Leben, Angst breit. Bis dato hatte er nur leichte Gegner gehabt und immer ist er als klarer Sieger vom Feld gezogen. Was war das für ein merkwürdiges Team? Ein Drache, der keine Waffen außer sein Feuer besaß, und ein winziger Zwerg mit einer Axt. Er musste sich dringend etwas einfallen lassen. Doch noch während dieses Gedankens traf ihn die vermaledeite Axt erneut. Mit letzter Kraft holte er mit seinem Schwert aus. Er wollte diesen elenden Zwerg endlich aus seinem Umkreis wegfegen, da traf ihn erneut ein Feuerstoß des Drachen. Er rang nach Luft doch bei diesem Versuch atmete er die Flammen ein. Sein ganzer Körper brannte und er litt unsagbare Schmerzen. Luft, er brauchte Luft, doch so sehr er auch danach schnappte, es kam einfach keine Luft mehr in seine Lungen und dann traf ihn zum letzten Mal mit voller Wucht die Axt des Zwergs auf seinem Schädel. Er hörte noch, wie sein Schädeldeckel aufbrach, doch dann wurde er von seinen Schmerzen erlöst. Erst kam die Ohnmacht und dann wenige Sekunden später der Tod.

Lezruw ging zu dem toten Mondo, er schloss ihm die Augen und sprach ein paar Worte für ihn. Seiner Meinung nach gab es kein Lebewesen, dass nicht doch irgendeinen Sinn hatte, für das es lebte. Freilich konnte er sich oft nicht vorstellen, welchen Sinn das Leben eines Mondos wohl haben könnte. Aber wer war er, dass er sich anmaßen hätte können, eben dies zu beurteilen? Solis blickte Lezruw bewundernd an. Was für ein edler Charakterzug das war. Dennoch dachten sie beide dasselbe. Sie mussten dafür sorgen, dass niemand mehr in diese Miene eindringen konnte.

Gleichzeitig mussten sie aber auch sicherstellen, dass, wenn die Zeit gekommen war, die Drachen ihren Weg nach draußen finden konnten. Lezruw zermarterte sich sein Hirn, bis er zu dem Entschluss kam, für heute erst einmal zur Ruhe zu kommen. Er ging an die Stelle, an der sie dem Mondo mit Balken den Rückweg versperrt hatten, löste sie und dann flogen die Zwei nach draußen vor die Mine. Hier wollten sie neue Kräfte sammeln und sich dann morgen einen Plan ausdenken, wie es weitergehen sollte.

## Zu spät

Ein grelles Licht erhellte den Himmel. Solis flog so schnell sie konnte. Über dem Schalatachter angekommen, stieß sie einen gewaltigen Feuerstrahl über ihn hinweg. Doch was die beiden sehen mussten, ließ ihnen das Blut in den Adern gefrieren. Sie sahen dieses Monster, gespickt mit endlosen Pfeilen in seiner Rüstung. Rund um ihn herum lagen tote Pferde, Zwerge und Wölfe. Dazwischen lagen etliche tote Nettars.

Die Schlacht schien vorbei und wohl auch entschieden. Denn der Schalatachter hob gerade sein Schwert, um den darauf aufgespießten Flowneklaf auf den Turm der Leichen hinter sich abzulegen. Wie ein Pfeil schoss Solis hinab, immer noch Feuer spuckend. Lezruw sprang direkt über dem Kopf des Schalatachters ab und schlug ihn mit all seiner ihm zur Verfügung stehenden Kraft seine riesige Axt auf den Helm. Das zeigte durchaus seine Wirkung. Der Schalatachter lies sein Schwert sinken und der sterbende Flowneklaf rutschte von dessen Schwert vor seine Füße. Solis flog einen Bogen um den nun leicht angeschlagenen Schalatachter, um ihn von vorne anzugreifen. Sie sah mit Entsetzten, wie das Monster mit einer schnellen Handbewegung ihren Reiter von dessen Kopf wie eine störende Mücke, fegte. Er fiel krachend auf den Boden. Offensichtlich vom Sturz stark benommen, versuchte er sich aufzurappeln. Doch der Schalatachter hob sein Bein, um ihn im nächsten Moment zu zerquetschen. Das konnte Solis auf keinen Fall zulassen.

So schnell sie konnte flog sie, immer noch feuerspeiend,

auf den Schalatachter zu. Der stellte sich breitbeinig und leicht kniend auf. Dabei hielt er sein Schwert in beiden Händen vor sich, um den Drachen, sobald er in Reichweite war, damit zu empfangen. Solis dachte nicht nach, sie sah, dass durch ihren Angriff Lezruw nicht zermahlen wurde. Kurz bevor sie in der Reichweite des Schwertes war, streckte sie ihre Hinterbeine nach vorne. Ihr Kopf war nun auf der gleichen Höhe wie der Kopf des Schalatachters und ihr Schwanz berührte leicht den Boden. Für diesen Moment sah es so aus, als stünden sich die Beiden gegenüber. Der Schalatachter wunderte sich, warum ihm dieser Drache eine so große Angriffsfläche bot. Er überlegte nicht lange und hieb den Drachen mit einem einzigen Schwung seines Schwertes in zwei Teile. Er traf den Drachen ein wenig oberhalb des Bauches. Doch es floss kein Blut. Lezruw war gezwungen, dem Ganzen mit Entsetzen zuzusehen. Unvorstellbare Wut und Trauer kam in ihm auf. Er sah, wie in Zeitlupe, dass die beiden Körperhälften in Richtung Boden sanken. Trotzdem hörte er plötzlich die sanfte Stimme von Solis in seinem Kopf:

„Lezruw, mein Freund, ich danke dir für deine Treue. Doch nun ist für mich die Zeit gekommen, meiner Bestimmung nachzugehen. Du musst keine Furcht haben. Sieh genau hin und verstehe." Lezruw blickte dem fallenden toten Körper des Drachen nach. Genau in dem Moment, als die zwei Teile den Boden berührten, geschah etwas sonderbares. Ein Glitzern breitete sich, wie die Wellen, die durch einen Stein hervorgerufen werden, der auf eine Wasseroberfläche trifft, aus. Die zwei Drachenhälften verwandelten sich. Aus der einen löste sich Anna und das Fohlen aus und aus der anderen kam Herr Baltasar er hatte den Dolch von Pektrulon in seinem Maul und auf seinem Rücken saß Pefee. Der Schalatachter hob sein Schwert, um dem Ganzen ein Ende zu bereiten, doch als sein Schwert über dem Kopf angekommen war wurde es immer langsamer, bis es schließlich über ihm zum Stehen kam.

„Komm her zu mir!“, rief Anna Lezruw zu. Der war verwirrt. Der Schalatachter schien, wie alle anderen in der Umgebung auch, erstarrt zu sein. Außer Anna schien sich hier niemand zu bewegen. Mit einem gewagten Satz sprang der Zwerg hinüber zu Anna. Die sprach dann weiter: „Sieh genau hin.“ Und dann lief die Zeit rückwärts. Die Bewegungen des Schalatachters sahen so herum äußerst komisch aus. Es begann damit, dass er den Hieb, den er gegen den Drachen machte, in falscher Reihenfolge wiederholte. Nur das da kein Drache war. Dennoch schossen Flammen über seinem Kopf von ihm weg. Dann kam Flowneklaf vom Haufen der Leichen an das Schwert geflogen. Er setzte ihn vor sich ab. Das Blut auf seiner Brust schien zurück zu laufen und das Schwert zog sich nach hinten aus seinem Körper zurück. Der Schalatachter machte einen Schritt zur Seite und Daphne erschien wieder unter seinem Fuß. Der Schalatachter hob sein Schwert über seinen Kopf, hinter seien Rücken. Es sah bizarr aus. Erst erhob sich der tote Körper von Bunsold, dann der von Torin und zum Schluss auch der von Alan und sie hingen wieder am Schwert. Mit der umgekehrten Bewegung stellte er die Drei wieder an der Position ab, an der er sie vorher getroffen hatte. Zum Schluss wiederholte sich das Ganze mit Kiesbart. Dann erhob der Schalatachter erneut sein Schwert und Anna stoppte die Zeit endgültig. Mit einem Mal war es völlig ruhig. Kein Kampfgeschrei oder Schmerzensschreie klangen, kein Geklapper von Metall, das gegeneinandergeschlagen wurde, auch kein Klang der Hufe oder das Brummen der Wölfe, nichts. Es war tatsächlich völlig still.

„Jetzt, Lezruw, kann ich die Zeit nicht weiter zurücklaufen lassen. Nimm den Dolch des Pektrulon aus Herrn Baltasars Maul und gib ihm Flowneklaf. Sieh, der Schalatachter offenbart uns gerade seine verletzbare Stelle. Bringe Flowneklaf an eine gute Position und wenn ich die Zeit wieder laufen lasse, kann sich die Prophezeiung erfüllen. Nimm auch diesen toten Nettar und stelle ihn hinter Kiesbart.“, sprach Anna zu ihm. Der Zwerg überlegte nicht lange und tat alles so, wie ihm Anna es ihm gesagt hatte. Das alles war für ihn so unwirklich. Er ging zu Herrn Baltasar und nahm vorsichtig den Dolch aus dessen Maul. Erstaunlich, nicht einmal ein Atemzug kam aus dem Maul. Mit ein paar Schritten war er dann bei Flowneklaf und er tauschte dessen Schwert gegen den Dolch des Pektrulon aus. Der Dolch begann augenblicklich von innen heraus zu leuchten. Doch schnell erkannte Lezruw, dass Flowneklaf so nicht an die verletzbare Stelle des Schalatachters herankam. Sollte er Flowneklaf auf seine Schultern packen? Nein, er hatte einen anderen Einfall. Fragend blickte er Anna an und sprach dann bittend zu ihr:

„Kannst du das Fohlen kurz zu uns lassen?“ Noch ehe er sich versah, bewegte sich das Fohlen. Er sprach nun das Fohlen an: „Hab keine Furcht. Du musst dich bitte kurz vor dieses Monster stellen. Flowneklaf wird dann auf dir reiten. Dann sollte er den Dolch zu seinem Ziel führen können.“ Vorsichtig führte er es an die Stelle, die ihm für das Vorhaben richtig schien. Das Fohlen vertraute ihm blind, denn auch es war, genau wie Herr Baltasar, Pefee und Anna, Teil der Verbindung gewesen.

„Danke", sagte Lezruw zu Anna und dem Fohlen. Bei diesen Worten war das Fohlen wieder erstarrt. Dann schnappte er sich Flowneklaf und hievte ihn auf den Rücken des Pferdes. „Ja, das sollte so reichen.", dachte er. Zum Schluss schnappte er sich noch den toten Nettar und stellte ihn, wie Anna es gewünscht hatte, hinter Kiesbart. Dann blickte er in ihre Richtung und sprach:

„Solis, ach was sag ich denn da, Anna, jetzt kannst du die Zeit wieder in Gang setzten. Und tatsächlich. Mit einem Mal war rund um sie herum wieder dieser Krach und alle bewegten sich wieder.

Kiesbart sah nun seine Chance und setzte alles auf eine Karte. Mit einem gekonnten Satz sprang er in die Richtung des Halses seines Gegners, um den tödlichen Biss anzusetzen. Er sah für einen kurzen Moment eine nicht geschützte Stelle. Dann passierte alles ganz furchtbar schnell. Ein Blitz. Mit einer gekonnten Drehung durchbohrte das Schwert des Schalatachters den Körper. Dann hob er das Schwert über den Kopf und ließ den toten Körper hinter sich auf den Haufen rutschen. Genau in diesem Moment konnte Flowneklaf die Stelle unter dem Arm des Schalatachter sehen, die nicht mehr vom Panzer geschützt wurde. Er nutzte seine Chance und stieß den Dolch von Pektrulon hinein. Er spürte, wie er an einer Rippe vorbei durch seine Lungen in das Herz traf. Augenblicklich schoss das Blut pulsierend aus der Wunde. Der Riese griff erstaunt an seine Seite, doch konnte er nichts mehr tun. Wankend versuchte er noch weiter stehen zu bleiben, doch er verlor viel zu schnell viel zu viel Blut. Die Kraft wich aus seinem Körper und er sackte in die Knie. Dann fiel er krachend zu Boden und blieb reglos liegen. Augenblicklich war es still.

## Wann und wo?

Dumpfes Grollen ertönte tief aus der Erde. Es schien, als wolle etwas aus den Tiefen der Welt nach oben gelangen. Das Grollen nahm stetig an Intensität zu. Plötzlich brach die Erde auf und ein gigantischer, greller Lichtstrahl schoss in den Himmel. An den Wolken angekommen, schien er von diesen abzuprallen und so verteilte er sich in den verschiedensten Farben über das Szenario. Das Licht schien sich um alles und jeden legen zu wollen. Beinahe sah es so aus als würden sich die Strahlen biegen. Ja, sie umschlangen förmlich alles als wollten sie in jeden noch so versteckten Winkel gelangen. Doch dann, allmählich, verblassten die bunten Strahlen und sie wurden zu blassen weißen Strahlen. Sie begannen zu pulsieren und nach jedem Pulsschlag wurden die Strahlen ein bisschen heller. Schließlich konnte man im grellen Licht nichts mehr erkennen. Mit einem Mal verstummte das Grollen und das Licht erlosch.

Es regnete. Es war ein für diese Jahreszeit eigentlich zu warmer, Herbsttag. Sanft und gemütlich fiel der Regen vom Himmel herab. Trotz des Regens konnte man die warmen Sonnenstrahlen auf den Schultern spüren. Torin hielt Daphnes Hand und Anna kniete vor Herrn Baltasar im feuchten Gras. Für einen Moment hatte Torin vergessen, wo er war, aber jetzt fiel es ihm wieder ein. Sie waren nach dem Frühstück in den Garten gegangen, um den Sommerregen zu genießen. Das Frühstück war ein Traum, Anna hatte sich mal wieder selbst übertroffen. Sein Schädel brummte immer noch. Gestern hatte er Geburtstag gefeiert und es war spät geworden. Einiges hatte er schon wieder vergessen, doch er erinnerte sich noch an diesen merkwürdigen Traum. Herr Baltasar rannte laut bellend in die Ecke des Gartens. Anna rief ihn zurück. Manchmal, so Anna, sieht er irgendwelche Dinge, die gar nicht da sind. Doch Herr Baltasar blieb in der Ecke mit wild wedelndem Schwanz sitzen. Ihm gegenüber saß, durch das Gebüsch für die andern verdeckt, Kiesbart. Er blickte Herrn Baltasar tief in die Augen.

„Du hast die Deinen nach Hause gebracht. Das ist gut. Sie werden sich wahrscheinlich an nichts erinnern. Ich muss nun in meine Welt zurückkehren. Meine Freunde warten dort auf mich. Lebe wohl. Ich wäre stolz gewesen, einen wie dich in meinem Rudel zu haben." Mit diesen Worten drehte er sich um und er ging. Das Gebüsch schien sich wie ein Vorhang hinter ihm zu schließen. Herr Baltasar wedelte mit dem Schwanz und lief dann zu Anna zurück.

# Über den Autor

Peter Landwehr wurde am 07.08.1967 in Grevenbroich geboren und lebt dort mit seiner Patchwork Familie.

„Mein Buch ist für mich wie ein Freund, dem ich überall meine Geschichten erzählen kann. Er bewahrt sie dann für mich auf. Der erste Freund durfte bereits seine Geschichten erzählen. Nun endlich ist der zweite damit an der Reihe.“

Nachdem er bereits am 01.Oktober 2020 sein Erstlingswerk **Flowneklaf der Dragaziner** veröffentlicht hat, wurde jetzt, auf vielfachen Wunsch seiner Leser, die Fortsetzung seiner Saga veröffentlicht.

Flowneklaf der Dragaziner,
erschienen am 01.10.2020, ISBN_978-3-96103-894-7